Gramática da Língua Portuguesa
Manual de Estudos

Ciranda Cultural

Gramática da Língua Portuguesa – Manual de Estudos

Dados Internacionais de Catalogação na Publicação (CIP) de acordo com ISBD

S165g   Saliba, Marco

          Gramática da Língua Portuguesa: Manual de estudos / Marco Saliba, Vera Massabki. - 2. ed. - Jandira, SP : Ciranda Cultural, 2020.
          400 p. ; il. : 12cm x 16,9cm.

          ISBN: 978-65-5500-345-1

          1. Língua portuguesa. 2. Gramática. I. Massabki, Vera. II. Título.

2020-1252   CDD 469.5
                                                                       CDU 81'36

Elaborado por Vagner Rodolfo da Silva - CRB-8/9410

Índice para catálogo sistemático:
1. Língua portuguesa : Gramática 469.5
2. Língua portuguesa : Gramática 81'36

© 2010 Ciranda Cultural Editora e Distribuidora Ltda.
Revisão e organização: Roberto Carlos Scurachio Machado,
Rodrigo Gerdulli dos Santos e Equipe Ciranda Cultural
Texto © Vera Massabki e Marco Saliba
Produção: Ciranda Cultural

2ª Edição em 2020
5ª Impressão em 2025
www.cirandacultural.com.br

Todos os direitos reservados. Nenhuma parte desta publicação pode ser reproduzida, arquivada em sistema de busca ou transmitida por qualquer meio, seja ele eletrônico, fotocópia, gravação ou outros, sem prévia autorização do detentor dos direitos, e não pode circular encadernada ou encapada de maneira distinta daquela em que foi publicada, ou sem que as mesmas condições sejam impostas aos compradores subsequentes.

SUMÁRIO

Comunicação – Cultura – Linguagem	5
Elementos da comunicação	6
Funções da linguagem	7
Variação linguística	10
Variedades linguísticas	11
Alfabeto	12
Fonética: fonemas, letras e sílabas	13
Classificação dos fonemas, encontros vocálicos, encontros consonantais e dígrafos	14
Classificação das palavras quanto ao número de sílabas – tonicidade	17
Acentuação gráfica I	19
Acentuação gráfica II	20
Ortografia I	22
Ortografia II – parônimos e homônimos	26
Estrutura das palavras	28
Processos de formação de palavras I	30
Processos de formação de palavras II	32
Emprego do hífen	33
Morfologia – classificação das palavras	34
Substantivo I	34
Substantivo II	35
Substantivo III	37
Substantivo IV	40
Substantivo V	42
Artigo – conceito, classificação e emprego	43
Numeral	45
Adjetivo I	48
Adjetivo II	50
Adjetivo III	52
Verbo I	55
Verbo II	59
Verbo III	60
Formas nominais do verbo	61
Pronome I	62
Pronome II	63
Pronome relativo	66
Advérbio	67
Preposição	70
Conjunção I	73
Conjunção II	74
Interjeição	76
Sintaxe	77

Termos essenciais da oração	79
Sujeito	80
Tipos de sujeito I	81
Tipos de sujeito II	82
Predicado I	83
Predicado II	86
Predicado III	88
Termos integrantes da oração I	88
Termos integrantes da oração II	91
Termos integrantes da oração III	92
Termos acessórios da oração I	93
Termos acessórios da oração II	95
Termos acessórios da oração III	97
Pronomes pessoais – Função sintática	99
Vozes verbais I	101
Vozes verbais II	103
Colocação pronominal	104
Período composto por coordenação	108
Período composto por subordinação I	110
Orações subordinadas substantivas	111
Período composto por subordinação II	114
Funções sintáticas do pronome relativo	117
Período composto por subordinação III	119
Pontuação I	122
Pontuação II	125
Sintaxe de concordância I	128
Sintaxe de concordância II	132
Concordância verbal I	135
Concordância verbal II	137
Sintaxe de regência	140
Crase	146
Funções da palavra "que"	155
Funções da palavra "se"	158
Dicas gramaticais	161
Abreviaturas e siglas	189
Posição da sílaba tônica	191
Conjugações verbais – verbos regulares	193
Conjugações verbais – verbos irregulares	285
Atividades dirigidas	317
Questões de vestibulares resolvidas e comentadas	341
Manual da nova ortografia	385

COMUNICAÇÃO – CULTURA – LINGUAGEM

O ser humano tem necessidade de viver em comunidade. Por isso, está em permanente interação com a realidade que o cerca e com os seus semelhantes.

Por conseguinte, existe uma troca constante de informações e experiências, a que se chama **comunicação**. Por meio dela, o homem adquire conhecimentos e os transmite de uma geração para outra. Esse conjunto de conhecimentos é denominado **cultura**.

O homem utiliza um sistema organizado de sinais para se comunicar, ao qual se dá o nome de **linguagem**. Os meios de comunicação também se utilizam de diferentes linguagens a fim de transmitir suas mensagens.

As manifestações da linguagem podem ser assim agrupadas:

> **I – Mensagem por meio de palavras:**
> 1. **Escrita:** em livros, jornais, revistas, bilhetes, etc.
> 2. **Falada:** por meio do telefone, do rádio, da televisão, da fala direta, etc.
>
> **II – Mensagem por meio de outros recursos:**
> 1. **Visual:** fotos, gravuras, desenhos, imagens em filmes, semáforos, bandeiras, símbolos, etc.
> 2. **Auditiva:** sons em tambor, sirenes, buzinas, campainhas, etc.
> 3. **Mímica:** gestos, expressões fisionômicas.

Observa-se, assim, que existem basicamente dois tipos de linguagem: verbal e não verbal.

Veja o quadrinho ao lado.

Para transmitir a mensagem, o autor utilizou a **linguagem verbal**: ("Que orgulho!!! A Petita foi capa desta revista canina!") e a **linguagem não verbal** (a figura do cão na capa da revista).

NÍQUEL NÁUSEA - Fernando Gonsales

ELEMENTOS DA COMUNICAÇÃO

Para que haja comunicação, são necessários alguns elementos. Confira o quadro abaixo:

Elementos da comunicação

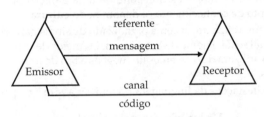

Cada elemento do quadro tem função diferente no processo de comunicação:

a) **Emissor** – pessoa que envia a mensagem ao receptor.

b) **Receptor** ou **destinatário** – pessoa que recebe a mensagem do emissor.

Lembrete: tanto o emissor quanto o receptor podem trocar suas funções no ato de comunicação, enviando ou recebendo mensagens.

c) **Mensagem** – é a informação enviada ao receptor pelo emissor.

d) **Canal** – é o elemento por meio do qual a mensagem chega ao receptor. Se houver algum problema (ruído), a mensagem pode não ser enviada.

Exemplo: Queda da linha telefônica.

e) **Código** – é o conjunto de sinais organizados e escolhidos pelo emissor para transmitir a mensagem. Só haverá comunicação se o emissor e o receptor entenderem o mesmo código.

f) **Referente** – é o contexto exterior à mensagem, isto é, elementos externos que auxiliam na compreensão da mensagem.

FUNÇÕES DA LINGUAGEM

Dependendo da intenção do emissor e de acordo com a circunstância da comunicação, a linguagem pode desempenhar diversas funções.

Antes de iniciar o estudo de cada função da linguagem, você deve saber o seguinte:

a) A função da linguagem deve ser considerada na situação de comunicação em que a mensagem foi produzida.

b) O emissor sempre terá uma finalidade para produzir a mensagem, mesmo sem ter conhecimento das funções da linguagem.

c) A mensagem pode apresentar mais de uma função; entretanto, apenas uma será predominante.

De acordo com as mensagens, podem-se identificar as seguintes funções da linguagem:

I. Referencial ou denotativa

O texto expõe uma informação, de forma objetiva e direta, e não pode permitir mais de uma interpretação.

Confira o texto abaixo:

"Desde o dia em que chegou ao Brasil, há 25 anos, a Fiat se propôs a ser uma empresa inovadora em tudo que faz. (...)"

(Revista *Veja*, 23/01/02)

II. Emotiva ou expressiva

O emissor expressa emoções, sensações, sentimentos, estado de espírito. Por isso, o texto apresenta verbos na primeira pessoa.

Agora, leia a seguinte mensagem, com função emotiva:

"Apenas a vi, perdido fiquei, mas do seu amor que sempre implorei, se o bem nunca tive e nunca terei..."

É interessante notar como no final do texto ocorrem reticências para revelar, na escrita, o envolvimento emocional do emissor.

III. Fática

O emissor testa a eficiência do canal de comunicação. Trata-se de uma fala vaga. Na função fática, a informação é secundária, apenas envolve o contato entre o emissor e o receptor.

Exemplo: – Oi! Tudo bem? / – Alô! Alô! Quem fala?

IV. Conativa ou apelativa

A intenção do emissor é fazer um apelo, influenciar o comportamento do receptor.

" Qualquer dia, amigo, eu volto a te encontrar. Qualquer dia, amigo, a gente vai se encontrar."

(*Canção da América*, Milton Nascimento e Fernando Brandt)

Ao elaborar uma mensagem com função conativa, além de o emissor utilizar verbos no modo imperativo (modo que expressa ordem, desejo, convite, apelo), vale-se do vocativo para chamar a atenção do receptor.

A função conativa ou apelativa é predominante nas mensagens publicitárias, cujo objetivo é fazer um apelo a fim de influenciar o comportamento do consumidor para que ele adquira o produto.

V. Poética

O emissor não se preocupa apenas com o significado da mensagem, ele enfatiza a construção, a elaboração.

Na mensagem com função poética, o emissor utiliza, dentre outros recursos, rimas, ritmo e sonoridade; enfim, a linguagem é cuidadosamente elaborada para transmitir uma mensagem ao receptor.

Confira os textos:

"Água mole em pedra dura tanto bate até que fura."

(Provérbio popular)

Erro de português

"Quando o português chegou
Debaixo duma bruta chuva
Vestiu o índio
Que pena!
Fosse uma manhã de sol
O índio tinha despido
O português."

(Oswald de Andrade)

Nas mensagens não verbais, a função poética ocorre principalmente nas artes plásticas.

VI. Metalinguística

No texto com função metalinguística, o **código** (a Língua Portuguesa, por exemplo) é utilizado como assunto ou explicação do próprio código (a linguagem usada para transmitir a mensagem).

Essa função é utilizada pelos dicionários. Neles são obtidos os significados das palavras.

São exemplos de metalinguagem:
1. – Mãe, o que é desumano?
   – Desumano é seu pai, moleque!
2. "Faço versos como quem chora."

(Manuel Bandeira)

3. "Escrever e coçar é só começar."

Gramática

VARIAÇÃO LINGUÍSTICA

A parceria de Luiz Gonzaga e Humberto Teixeira é responsável por inúmeras composições de sucesso. *Paraíba*, um dos primeiros trabalhos da dupla, popularizou-se rapidamente e acabou resultando em um neologismo: paraíba, termo que, a partir deste baião, passou a ser associado à mulher masculinizada.

Paraíba

Quando a lama virou pedra
E mandacaru secou
Quando ribaçã de sede
Bateu asa e vuou
Foi aí que eu vim'embora
Carregando a minha dor
Hoje eu mando um abraço
Pra ti, pequenina
Paraíba masculina
Muié macho, sim senhor
Eita pau-pereira
Que in Princesa já roncou
Eita Paraíba
Muié macho, sim senhor
Eita pau-pereira
Meu bodoque não quebrou
Hoje eu mando um abraço
Pra ti, pequenina
Paraíba masculina
Muié macho, sim senhor.

No Brasil, há muitos preconceitos, como o **preconceito linguístico**. Muitas pessoas, por ignorância, não sabem que a forma de falar empregada nessa canção enriquece o nosso idioma. Portanto, não há motivo para gozação. Embora haja modos de falar que têm mais prestígio social, todos os outros devem ser respeitados.

VARIEDADES LINGUÍSTICAS

É por meio da língua que o homem expressa suas ideias, as de sua geração, as da comunidade a que pertence, as do seu tempo. A todo instante, utiliza-a de acordo com uma tradição que lhe foi transmitida e contribui para sua renovação e constante transformação. Cada falante é, a um tempo, usuário e agente modificador de sua língua, pois nela imprime marcas geradas pelas novas situações com que se depara. Nesse sentido, pode-se afirmar que, na língua, se projeta a cultura de um povo, compreendendo-se cultura no seu sentido mais amplo: o conjunto dos padrões de comportamento, das crenças, das instituições, de outros valores espirituais e materiais, além de outras características de uma sociedade, tudo isso transmitido coletivamente.

Ao falar, um indivíduo transmite, além da mensagem contida em seu discurso, uma série de dados que permitem a um interlocutor identificar o grupo a que pertence.

A entonação, a pronúncia, a escolha vocabular, a preferência por determinadas construções frasais e os mecanismos morfológicos podem servir de índices que identifiquem nas pessoas:

- o país ou a região de que se originam;
- o grupo social de que fazem parte (o seu grau de instrução, a sua faixa etária, o seu nível socioeconômico, sua atividade profissional);
- a situação (formal ou informal) em que se encontram.

As diferentes maneiras de se "usar" uma língua geram uma grande variedade linguística.

Se alguém afirmasse "Estes gajos que estão a esperar o elétrico são uns gandulos", não se hesitaria em classificá-lo como falante de língua portuguesa, em sua variante lusa.

Se por outro lado ouvisse "Se abanquem, se abanquem, tchê!", ficaria claro que se trata de um falante da língua portuguesa, em sua variante brasileira, natural do sul do país.

O Brasil, em decorrência do processo de povoamento e colonização a que foi submetido e devido à sua grande extensão, apresenta grandes

Gramática

contrastes regionais e sociais, estes últimos perceptíveis mesmo em grandes centros urbanos, em cuja periferia se encontram comunidades mantidas à margem do progresso.

Um retrato fiel, atual, de nosso país teria de colocar lado a lado: executivos de grandes empresas, , operários, vaqueiros, latifundiários, agricultores, comerciantes, professores, habitantes que não têm o português como língua nativa, etc.

Nos grandes centros urbanos, as variantes linguísticas geram entre os falantes o preconceito linguístico, e muitas pessoas são discriminadas por sua forma de falar. No entanto, alguns escritores aproveitaram variedades desprestigiadas da língua para caracterizar as personagens que criaram, pois perceberam a riqueza presente nas variantes regionais. Jorge Amado e Graciliano Ramos enriqueceram a literatura brasileira com personagens marcantes, como Pedro Bala, de *Capitães da areia*, Gabriela, de *Gabriela, cravo e canela*, e Alexandre, de *Alexandre e outros heróis*. Assim, percebe-se com esses mestres que desvincular o falante de seus costumes e caracteres linguísticos é afastá-lo de sua essência e autenticidade.

(Adaptado de: BRANDÃO, Silvia Figueiredo. *A geografia linguística no Brasil*.
In. Série Princípios. São Paulo: Ática, 1991.)

ALFABETO

As letras do alfabeto da língua portuguesa são:

A B C D E F G H I J K L M N O P Q R S T U V W X Y Z

Observação:

As letras k (cá), w (dáblio) e y (ípsilon) são, normalmente, mais usadas em abreviaturas e em palavras estrangeiras escritas em sua forma original. Exemplos:

K – km (quilômetro), Mickey

W – W (watt), William

Y – *office-boy, playground*

FONÉTICA: FONEMAS, LETRAS E SÍLABAS

Fonética, na gramática, é o estudo dos sons da fala.
Quando falamos, emitimos sons. Esses sons são chamados fonemas.
Então:

> **Fonema** é o som que emitimos quando falamos
> e que é capaz de distinguir sentido.

Na linguagem escrita, os fonemas são representados por letras. Logo,

> **Letra** é a representação gráfica do fonema.

Se pronunciarmos pausadamente uma palavra, vamos perceber que há nela grupos sonoros: as sílabas. Cada sílaba é formada por uma ou mais letras.
Então:

> **Sílaba** é um fonema ou um grupo
> de fonemas emitidos de uma só vez.

Nem sempre cada fonema corresponde a uma letra, ou seja, nem sempre o número de sons é igual ao número de letras.

a) Na palavra "enchente":
- Há três grupos sonoros, três sílabas: en - chen - te.
- Há oito letras: e - n - c - h - e - n - t - e.
- Há cinco fonemas: /ẽ/ /ch/ /ẽ/ /t/ /e/.

Observação:
Costuma-se representar o fonema entre barras oblíquas (/ /).

b) Na palavra "tórax":
- Há dois grupos sonoros, duas sílabas: tó - rax.
- Há cinco letras: t - ó - r - a - x.
- Há seis fonemas: /t/ /o/ /r/ /a/ /k/ /s/.

Gramática

Uma mesma letra pode representar mais de um fonema.
Exemplos: sonho – /s/ (lê-se: sê).
casa – /z/ (lê-se: zê).

CLASSIFICAÇÃO DOS FONEMAS, ENCONTROS VOCÁLICOS, ENCONTROS CONSONANTAIS E DÍGRAFOS

De acordo com a pronúncia, os fonemas são classificados em: vogais, semivogais e consoantes.

I. Vogais

São os sons que chegam livremente ao meio exterior: a, e, i, o, u. Correspondem aos sons mais fortes.

A vogal é sempre a base sonora da sílaba; não existe na Língua Portuguesa sílaba sem vogal e nunca há mais de uma vogal em uma sílaba.

Observe:

II. Semivogais

Dá-se o nome de semivogais ao **i** e **u** quando aparecem ligados a uma vogal, formando uma sílaba com ela. Nesse caso, o som deles é mais fraco.

Exemplos:

III. Consoantes

São os sons produzidos quando a corrente de ar vinda dos pulmões sofre alguma interrupção em sua trajetória em direção ao meio exterior.

São exemplos de consoantes: b, c, d, f, g, h, j.
Veja:

Manual de Estudos

> **Encontro vocálico**
> Quando, em uma palavra, aparecem sons vocálicos, um imediatamente após o outro, ocorre um encontro vocálico. Esses encontros classificam-se em: hiato, ditongo e tritongo.

a) **Hiato** é o encontro de duas vogais pronunciadas separadamente.

Exemplos: r a - i - n h a   s a - ú - de

b) **Ditongo** é o encontro de dois sons vocálicos emitidos de uma só vez.

Exemplo:

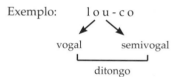

Os ditongos apresentam a seguinte formação:

- **Ditongo crescente:** quando a semivogal (som mais fraco) antecede a vogal (som mais forte).

Exemplos:

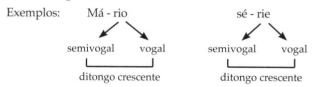

- **Ditongo decrescente:** quando a semivogal (som mais fraco) vem depois da vogal (som mais forte).

Exemplos:

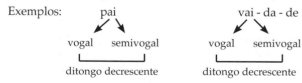

Gramática

- **Ditongo oral**: pronunciado somente pela boca.
  Exemplos: caixa, história.

- **Ditongo nasal**: pronunciado parte pelo nariz e parte pela boca.
  Exemplos: colchão, mãe.

- **Ditongo aberto**: troféu, lençóis.

- **Ditongo fechado**: foi, nasceu.

Observação: há ditongos que aparecem somente na pronúncia e não na escrita.

Exemplos: a - mém ➙ /a - mẽ i/
o - lham ➙ /o - lhão/

c) Tritongo é o encontro de uma semivogal + uma vogal + uma semivogal.

Exemplos: e n - x a - g u e i   i - g u a i s
                    ↓ ↓ ↓   ↓ ↓ ↓
                    sv+v+sv   sv+v+sv
                    tritongo   tritongo

Encontro consonantal

É um grupo de duas ou mais consoantes no corpo da palavra, sem nenhuma vogal intermediária.

Exemplos: cobra, crime, problema, substantivo, adjetivo.

Dígrafo

É um único fonema representado por duas letras.
São dígrafos:

gu – dengue, alguém	qu – leque, aquilo
rr – arreio, terra	ss – passado, missa
ch – chapéu, cheio	nh – lenha, ninho
	lh – milho, calha

CLASSIFICAÇÃO DAS PALAVRAS QUANTO AO NÚMERO DE SÍLABAS – TONICIDADE

As palavras podem ser divididas em grupos menores chamados de sílabas. Dependendo do número de sílabas, os vocábulos classificam-se em:

1. Monossílabos (mono = um) são os que têm apenas uma sílaba.
Exemplos: sal, réu, fé, pneu.

Os monossílabos são tônicos ou átonos conforme a intensidade com que são pronunciados na frase.

Exemplo: Que queres de mim?

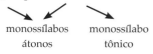

monossílabos átonos   monossílabo tônico

> Os monossílabos "que" e "de" são átonos, pois são pronunciados fracamente; entretanto, o monossílabo "mim" é tônico, pois a pronúncia é mais forte.

2. Dissílabos (di = dois) são os vocábulos que têm duas sílabas.
Exemplos: rua, casa, vício.

3. Trissílabos (tri = três) são os vocábulos que têm três sílabas.
Exemplos: caveira, cômodo, rainha.

4. Polissílabos (poli = vários) são os vocábulos que têm quatro ou mais sílabas.
Exemplos: inteligência, caprichoso, integridade.

Tonicidade

É a intensidade sonora da sílaba.

Quanto à intensidade, a sílaba pode ser:

Gramática

- **Tônica** – é a sílaba pronunciada com maior intensidade.
- **Átona** – é a sílaba pronunciada com menor intensidade.
- **Subtônica** – é a sílaba de intensidade intermediária, não tão intensa como a tônica nem tão fraca como a átona.

Exemplo:

```
                zi
        so  |  nho
         ↘  ↓  ↙
subtônica  tônica  átona
```

Quando se pronuncia uma palavra de duas ou mais sílabas, percebe-se que há uma sílaba com maior intensidade sonora que as demais. Esta é a sílaba tônica.

> A sílaba tônica pode aparecer na última, penúltima ou antepenúltima sílaba.

Confira:

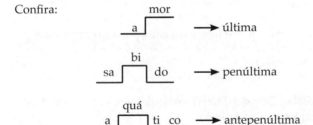

- a‾**mor** → última
- sa‾**bi**‾do → penúltima
- a‾**quá**‾ti‾co → antepenúltima

De acordo com a posição da sílaba tônica, as palavras classificam-se em:

- **Oxítonas** – são palavras cuja sílaba tônica é a última. Exemplos: jacá, buscapé, lençol.
- **Paroxítonas** – palavras cuja sílaba tônica é a penúltima. Exemplos: capela, impróprio, escravo, lápis.
- **Proparoxítonas** – palavras cuja sílaba tônica é a antepenúltima. Exemplos: rápido, matemática, xícara.

ACENTUAÇÃO GRÁFICA I

Na língua portuguesa, ocorre oscilação sonora na pronúncia das palavras, isto é, as palavras apresentam acento tônico em alguma sílaba.

Confira os exemplos:

A palavra "propriedade" apresenta acento tônico, mas na escrita não recebe acento gráfico.

A palavra "estúpido" apresenta acento tônico e acento gráfico.

> **Acento tônico** é o timbre mais forte na pronúncia.

> **Acento gráfico** é o uso, na escrita, dos acentos agudo (´) e circunflexo (^) para representar o acento tônico.

Visto que recebem acento gráfico apenas as palavras que podem gerar algum equívoco na pronúncia, existem as regras de acentuação gráfica, dadas a seguir.

1. Proparoxítonas

Todas as proparoxítonas são acentuadas: físico, cômoda, público, diálogo, estúpido, etc.

2. Paroxítonas

São acentuadas as palavras paroxítonas terminadas em:

L	móvel, útil, incrível
I, IS	júri, lápis, íris
N	pólen, hífen
ON, ONS	próton, elétron, elétrons
US, UM, UNS	vírus, álbum, álbuns

R	repórter, mártir, suéter
X	Félix, ônix, tórax
Ã (S)	ímã, órfã
ÃO (S)	órfão, órgão, sótão
PS	bíceps, fórceps, quéops
DITONGO	série, palácio, história

Nota: não recebem acento gráfico as palavras terminadas em **ns**, como polens, hifens, etc.

3. Oxítonas

Levam acento gráfico as palavras oxítonas terminadas em:

A (S)	Paraná, guaranás, Macapá
E (S)	sapé, chulé, igarapés
O (S)	Maceió, Chapecó, paletós
EM	amém, porém, vintém
ENS	parabéns, reféns, vinténs

4. Monossílabos

São acentuados os monossílabos tônicos terminados em:

A (S)	pá, já, ás, pás
E (S)	fé, lê, três, mês
O (S)	pó, nó, nós, cós.

ACENTUAÇÃO GRÁFICA II

1. Ditongos

Recebem acento agudo os ditongos abertos nas palavras oxítonas:
- éu, éus – chapéu, réus;
- éi, éis – hotéis, pastéis (não se emprega o acento em paroxítonas);
- ói, óis – herói, heróis (não se emprega o acento em paroxítonas);

2. Hiatos

Recebem acento agudo o **i** e o **u** tônicos dos hiatos quando sozinhos na sílaba ou seguidos de **s** – saída, saúva, baú, saístes, balaústre.

> **Observações:**
> - Se o **i** e o **u** formam hiato com a vogal anterior e estão seguidos de **l, m, n, r, z**, não recebem acento gráfico.
>   Raul – Ra-ul   Sairdes – sa-ir-des
>   Coimbra – Co-im-bra   Juiz – ju-iz
> - Se o i ou u tônicos dos hiatos forem seguidos de nh, não são acentuados.
>   Rainha – ra-i-nha   Campainha – cam-pa-i-nha
>   Ventoinha – ven-to-i-nha
> - Se o i ou u tônicos dos hiatos são precedidos por ditongo, não recebem acento gráfico.
>   Feiura - Fei-u-ra
>   Guaiba - Gua-i-ba

3. Acento diferencial

Há vocábulos tônicos que apresentam a mesma grafia que os átonos, por isso recebem acento diferencial (agudo ou circunflexo).

Vocábulos tônicos		Vocábulos átonos	
ás	substantivo	as	artigo
côa(s)	verbo	coa(s)	com + a(s)
pôr	verbo	por	preposição

Nota:

É facultativo o uso do acento circunflexo em:

- *dêmos* (1ª pessoa do plural do presente do subjuntivo do verbo *dar*), homógrafa de *demos* (1ª pessoa do plural do presente do indicativo do verbo *dar*);
- *fôrma* (substantivo), homógrafa de *forma* (substantivo e verbo).

Gramática

4. Trema

Emprega-se o trema sobre a letra **u** em palavras derivadas de nomes próprios estrangeiros.

Exemplo: mülleriano, hübneriano.

Observação: se o **u** dos grupos gue, gui, que, qui for tônico, recebe acento agudo. Exemplos: argúis, averigúe, obliqúe, apazigúe.

5. Verbos dar, ter, ler, crer, ver, vir e derivados

Talvez ele dê – Talvez eles deem.   Ele tem – eles têm
Ele lê – eles leem.   Ele crê – eles creem.
Ele vê – eles veem.   Ele vem – eles vêm.

ORTOGRAFIA I

A palavra ortografia é de origem grega, formada por dois elementos: *orthós* (correta) + *grafia* (escrita). Portanto, a finalidade da ortografia é definir normas para a grafia correta das palavras.

Para escrever bem, você deve ficar atento às seguintes orientações ortográficas.

1. S

Emprega-se a letra **s**:

a) Nos adjetivos terminados pelos sufixos -oso/-osa (significa abundância).

   Exemplos: gostoso – gostosa
             famoso – famosa

b) Nas palavras terminadas pelos sufixos -ês, -esa, -isa (indicam origem, profissão, título de nobreza).

   Exemplos: português – portuguesa
             camponês – camponesa
             marquês – marquesa

c) Nas palavras derivadas de outras que apresentam o grupo **nd**.

   Exemplos: suspender – suspensão
             ascender – ascensão

d) Após ditongos:
   Exemplos: causa, Cleusa, coisa

e) Nas formas dos verbos pôr e querer.
   Exemplos: pus, puser, pusesse
   quis, quiser, quisesse

f) Nas palavras derivadas de outras que apresentam a letra **s**.
   Exemplos: aviso – avisar
   gás – gasolina

g) Nas palavras terminadas em -ase, -ese, -ise, -ose.
   Exemplos: crase, catacrese, mesóclise, osmose.

2. Z

Emprega-se a letra **z**:

a) Nos sufixos -ez/-eza, formadores de substantivos abstratos derivados de adjetivos.
   Exemplos: viúvo – viuvez
   altivo – altivez
   surdo – surdez
   pobre – pobreza
   esperto – esperteza

b) No sufixo -izar, formador de verbo.
   Exemplos: legal – legalizar
   real – realizar

> **Nota:** Se o radical da palavra primitiva é grafado com **s**, a letra permanece nas palavras derivadas.
> Exemplos: aviso – avisar
> análise – analisar

3. H

Apesar de não representar fonema algum, usa-se **h** nos seguintes casos:

a) Quando a tradição escrita do idioma exige (**h** etimológico).
   Exemplo: herói, homem, hesitar, honra, hora, hábito.

Gramática

b) Quando faz parte dos dígrafos.
   Exemplos: filho, telha, folheto, ninho, rainha, chapéu, chefe, chuva, bicho.

c) Quando o **h** etimológico une-se a outro elemento por hífen.
   Exemplos: pré-história, anti-higiênico, super-herói.

> **Nota:**
> 1. Elimina-se o **h** se os elementos não são unidos por hífen.
>   Exemplo: sub + humano = subumano, re + haver = reaver, des + habitar = desabitar.
> 2. Por tradição, escreve-se Bahia, o nome de um Estado brasileiro.

4. G / J

Emprega-se a letra **g**:

a) Nas palavras terminadas em -gem:
   Exemplos: fuligem, ferrugem, garagem, viagem (substantivo).

b) Nas palavras terminadas em -ágio, -égio, -ígio, -ógio, -úgio.
   Exemplos: naufrágio, prestígio, colégio, relógio, refúgio.

Emprega-se a letra **j**:

c) Nas palavras derivadas de outras grafadas com j.
   Exemplos: laranja – laranjeira, viajar – viajem (verbo).

d) Nas palavras de origem africana e indígena.
   Exemplos: canjica, jiló, jirau.

PARA MEMORIZAR	
G	J
angelical	anjo, anjinho
gengibre	berinjela
gengiva	gorjeio
ligeireza	jeito, ajeitar

monge	jiboia
tigela	majestade
vagem	pajé
viagem (substantivo)	viajem (verbo)

5. CH / X

Emprega-se a letra **x**:

a) Normalmente após ditongo.
   Exemplos: caixa, frouxo, deixa.

b) Depois da sílaba en-.
   Exemplos: enxame, enxurrada, enxuto.

c) Depois da sílaba me-.
   Exemplos: mexerica, mexer, mexilhão.

> **Nota:**
> Mecha (substantivo) e seus derivados escrevem-se com **ch**.

d) O grupo **sh**, presente em palavras de origem inglesa, é trocado por **x**.
   Exemplos: sheriff – xerife, shampoo – xampu.

e) Nas palavras de origem africana e indígena.
   Exemplos: xavante, xingar, xangô.

PARA MEMORIZAR	
X	CH
bexiga	bochecha
caxumba	cachaça
faxina	cachimbo
orixá	chafariz
oxalá	cochicho

praxe	ficha
puxar	flecha
vexame	chuchu

6. Ç / SC / SS

a) Emprega-se **ç** nas palavras derivadas de verbos grafados com -ter.

Exemplos: obter – obtenção, abster – abstenção, conter – contenção.

b) Escrevem-se com **sc**: ascender, piscina, nascer, obsceno, rescisão, suscitar, transcender.

c) Escrevem-se com **ss** as palavras derivadas de outras que tenham os grupos:

-**ced** ⟶ ceder – cessão.

-**gred** ⟶ progredir – progresso.

-**prim** ⟶ imprimir – impressão.

-**tir** ⟶ discutir – discussão.

-**met** ⟶ comprometer – compromisso.

ORTOGRAFIA II – PARÔNIMOS E HOMÔNIMOS

Parônimos

Os vocábulos parecidos na pronúncia ou na grafia e diferentes no significado são chamados parônimos.

Exemplos: cumprimento (saudação) / comprimento (extensão)
cavaleiro (homem a cavalo) / cavalheiro (homem educado, gentil)

Homônimos

São palavras de significados diferentes, porém iguais na pronúncia e na escrita. Pode haver, também, homônimos iguais na grafia e diferentes na pronúncia, ou iguais na pronúncia e diferentes na grafia. Dessa forma, é possível classificar os homônimos em:

- Homônimos perfeitos – iguais na pronúncia e na grafia. Podem ser homófonos (som igual) ou homógrafos (grafia igual).
  Exemplos: são (verbo ser) / são (santo) / são (sadio)
  serra (instrumento) / serra (montanhas)
  serra (verbo serrar)

- Homônimos homófonos heterógrafos: são palavras iguais na pronúncia e diferentes na escrita.
  Exemplos: seção (repartição) / cessão (ato de ceder) / sessão (reunião)
  acento (sinal gráfico) / assento (lugar onde se senta)

- Homônimos homógrafos heterófonos: são palavras iguais na escrita e diferentes na pronúncia.
  Exemplos: colher /ê/ (verbo) – colher /é/ (talher, utensílio de mesa)
  sede /ê/ (necessidade de beber água) / sede /é/ (localidade principal)

Atente-se para o significado de alguns homônimos:

acender (pôr fogo) – ascender (subir)
cela (pequeno quarto) – sela (arreio) – sela (verbo selar)
cesto (balaio) – sexto (numeral ordinal)
coser (costurar) – cozer (cozinhar)
estrato (tipo de nuvem) – extrato (resumo)
manga (parte do vestuário) – manga (fruta)
ruço (desbotado) – russo (proveniente da Rússia)

Gramática

ESTRUTURA DAS PALAVRAS

Na língua portuguesa, as palavras podem ser divididas em unidades menores, chamadas morfemas. Confira o exemplo:

livr | inh | o | s

- **livr** – é o elemento que traduz o significado da palavra. É o núcleo, a parte mais importante, o radical ou morfema lexical, também denominado de raiz.
- **inh** – é o elemento que denota o grau diminutivo, o morfema sufixal.
- **o** – é o elemento que assinala o gênero masculino, morfema de gênero.
- **s** – é o elemento que indica o número plural, morfema de número.

Portanto, uma palavra pode apresentar os seguintes elementos mórficos:

a) **Radical ou raiz** – fornece a significação da palavra.
   Exemplo: livr-.

b) **Vogal temática** – une-se ao radical ou à raiz.
   Exemplo: ros**a**, poet**a**, livr**o**, trist**e**, vend**e**r, part**i**r, am**a**r.

c) **Tema** – é o radical acrescido da vogal temática.

   Exemplo: livr o   vend e r
            ↓ ↓   ↓ ↓
   radical + vogal = tema   radical + vogal = tema
            temática   temática

d) **Afixos** – são elementos acrescidos antes ou depois do radical.

   Exemplo: pôr – <u>re</u>por   casa – cas<u>ebre</u>
                    ↓   ↓
                 prefixo   sufixo

e) **Desinências** – nominal ou verbal.

- **Nominal** – indica o gênero e o número dos nomes.
  Exemplo: meninos

  -o – desinência de gênero masculino.

  -s – desinência de número (plural).

- **Verbal** – indica tempo, modo, número e pessoa.
  Exemplo: amá / va / mos

  -va = desinência de tempo e modo – pretérito imperfeito do indicativo.

  -mos = desinência de pessoa e número – primeira pessoa do plural (nós).

f) **Vogal e consoante de ligação** – não têm significado, apenas unem dois elementos mórficos para tornar a pronúncia mais agradável.

Importante:
A palavra que surgiu primeiro na língua recebe o nome de primitiva, já as derivadas são chamadas cognatas.

	cruz		**primitiva**
	cruz	eiro	
	cruz	ada	
en	cruz	ilhada	**cognatas**
des	cruz	ar	
prefixo	**radical**	**sufixo**	

Gramática

PROCESSOS DE FORMAÇÃO DE PALAVRAS I

Em português, há dois processos básicos de formação de palavras: derivação e composição.

Observe as palavras formadas a partir da palavra "sol".

1. O dia está ensolarado.
2. Comprei um guarda-sol.

Na primeira frase, a palavra "ensolarado" é derivada de "sol", pois foram acrescentados prefixo e sufixo ao radical.

Na segunda frase, a palavra "guarda-sol" é composta, porque apresenta dois radicais.

Derivação

É a formação de palavras novas a partir de outra já existente na língua (primitiva).

As derivações podem ser prefixal, sufixal, prefixal e sufixal, parassintética, regressiva e imprópria. Confira a seguir.

1. Prefixal: acréscimo de um prefixo ao radical.
Exemplo: im | puro

O prefixo **im-** antecede o radical.

Outros exemplos: fazer – desfazer
ter – reter
normal – anormal

2. Sufixal: acréscimo de um sufixo após o radical.
Exemplos: bond**oso**   doce**mente**   pedr**eiro**

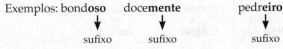

sufixo   sufixo   sufixo

3. **Prefixal e sufixal**: acréscimo de prefixo e sufixo ao radical.

   Exemplo:

4. **Parassintética** ou por **parassíntese**: acréscimo simultâneo de um prefixo e um sufixo ao radical.

   É válido ressaltar que, diferentemente do que ocorre na derivação prefixal e sufixal, a palavra só será formada com o acréscimo dos afixos.

   Exemplos:

5. **Regressiva**: a palavra primitiva perde um elemento e dá origem a outra.

   Exemplo: vender – venda   sacar – saque   combater – combate

6. **Imprópria**: a palavra primitiva não sofre alteração. A nova palavra muda de classe gramatical.

   Exemplos: Joguei o sapato velho.

   O velho chegou cedo.

   Ele é alto.   /   Ele fala alto.

Gramática

PROCESSOS DE FORMAÇÃO DE PALAVRAS II

Composição

Dois ou mais vocábulos primitivos unem-se para a formação de um composto.

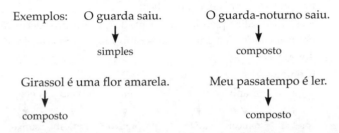

> Há dois tipos de composição:
>
> **1. Justaposição**: os radicais se juntam sem qualquer alteração fonética.
>   Exemplos: passa + tempo = passatempo, gira + sol = girassol, couve + flor = couve-flor
>
> **2. Aglutinação**: os radicais se juntam e ocorre alteração fonética.
>   Exemplos: vinho + acre = vinagre, perna + alta = pernalta, em + boa + hora = embora, filho + de + algo = fidalgo

Outros processos de formação

- **Hibridismo**

  União de elementos pertencentes a línguas diferentes para formar uma palavra composta.

  Exemplos: burocracia = (buro – francês) + (cracia – grego)
  televisão = (tele – grego) + (visão – latim)
  alcoômetro = (álcool – árabe) + (metro – grego)
  abreugrafia = (abreu – português) + (grafia – grego)

- **Onomatopeia**
 A palavra procura reproduzir ruídos e sons.
 Exemplos: tilintar, zunzum, tique-taque, pingue-pongue, cacarejar, miar.

- **Abreviação**
 A palavra é reduzida até o limite que não prejudique a compreensão.
 Exemplos: moto (motocicleta), cine (cinematógrafo), foto (fotografia), pneu (pneumático), micro (microcomputador).

- **Sigla**
 Considera-se sigla um tipo especial de abreviação.
 Exemplos: MEC – Ministério da Educação e Cultura
 OAB – Ordem dos Advogados do Brasil
 CLT – Consolidação das Leis do Trabalho

EMPREGO DO HÍFEN

Há ocasiões em que temos dúvidas quanto ao correto emprego do hífen em palavras compostas e formadas por meio de prefixos. A seguir, apresentamos algumas regras que o auxiliarão a empregar corretamente o hífen.

Emprega-se o hífen:

- para separar sílabas de uma palavra. Exemplos: ca-se-bre, po-ei-ra.
- para ligar os pronomes oblíquos ao verbo. Exemplos: amá-lo, disse-me, quero-lhe.
- para ligar os elementos dos adjetivos compostos. Exemplos: verde-claro, anglo-brasileiro.
- para ligar os sufixos -açu, -guaçu e -mirim quando a palavra anterior terminar em vogal graficamente acentuada ou se a pronúncia o exigir. Exemplos: amoré-guaçu, anajá-mirim, capim-açu, cajá-mirim.

Gramática

MORFOLOGIA – CLASSIFICAÇÃO DAS PALAVRAS

Em português, as palavras têm classificação e flexão diferentes, de acordo com a função que exercem dentro da frase. Há dez classes gramaticais: seis variáveis e quatro invariáveis.

> São **variáveis** as palavras que se modificam de acordo com o gênero e o grau. Pode-se classificá-las em:
> - Substantivo
> - Artigo
> - Numeral
> - Adjetivo
> - Verbo
> - Pronome
>
> São **invariáveis** as palavras que não sofrem alteração na forma, isto é, não são flexionadas. À classe das invariáveis pertencem:
> - Conjunção
> - Advérbio
> - Preposição
> - Interjeição

SUBSTANTIVO I

Substantivo é a palavra variável em gênero, número e grau. Serve para designar os seres e as coisas, sejam eles reais ou imaginários.

São, portanto, substantivos:

- os nomes de coisas, pessoas, animais e lugares.
  Exemplos: lápis, giz, Carlos, Brasil.

- os nomes de ações, estados ou qualidades, tomados como seres.
  Exemplos: esperança, medo, chegada, altura, beleza.

Formação dos substantivos

Quanto à formação, os substantivos podem ser:

a) **primitivos**: não se originam de outra palavra.
   Exemplos: pedra, casa, homem.

b) **derivados**: formados a partir de outra palavra.
   Exemplos: balconista, saleiro, jogador.

c) **simples**: em sua formação há apenas um radical.
   Exemplos: flor, mesa, copo.
d) **compostos**: formados por mais de um radical.
   Exemplos: fruta-do-conde, girassol, guarda-noturno.

Confira os substantivos grifados no texto abaixo:

Ismália

"Quando Ismália enlouqueceu,
Pôs-se na torre a sonhar...
Viu uma lua no céu,
Viu outra lua no mar."

(Alphonsus de Guimaraens)

As palavras "torre", "lua", "céu" e "mar" são substantivos, porque nomeiam seres.

Quanto à formação, são primitivos, pois não derivam de outra palavra; e são simples, porque apresentam apenas um radical.

SUBSTANTIVO II

Classificação dos substantivos

- **Comum**: designa o ser de uma maneira geral, dentro da sua espécie.
  Exemplos: cão, moço, criança.
- **Próprio**: designa um ser específico entre outros seres de sua espécie.
  Exemplos: Rex, João, Zezinho, Brasil, Ceará.
- **Concreto**: designa os seres que têm existência própria ou existem em nossa imaginação.
  Exemplos: giz, Saci, coruja, lobisomem, Deus, casa, cachorro.
- **Abstrato**: designa as coisas que não existem por si, sendo impossível visualizá-las como seres.
  Exemplos: nobreza, corrida, saudade, rapidez.

Gramática

- **Coletivo**: é o substantivo que, no singular, nomeia um grupo de seres da mesma espécie.
  Exemplos: batalhão – de soldados; cardume – de peixes; boiada – de bois.

Seguem alguns coletivos que merecem atenção:

Acervo: de obras artísticas	Álbum: de fotografias, de selos
Alcateia: de lobos	Antologia: de textos literários
Armada: de navios de guerra	Arquipélago: de ilhas
Assembleia: de parlamentares	Atlas: de mapas
Baixela: de objetos de mesa	Banca: de examinadores
Bandeira: de garimpeiros	Cabido: de cônegos
Cacho: de uvas, de bananas	Cáfila: de camelos
Camarilha: de bajuladores	Cambada: de ladrões
Cancioneiro: de poemas	Caravana: de viajantes
Cardume: de peixes	Clero: de sacerdotes
Colmeia: de abelhas	Concílio: de bispos
Conselho: de ministros	Constelação: de estrelas
Corja: de vadios	Elenco: de artistas
Enxame: de abelhas	Enxoval: de roupas
Esquadra: de navios de guerra	Esquadrilha: de aviões
Frota: de navios, táxis, ônibus	Fato: de cabras
Horda: de invasores, de bárbaros	Feixe: de lenha
Manada: de búfalos	Girândola: de fogos de artifício
Molho: de chaves	Junta: de bois, de médicos
Falange: de soldados	Matilha: de cães de caça
Fauna: de animais de uma região	Multidão: de pessoas
Ninhada: de pintos	Nuvem: de gafanhotos
Panapaná: de borboletas	Pelotão: de soldados
Penca: de bananas, de chaves	Pinacoteca: de pinturas
Plantel: de animais de raça, de atletas	Quadrilha: de ladrões, de bandidos

Ramalhete: de flores	Rebanho: de gado em geral
Récua: de animais de carga	Repertório: de peças teatrais
Réstia: de alhos, de cebolas	Revoada: de pássaros
Romanceiro: de poesias populares	Súcia: de pessoas desonestas
Vara: de porcos	Vocabulário: de palavras

SUBSTANTIVO III

Gênero dos substantivos

Em português, há dois gêneros: masculino e feminino. Todos os substantivos possuem, pelo menos, um deles.

O substantivo masculino admite o artigo **o**.

> **Importante:**
> O fato de o substantivo ser terminado em **o** ou **a** não determina o gênero masculino ou feminino.
> Veja:
>   Tribo – feminino   Moto – feminino

Há substantivos que apresentam duas formas para indicar o gênero, uma para o masculino, outra para o feminino. São os substantivos biformes. Exemplos: a onça, o boi, a mulher.

I. Flexão de gênero dos substantivos biformes

Geralmente, pode-se formar o feminino dos substantivos de uma das seguintes maneiras:

- Muda-se a terminação -o por -a. Exemplos: o porco / a porca; o moço / a moça.
- Muda-se a terminação -e por -a. Exemplos: o mestre / a mestra; o parente / a parenta.
- Muda-se a terminação -e ou -a para -essa, -esa, -isa, -ina, -triz
  Exemplos: o conde / a condessa; o poeta / a poetisa; o czar / a czarina; o imperador / a imperatriz.

Gramática

- Pelo acréscimo de -a:
  Exemplos: o doutor / a doutora; o juiz / a juíza.
- Pela mudança do -ão final em -ã, -oa, -ona.
  Exemplos: o irmão / a irmã; o leão / a leoa; o folião / a foliona.
- Por palavras diferentes:
  Exemplos: o homem / a mulher; o boi / a vaca; o cão / a cadela; o frei / a freira; o frade / a sóror; o padre / a madre.

II. Flexão de gênero dos substantivos uniformes

Há nomes de seres vivos que apresentam uma só forma para o sexo masculino e o sexo feminino. São os substantivos:

1. Epicenos

São substantivos de um só gênero que indicam nomes de animais. Para indicar o sexo, utilizam-se as palavras macho ou fêmea.

Exemplos: pulga macho – pulga fêmea; cobra macho – cobra fêmea.

2. Sobrecomuns

São substantivos de um só gênero que indicam tanto o sexo masculino como o sexo feminino.

Exemplos: a vítima – homem ou mulher; o cônjuge – o marido ou a esposa; o bebê – o menino ou a menina.

3. Comuns de dois gêneros

São substantivos que possuem uma só forma para o masculino e o feminino, mas permitem a variação por meio de artigo, adjetivo ou pronome.

Exemplos: o artista – a artista; um colega – uma colega; esse cliente – essa cliente; belo estudante – bela estudante.

> **Importante:**
> Há substantivos que podem causar dúvidas quanto ao gênero. Merecem destaque:

a) Masculinos

o apêndice	o dó	o guaraná
o grama (unidade de peso)		o clã
o telefonema	o formic-ida	o eclipse

b) Femininos

a alface	a apendicite	a cal
a comichão	a omoplata	a pedra
a dinamite	a entorse	a ojeriza

> Admitem dois gêneros: **o** ou **a** avestruz, **o** ou **a** personagem, **o** ou **a** laringe.

Gênero e mudança de sentido

Dependendo do gênero, há substantivos que podem ter significados diferentes. Confira:

Comprei **um grama** de ouro. / **A grama** foi plantada com amor.

    ↓   ↓

unidade de peso   relva

A seguir, há alguns dos casos mais comuns:

O cabeça	chefe, líder
A cabeça	parte do corpo
O capital	dinheiro
A capital	cidade
O cisma	separação religiosa
A cisma	receio

Gramática

O crisma	óleo sagrado
A crisma	sacramento
O cura	o pároco
A cura	ato ou efeito de curar
O estepe	pneu sobressalente
A estepe	planície de vegetação herbácea
O grama	medida de massa
A grama	relva
O guia	pessoa que guia outra
A guia	documento
O moral	estado de espírito
A moral	conjunto de regras de conduta
O rádio	aparelho
A rádio	estação

SUBSTANTIVO IV

Flexão de número

Observe a frase:

"Um cão fugiu enquanto seu dono dormia e, durante a noite, atacava as pessoas que passavam pelas ruas."

As palavras do exemplo mostram que os substantivos variam em número (singular ou plural).

Veja:

cão – singular; dono – singular; pessoas – plural; ruas – plural.

Formação do plural

O plural dos substantivos é feito a partir do singular; porém, certos substantivos são usados somente no singular ou somente no plural.

Exemplos: fé, caridade, férias, pêsames, parabéns.

Plural dos substantivos simples

1. Acrescenta-se **-s** à forma singular (regra geral).
   Exemplos: aluno – alunos; dono – donos; casa – casas.

2. Troca-se o **-l** por -is nos substantivos terminados em -al, -el, -ol, -ul.
   Exemplos: general – generais; papel – papéis; anzol – anzóis.

3. Nos terminados em -il:
   a) troca-se o **-l** por **-s** se forem oxítonos.
      Exemplos: funil – funis; barril – barris.
   b) troca-se a terminação -il por -eis se forem paroxítonos.
      Exemplos: réptil – répteis; fóssil – fósseis.

4. Nos terminados em **-r** e **-z**, acrescenta-se -es.
   Exemplos: repórter – repórteres; nariz – narizes.

5. Acrescentam-se **-es** ou **-s** nos terminados em **-n**.
   Exemplos: hífen – hifens ou hífenes; abdômen – abdômenes ou abdomens.

6. Os substantivos monossílabos e os oxítonos terminados em **-s** fazem o plural com o acréscimo de **-es**.
   Exemplos: país – países; freguês – fregueses; mês – meses.

> **Importante:**
> Não sendo monossílabos nem oxítonos, os substantivos terminados em **-s** não mudam a forma no plural.
> Exemplos: o pires – os pires; o lápis – os lápis.

7. Permanecem com a mesma forma no plural os substantivos terminados em **-x**.
   Exemplos: o tórax – os tórax.

8. Nos substantivos terminados em **-ão**:
   a) acrescenta-se **-s**.
      Exemplos: órgão – órgãos; órfão – órfãos.

b) transforma-se o **-ão** em **-ães**.
   Exemplos: alemão – alemães; cão – cães.

c) transforma-se o **-ão** em **-ões**.
   Exemplos: limão – limões; balão – balões.

9. Se o substantivo está no grau diminutivo, terminado em **-zinho** ou **-zito**, o **-s** do plural do substantivo primitivo desaparece.
   Exemplos: cão – cães ➙ cãezinhos; ovo – ovos ➙ ovozitos.

SUBSTANTIVO V

Formação de grau

Os substantivos apresentam os seguintes graus de significação:
- normal: casa, homem.
- aumentativo: casarão, homenzarrão.
- diminutivo: casebre, homenzinho.

Há duas formas para a expressão de grau:
- Analítica: o substantivo fica na forma normal, seguido de adjetivos que indicam aumento ou diminuição.
  Exemplos: casa grande, casa pequena.

- Sintética: acrescentam-se sufixos à forma no grau normal.

  Exemplos:

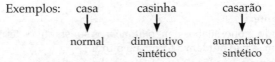

Confira alguns sufixos utilizados na forma sintética dos graus.

Sufixos para o grau aumentativo	Sufixos para o grau diminutivo
-ão: garoto – garotão	-inho ou -zinho: irmão – irmãozinho
-aça: barca – barcaça	-ebre: casa – casebre

-arra: boca – bocarra	-eta: sala – saleta
-ázio: copo – copázio	-ejo: lugar – lugarejo
-alha: forno – fornalha	-acho: rio – riacho

ARTIGO – CONCEITO, CLASSIFICAÇÃO E EMPREGO

Leia este anúncio:

Você deve ter notado que a palavra "os" antecede as palavras "eleitos" e "proprietários". Em ambos os casos, "os" está definindo substantivos; portanto, é um artigo.

> **Artigos** são palavras que antecedem os substantivos, classificando-os como definidos ou indefinidos.

Veja: a) O homem entrou aqui.
      b) Um homem entrou aqui.

Em "a", o artigo **o** antecede o substantivo "homem", definindo-o. Entendemos que o emissor conhece esse homem.

Em "b", a anteposição do artigo "um" ao substantivo "homem" sugere indefinição, isto é, entendemos que o emissor se refere a um homem qualquer (indefinido).

Gramática

Classificação dos artigos

- **Definidos**: o, a, os, as – antecedem os substantivos, determinando-os de maneira precisa.
  Exemplos: O pai deve amar **a** filha.
  Os pais devem amar **as** filhas.

- **Indefinidos**: um, uma, uns, umas – antecedem os substantivos, determinando-os de maneira imprecisa e generalizada.
  Exemplos: Ela disse **umas** palavras e saiu.
  Fazia **uns** três anos que não nos víamos.

Emprego dos artigos

Dependendo do contexto em que aparecem na frase, os artigos podem gerar outros efeitos de sentido:

1. Indicar qualidade superior.
   Exemplo: Consulte **o** doutor Pedro, ele é **o** médico.

2. Substantivar qualquer palavra da língua.
   Exemplo: **O** bom é estarmos unidos.

3. Indicar cálculo aproximado.
   Exemplo: Ela deve ter **uns** quinze anos.

4. Indicar familiaridade antes de nomes próprios.
   Exemplo: **O** Paulo telefonou?

5. Indicar o nome de uma família.
   Exemplo: **Os** Santos deixaram o Brasil.

Pode-se empregar o artigo juntamente com outras palavras; são as contrações ou combinações:

```
a (preposição) + o (artigo) = ao
em (preposição) + o (artigo) = no
de (preposição) + a (artigo) = da
em (preposição) + um (artigo) = num
```

NUMERAL

Texto para leitura e estudo dos numerais:

"A minha tia Sinhazinha era uma velha de uns sessenta anos. Irmã de minha avó, ela morava há longo tempo com seu cunhado. Casada com um dos homens mais ricos daqueles arredores, o doutor Quincas, do Salgadinho, vivia separada do marido desde os começos do matrimônio. Era tudo isso, como um tirano. Meu avô, que não se casara em segundas núpcias, tinha, no entanto, esta madrasta dentro de casa.

Logo que a vi pela primeira vez, com aquele rosto enrugado e aquela voz áspera, senti que qualquer coisa de ruim se aproximava de mim. Essa velha seria o tormento da minha meninice. Minha tia Maria, um anjo junto daquele demônio, não tinha poderes para resistir às suas forças e aos seus caprichos. As pobres negras e os moleques sofriam dessa criatura uma servidão dura e cruel. Ela criava sempre uma negrinha, que dormia aos pés de sua cama, para judiar, para satisfazer seus prazeres brutais. Vivia a resmungar, a encontrar malfeitos, poeiras nos móveis, furtos em coisas da despensa, para pretexto de suas pancadas nas crias da casa.

As negras odiavam-na. Os meus primos corriam dela como de um castigo. E quando saía para a casa de uma filha, na cidade, era como se um povo tivesse perdido o seu verdugo.

Minha tia Maria assumia a direção da casa – e todos iam conhecer a mansidão e a paz de uma regência de fada. Depois que vim a saber as histórias de rainhas cruéis, as intrigas perversas de Anas Bolenas, acreditava em tudo, porque me lembrava da tia Sinhazinha."

(José Lins do Rego, *Menino de Engenho*)

Gramática

Conhecendo numerais

"A minha tia Sinhazinha era uma velha de uns **sessenta** anos."

"Logo que a vi pela **primeira** vez (...) senti que qualquer coisa de ruim se aproximava de mim."

As palavras em destaque são exemplos de numerais.

> **Numeral** é uma palavra que se refere a um substantivo dando ideia de número.

Classificação dos numerais

- **Cardinais**: indicam uma quantidade determinada: um, dois, três, etc.
- **Ordinais**: indicam ordem ou posição ocupada numa determinada série: primeiro, segundo, terceiro, etc.
- **Multiplicativos**: indicam multiplicação: dobro, triplo, quádruplo, etc.
- **Fracionários**: indicam divisão, fração: meio, metade, terço, quarto, etc.

Relação de alguns numerais:

Cardinais	Ordinais	Multiplicativos	Fracionários
um	primeiro	-	-
dois	segundo	dobro	meio, metade
três	terceiro	triplo	terço
quatro	quarto	quádruplo	quarto
cinco	quinto	quíntuplo	quinto
seis	sexto	sêxtuplo	sexto

sete	sétimo	sétuplo	sétimo
oito	oitavo	óctuplo	oitavo
nove	nono	nônuplo	nono
dez	décimo	décuplo	décimo
onze	undécimo	undécuplo	onze avos
doze	duodécimo	duodécuplo	doze avos
cem	centésimo	cêntuplo	centésimo
mil	milésimo	-	milésimo

Emprego do numeral

1. Na designação de séculos, reis e papas, usam-se os ordinais de um a dez e os cardinais de onze em diante.
   Exemplos: século V = século quinto
   século XV = século quinze

2. Nas referências às páginas de um livro, usam-se de preferência os cardinais.
   Exemplo: Abriu o livro na página **22** (vinte e dois).

3. Quanto à flexão de gênero: páginas, folhas, casas, apartamentos, ruas, etc., o numeral deve concordar com a palavra número.
   Exemplo: página 1 = página um (página número um).

4. Se, no mesmo caso, é empregado o numeral antes dos substantivos, sempre se usará o ordinal.
   Exemplo: Mora na **vigésima primeira** casa.

5. A conjunção "e" é sempre intercalada entre as centenas, as dezenas e as unidades.
   Exemplo: trezentos **e** quarenta **e** nove.

Gramática

6. Na escrita dos números por extenso, não se põe vírgula entre uma classe e outra.
Exemplo: 15.241 = quinze mil duzentos e quarenta e um.

7. Só se emprega a conjunção "e" quando o número terminar em uma centena com dois zeros.
Exemplo: 1.800 (um mil e oitocentos)

8. Os numerais cardinais um e dois e as centenas a partir de duzentos variam de gênero.
Exemplos: um carro / uma casa.
dois carros / duas casas.
quatrocentos carros / quatrocentas casas.

9. Milhão, bilhão, trilhão, etc., variam em número (singular e plural).
Exemplos: um milhão / vinte trilhões.

10. Os outros numerais cardinais são invariáveis.
Exemplos: cinco casas / cinco carros.

ADJETIVO I

Conceito

1. Compare as frases extraídas do texto da seção anterior:
   I. "A minha tia Sinhazinha era uma velha de uns sessenta anos."
   II. "Essa velha seria o tormento da minha meninice."
   a) Em qual das frases a palavra "velha" nomeia um ser?
   b) Em qual das frases a palavra "velha" caracteriza um ser?

2. "Casada com um dos homens mais ricos daqueles arredores, o doutor Quincas, do Salgadinho, vivia separada do marido desde o começo do matrimônio. Era um temperamento esquisito e turbulento."

a) Faça um círculo em torno das palavras que caracterizam um ser.
b) Indique, com uma seta, os seres a que são atribuídas as qualidades.

3. I. "As <u>negras</u> odiavam-na."
   II. "... um <u>anjo</u> junto daquele demônio."

   As palavras grifadas nomeiam seres; são substantivos. Empregue-as em frases de modo que deem qualidade a um ser.
   Modelo: Os <u>ricos</u> ajudam os pobres.
   　　　　(ser)
   Os ricos homens ajudam os pobres.
   　　　　(qualidade)

Adjetivo é a palavra que caracteriza o substantivo, imprime ideia de qualidade, estado ou lugar de origem.

Confira os exemplos:

O homem rico está feliz. (rico – qualidade)

O homem triste morreu. (triste – estado)

Todo homem brasileiro sorri muito. (brasileiro – origem)

Formação do adjetivo

O adjetivo pode ser:

- **Primitivo**: não deriva de outra palavra.
  Exemplo: A <u>velha</u> tia Sinhazinha era <u>má</u>.
- **Derivado**: deriva de outra palavra primitiva, com acréscimo de afixos (prefixos ou sufixos).
  Exemplo: A <u>velhota</u> tia Sinhazinha era <u>maligna</u>.
- **Simples**: formado com apenas um radical.
  Exemplo: Comprei uma blusa <u>verde</u>.
- **Composto**: formado com mais de um radical.
  Exemplo: Comprei uma blusa <u>verde-escura</u>.

Gramática

ADJETIVO II

Gênero do adjetivo

I. "O corredor estava escuro."
II. "A mulher chamou, com a voz trêmula."
III. "Mas sua voz estava firme."

Os adjetivos "escuro" e "trêmula" aparecem com flexão de gênero; "escuro" é masculino, e "trêmula" é feminino. Ambos apresentam duas formas: masculino e feminino, portanto são chamados de biformes.

O adjetivo "firme" apresenta uma única forma para os dois gêneros; trata-se de um adjetivo uniforme.

Uniformes	Biformes
triste	ateu / ateia
superior	francês / francesa
jovem	mau / má
ruim	bom / boa
feroz	nu / nua

Número do adjetivo

O <u>adjetivo</u> concorda com o **substantivo** a que se refere.
Exemplo: O **corredor** estava <u>escuro</u>.
 Os **corredores** estavam <u>escuros</u>.

Formação do plural dos adjetivos compostos

1. Os adjetivos compostos só admitem o plural no último elemento e somente se ele for adjetivo, caso contrário não serão flexionados.

Exemplo: 1º elemento 2º elemento
 Blusa verde-clara (singular)
 Blusas verde-claras (plural)

2. Os compostos de adjetivo + substantivo são invariáveis.
   Exemplo: Tapetes verde-esmeralda. (plural)

3. No caso dos componentes serem palavra invariável + adjetivo, somente esse último será flexionado.
   Exemplo: Meninos mal-educados. (plural)

4. Invariáveis ficam também as locuções adjetivas formadas de cor + de + substantivo.
   Exemplo: Olhos cor-de-rosa. (plural)

5. Existem somente três adjetivos compostos que não seguem a regra anterior.

   São eles:

   a) O adjetivo surdo-mudo tem flexão nas duas palavras.
      Exemplo: A menina surda-muda. (feminino e singular)
               Os meninos surdos-mudos. (masculino e plural)

   b) O adjetivo azul-marinho, que é invariável, isto é, não tem plural em nenhuma das palavras.
      Exemplo: Os sapatos azul-marinho. (plural)

   c) O adjetivo azul-celeste, que também é invariável.
      Exemplo: Os mantos azul-celeste. (plural)

Adjetivos pátrios compostos

Adjetivos pátrios indicam origem ou nacionalidade. Quando formamos os adjetivos pátrios compostos, a tendência é sempre colocar primeiro o adjetivo mais curto, deixando o mais longo como segundo elemento.

Gramática

Alguns adjetivos pátrios apresentam uma forma reduzida. Confira alguns exemplos:

África = afro	Espanha = hispano
Alemanha = germano	Europa = euro
América = américo	França = franco
Ásia = ásio	Grécia = greco
Austrália = australo	Índia = indo
Áustria = austro	Inglaterra = anglo
Bélgica = belgo	Itália = ítalo
China = sino	Japão = nipo
Dinamarca = dano	Portugal = luso

Exemplo: jogo entre Inglaterra e Portugal = jogo anglo-português (coloca-se primeiro o adjetivo mais curto)

Locuções adjetivas

São expressões que têm o mesmo sentido e o mesmo valor de um adjetivo.

Exemplos: Abraço <u>de irmão</u> – abraço <u>fraterno</u>
Bênção <u>do céu</u> – bênção <u>celestial</u>
Água <u>da chuva</u> – água <u>pluvial</u>
Água <u>de rio</u> – água <u>fluvial</u>

ADJETIVO III

Leia o texto:

"Dentre os países sul-americanos, o Brasil é tão importante quanto qualquer outro. O povo brasileiro é o mais paciente de todos, pois consegue absorver as dificuldades econômicas por que passa.

No Brasil, são muito boas as perspectivas para o futuro. As belíssimas paisagens farão sucesso no meio turístico dessa grande nação."

1. "... o Brasil é <u>tão</u> importante <u>quanto</u> qualquer outro."
   Nesse caso, temos uma comparação entre a importância do Brasil e de qualquer outro país sul-americano. Estabelece-se a igualdade de importância entre o Brasil e os outros países sul-americanos.

2. "O povo brasileiro é o <u>mais</u> paciente de todos."
   Nesse caso, temos uma relação de superioridade entre a paciência do povo brasileiro e a dos demais.

3. "No Brasil são <u>muito boas</u> as perspectivas para o futuro."
   Observe que o adjetivo "boas" está junto com a palavra "muito", que indica maior intensidade da qualidade indicada pelo adjetivo.

4. "As <u>belíssimas</u> paisagens farão sucesso no meio turístico..."
   A palavra grifada é o adjetivo "belo" acrescido de um sufixo (-íssimas), que também indica intensidade.

De acordo com os itens anteriores, é possível concluir que há flexão de grau do adjetivo.

Ela trata da relação de igualdade, superioridade ou inferioridade entre os seres ou da maior ou menor intensidade de uma qualidade indicada pelo adjetivo.

São graus do adjetivo:
- Comparativo
- Superlativo

Grau comparativo

Serve para indicar comparação de uma qualidade entre dois ou mais seres ou duas ou mais qualidades de um só ser.

a) "O Brasil é tão importante quanto qualquer outro."
   O adjetivo "importante" está flexionado no grau comparativo de igualdade.

b) "Ele é mais importante que os outros."
   O adjetivo "importante" está flexionado no grau comparativo de superioridade.

Gramática

c) "Ele é menos importante que os outros."
O adjetivo "importante" está flexionado no grau comparativo de inferioridade.

Importante:

1. Os adjetivos "bom", "mau", "grande" e "pequeno" apresentam forma própria para indicar o comparativo de superioridade.

    bom – melhor   grande – maior
    mau – pior   pequeno – menor

2. Quando se comparam duas qualidades de um mesmo ser, usam-se as formas "mais bom", "mais mau", "mais grande", "mais pequeno".

    Exemplo: Ele é mais covarde que corajoso.

Grau superlativo

- **Absoluto**: Indica a maior ou a menor intensidade da qualidade expressa pelo adjetivo.

    Observe:

    1. "No Brasil são muito boas as perspectivas para o futuro."
    2. "As belíssimas paisagens farão sucesso no meio turístico."

Em ambas as frases não há comparação; os substantivos "perspectivas" e "paisagens" estão modificados pelos adjetivos em grau de intensidade.

Nas duas frases se observa, portanto, o adjetivo no grau superlativo absoluto. Dessa forma, percebe-se que o grau superlativo absoluto pode ser analítico e sintético.

a) **Analítico**: o adjetivo aparece acompanhado de uma palavra que indica intensidade. Exemplo: muito boas.
b) **Sintético**: o adjetivo aparece acrescido de um sufixo indicador do grau de superioridade. Exemplo: belíssimas.

Memorize alguns supelativos absolutos sintéticos:

amargo – amaríssimo	amigo – amicíssimo	fiel – fidelíssimo
livre – libérrimo	mísero – misérrimo	sério – seríssimo
pobre – paupérrimo	negro – nigérrimo	sábio – sapientíssimo
feliz – felicíssimo	humilde – humílimo	doce – dulcíssimo

- **Relativo**: Indica a maior ou a menor intensidade da qualidade de um ser em relação a outros.

1. "O povo brasileiro é o mais paciente de todos."

Na frase, o adjetivo "paciente" aparece no grau superlativo relativo de superioridade, porque indica maior intensidade da qualidade (paciente) em relação aos outros países.

2. "Ele é o menos paciente da turma."

O adjetivo "paciente" aparece no grau superlativo relativo de inferioridade, porque indica menor intensidade da qualidade (paciente) em relação à turma.

Dessa forma, o superlativo relativo pode apresentar duas formas:
a) superlativo relativo de superioridade;
b) superlativo relativo de inferioridade.

VERBO I

"O enriquecimento de uma língua consiste em usar, praticar a língua."

As palavras grifadas fazem parte do código da língua portuguesa e exprimem **ações**; são, portanto, **verbos**.

Além de ações, os verbos podem também expressar estado, mudança de estado e fenômenos naturais. Observe:

Gramática

"Jogando, a gente aprende."

indica ação

"Os escritores estão sempre atentos."

indica estado

"Choveu em Manaus."

indica fenômeno da natureza

Conjugações

O verbo, como palavra variável, apresenta flexão de pessoa, número, tempo, modo e voz. É a classe de palavra em que ocorre o maior número de flexões. Flexionar ordenadamente um verbo é conjugá-lo. Assim, a conjugação é o conjunto ordenado de todas as flexões de um verbo.

Existem, em português, três conjugações, que são indicadas pelas vogais temáticas:

- -a: 1ª conjugação – Exemplos: falar, brincar, olhar.
- -e: 2ª conjugação – Exemplos: comer, saber, correr.
- -i: 3ª conjugação – Exemplos: tossir, sorrir, curtir.

Importante:
O verbo *pôr* e seus derivados pertencem à segunda conjugação, pois ele deriva de sua forma arcaica *poer*.

Formas rizotônicas e arrizotônicas:

1. **Formas rizotônicas**: são as formas verbais em que o acento tônico se encontra no radical.
   Exemplo: vendo → vend = radical (a sílaba tônica está no radical)

2. **Formas arrizotônicas**: são as formas verbais em que o acento tônico não se encontra no radical, e sim na terminação.
   Exemplo: venderei (a sílaba tônica está na terminação do verbo)

Flexão do verbo

O verbo varia em pessoa, número, tempo, modo e voz.
Observe a tira:

"Eu a aconselhei a bancar a difícil."
↓ ↘
1ª pessoa 1ª pessoa do singular
do discurso
(singular)

Veja, agora, o mesmo verbo flexionado nas demais pessoas do discurso:

"Tu a aconselhaste a bancar a difícil."
↓ ↘
2ª pessoa 2ª pessoa do singular
do discurso
(singular)

"Ele a aconselhou a bancar a difícil."
↓ ↘
3ª pessoa 3a pessoa do singular
do discurso
(singular)

"Nós a aconselhamos a bancar a difícil."
↓ ↘
1ª pessoa 1a pessoa do plural
do discurso
(plural)

Gramática

"Vós a aconselhastes a bancar a difícil."

2ª pessoa   2ª pessoa do plural
do discurso
(plural)

"Eles a aconselharam a bancar a difícil."

3ª pessoa   3ª pessoa do plural
do discurso
(plural)

Flexão de modo

Há, em português, três modos de se expressar um fato:
- **Indicativo**: o emissor narra o fato de modo certo e definitivo.
  Exemplo: Eu a aconselhei ... é culpa minha.
- **Subjuntivo**: o emissor exprime um fato de modo duvidoso, incerto.
  Exemplo: Talvez ela banque a difícil.
          Se fosse culpa minha...
- **Imperativo**: o emissor expressa um pedido, ordem ou desejo.
  Exemplo: Suba na árvore! Não seja tola!

Flexão de tempo

O verbo indica um processo localizado no tempo. É preciso reconhecer três situações básicas:

1. **Presente** – o processo ocorre no momento da fala. O presente é único.

   Exemplo: Eu conheço essa espécie.

2. **Pretérito** (passado) – o processo já ocorreu antes da fala. De acordo com o momento em que se passou a ação expressa pelo verbo, o pretérito pode ser:
   - perfeito
   - imperfeito
   - mais-que-perfeito

3. Futuro – o processo ainda vai ocorrer. Pode-se flexionar o verbo no futuro do presente e no futuro do pretérito.

VERBO II

Flexões de tempo no modo indicativo

- **Presente**: expressa uma ação ocorrida no momento da fala ou uma ação que se repete ou perdura.
  Exemplo: "Chamex. O papel que <u>revela</u> o artista que você <u>é</u>."
  (*Veja*. 23/01/02)

Pretérito

a) **pretérito perfeito**: transmite a ideia de uma ação completamente concluída no passado.
   Exemplo: Cheguei <u>ontem</u>.

b) **pretérito imperfeito**: transmite a ideia de uma ação habitual e contínua no passado.
   Exemplo: Ela <u>chorava</u> na janela.

c) **pretérito mais-que-perfeito**: expressa uma ação ocorrida no passado, mas que é anterior a outra ação também passada.
   Exemplo: Quando cheguei, ela já <u>saíra</u> apressada.

Futuro

Há dois tipos de futuro:

a) **futuro do presente**: expressa a ideia de uma ação que ocorrerá num tempo futuro em relação ao momento da fala.
   Exemplo: <u>Chegaremos</u> tarde.

b) **futuro do pretérito**: expressa a ideia de uma ação futura que ocorreria desde que certa condição tivesse sido atendida.
   Exemplo: Se eu pudesse, <u>compraria</u> a casa.

Gramática

VERBO III

Flexão no modo imperativo

Observe a tira seguinte:

HAGAR - Dik Browne

Veja no terceiro quadrinho o emprego do verbo "girar" em "Gire de novo!". Essa forma verbal indica uma ordem do interlocutor; portanto, o verbo "girar" está flexionado no modo imperativo.

Agora, aprenda a formar o modo imperativo.

- Para formar o imperativo afirmativo, a 2ª pessoa do singular (tu) e a 2ª pessoa do plural (vós) do presente do indicativo perdem o **s**; as demais pessoas são as mesmas do presente do subjuntivo.

- Para formar o imperativo negativo, usam-se as mesmas pessoas do presente do subjuntivo.

Importante: o imperativo indica ordem ou pedido. Como ninguém dá ordem para si mesmo, esse modo não apresenta a 1ª pessoa do singular (eu).

FORMAS NOMINAIS DO VERBO

São **formas nominais** porque não expressam nem o tempo nem o modo verbal.

Infinitivo impessoal
cantar

Infinitivo pessoal
cantar eu
cantares tu
cantar ele
cantarmos nós
cantardes vós
cantarem eles

Gerúndio
O gerúndio é formado com a troca do final do infinitivo impessoal pela desinência -ndo.
Exemplo: cantando

Particípio
O particípio é formado pela troca do **-r** final do infinitivo impessoal por -do.
Exemplo: cantado

Observação:
No caso dos verbos da 2ª conjugação, troca-se o **-e** por **-i**.
Exemplos: vendido, sabido.

Gramática

Presente do indicativo	Imperativo afirmativo	Presente do subjuntivo	Imperativo negativo
eu falo	-	que eu fale	-
tu falas	fala tu	que tu fales	não fales
ele fala	fale você	que ele fale	não fale
nós falamos	falemos nós	que nós falemos	não falemos
vós falais	falai vós	que vós faleis	não faleis
eles falam	falam vocês	que eles falem	não falem

PRONOME I

Compare as frases:

"Meu sangue jorra nas veias." (Chico Buarque, *Chão de esmeraldas*)

Ele jorra nas veias.

"Minha escola é um cata-vento a girar." (Chico Buarque, *Chão de esmeraldas*)

Ela é um catavento a girar.

As palavras "ele" e "ela", que substituem "sangue" e "escola", são chamadas pronomes.

> **Pronomes** são palavras que acompanham ou substituem outros nomes, principalmente os substantivos.

Classificação dos pronomes

Em português, há seis grupos de pronomes: pessoais, indefinidos, demonstrativos, possessivos, relativos e interrogativos.

- **Pronomes pessoais:** Indicam as três pessoas do discurso.

    Veja:

    a) 1ª pessoa – quem fala: Emissor – eu (singular), nós (plural).
    b) 2ª pessoa – com quem se fala: Receptor – tu (singular), vós (plural).
    c) 3ª pessoa – de quem se fala: Assunto – ele (singular), eles (plural).

Manual de Estudos

Veja o quadro dos pronomes pessoais:

Pronomes pessoais		
Pessoas do discurso	Retos	Oblíquos
1ª pessoa do singular	eu	me, mim, comigo
2ª pessoa do singular	tu	te, ti, contigo
3ª pessoa do singular	ele	se, si, consigo, o, a, lhe
1ª pessoa do plural	nós	nos, conosco
2ª pessoa do plural	vós	vos, convosco
3ª pessoa do plural	eles	se, si, consigo, os, as, lhes

- **Pronomes de tratamento**: São palavras empregadas para tratar cerimoniosamente o interlocutor. Com o pronome de tratamento, emprega-se a 3ª pessoa.
  Exemplos: senhor, senhora, vossa senhoria, vossa excelência, meritíssimo, vossa majestade. Na maior parte do Brasil, usa-se "você" no lugar de "tu".

PRONOME II

Leia a tira de Garfield:

GARFIELD - Jim Davis

Observe que, no primeiro quadrinho, o emissor se dirige ao interlocutor dizendo "... minha caixa de ferramentas".

A palavra "minha" indica posse e concorda com a coisa possuída: "caixa de ferramentas". Também concorda com a primeira pessoa, porque a "caixa" é do emissor. Portanto:

Gramática

- **Pronomes possessivos**: são aqueles que indicam posse em relação às três pessoas do discurso.

Existem, em nossa língua, estes pronomes possessivos referentes às três pessoas do discurso:

Pronomes pessoais retos	Pronomes possessivos
Eu	meu, minha, meus, minhas
Tu	teu, tua, teus, tuas
Ele	seu, sua, seus, suas
Nós	nosso, nossa, nossos, nossas
Vós	vosso, vossa, vossos, vossas
Eles	seu, sua, seus, suas

O pronome oblíquo pode substituir um pronome possessivo:
Levou-me o dinheiro.
Levou o meu dinheiro.

- **Pronomes demonstrativos**

Leia esta tira de Níquel Náusea:

Observe que a palavra "este" acompanha a palavra "sapo" para indicar a posição do emissor (no contexto, a personagem que beija o sapo) em relação àquilo a que ele se refere; isto é, o sapo está perto da pessoa que fala. Portanto, "este" é um pronome demonstrativo.

Os pronomes demonstrativos situam a pessoa que fala ou a coisa demonstrada em relação às três pessoas do discurso. Essa localização pode dar-se no tempo, no espaço ou no próprio texto.

São pronomes demonstrativos em relação às pessoas do discurso:
- 1ª pessoa: este, estes, esta, estas, isto.
- 2ª pessoa: esse, esses, essa, essas, isso.
- 3ª pessoa: aquele, aqueles, aquela, aquelas, aquilo.

Este livro é **meu**. – Refere-se à 1ª pessoa, o livro está perto do emissor.

Esse livro é **seu**? – Refere-se à 2ª pessoa, o livro está perto do receptor.

Aquele livro é **nosso**? – Refere-se à 3ª pessoa, o livro está longe dos interlocutores.

- **Pronomes indefinidos**

Observe esta tira:

No terceiro quadrinho, há as palavras "algo" e "ninguém"; ambas deixam indefinidos os seres a que se referem – são os pronomes indefinidos.

Pronomes indefinidos são aqueles que se referem a substantivos de modo vago, impreciso ou genérico.

Gramática

São pronomes indefinidos:

Variáveis	Invariáveis
algum, nenhum, todos, outro, certo, bastante, qualquer, quanto, qual, etc.	alguém, ninguém, tudo, nada, algo, cada, quem, que, etc.

- **Pronomes interrogativos**: são os pronomes indefinidos "que", "qual", "quem", "quanto" e "(o) que" quando empregados em frases interrogativas.

  Exemplos: Quem é você?
  Quanto custou esse vestido?

PRONOME RELATIVO

Pronomes relativos são aqueles que retomam um termo anterior (antecedente) da oração, projetando-o numa outra oração.

Exemplos: "Já esqueci a língua em que comia..."

                 antecedente   pronome relativo

(Carlos Drummond de Andrade, *Aula de português*)

São pronomes relativos:

que (equivale a "o qual" e flexões), o qual, a qual, os quais, as quais, quem (equivale a "o qual" e flexões).	cujo, cuja, cujos, cujas, quanto, quantos, quantas, onde (equivale a "no qual").

ADVÉRBIO

Leia os seguintes versos:

"<u>Não</u> me convidaram
pra essa festa pobre (...)
toda essa droga
que <u>já</u> vem malhada
<u>antes d'eu nascer.</u>"

Na canção *Brasil*, de Cazuza, a palavra "não" está empregada para modificar o verbo "convidaram" e exprimir a ideia de negação.

A palavra "já", por sua vez, modifica o verbo "vem", indicando o momento, o tempo em que "vem malhada" a droga.

A expressão "antes d'eu nascer" exprime a ideia de tempo; isto é, o momento em que "toda essa droga vem malhada". As palavras e as expressões grifadas na canção são advérbios. Observe também os exemplos a seguir:

Ele fala bem.
     ↓   ↓
  verbo advérbio

Ele é muito falante.
        ↓   ↓
   advérbio adjetivo

Ele fala muito bem.
        ↓   ↓
   advérbio advérbio

Gramática

> **Nota:**
> 1. Se a circunstância é expressa por apenas uma palavra, esta é chamada de advérbio.
>   Exemplos: ontem, ainda, agora.
> 2. Se a circunstância for representada por um conjunto de palavras (geralmente preposição + substantivo), tem-se uma locução adverbial.
>   Exemplos: às pressas, de repente, com medo.

Classificação dos advérbios

De acordo com as circunstâncias que expressam, os advérbios e as locuções adverbiais classificam-se em:

a) afirmação – sim, realmente, certamente.

b) negação – não, tampouco.

c) dúvida – talvez, provavelmente.

d) causa – graças a, por causa de.

e) tempo – agora, hoje, ontem, nunca.

f) modo – assim, bem, mal, devagar e outros vocábulos terminados em -mente, como rapidamente.

g) lugar – aqui, ali, acolá, perto, longe.

h) intensidade – muito, pouco, bastante.

Exemplos:

– <u>Onde</u> você mora? (lugar)

– <u>Como</u> você fez esse texto? (modo)

– <u>Quando</u> ela chegou? (tempo)

– <u>Por que</u> não me ouve? (causa)

Por serem empregadas em frases interrogativas (diretas ou indiretas), as palavras grifadas acima são chamadas de advérbios interrogativos. Apesar de serem classificados como invariáveis, alguns advérbios apresentam flexão de grau.

Manual de Estudos

I. Grau comparativo:
- de igualdade: Ele fala <u>tão</u> bem <u>quanto</u> o colega.
- de superioridade: Ele fala mais depressa que eu.
- de inferioridade: Ele fala <u>menos</u> depressa <u>que</u> eu.

II. Grau superlativo:
- sintético: Ele fala baixíssimo.
- analítico: Ele fala <u>muito baixo</u>.

Atenção:
Bem e mal admitem o grau comparativo de superioridade sintético: melhor e pior.
Exemplos: Ele fala melhor que eu. Ele fala pior que eu.

Dicas para o uso dos advérbios:

- Se na frase houver a coordenação de vários advérbios terminados em **-mente**, usar esse sufixo apenas no último advérbio.
  Exemplo: Ele fala calma, clara e sossegadamente.

- Antes de particípios, use: mais mal, mais bem.
  Exemplo: Este exercício está mais bem feito que o meu.

- Às vezes, o advérbio recebe sufixo diminutivo para indicar o grau superlativo.
  Exemplo: Fiquei pertinho do palco.

(muito perto)

- Na linguagem popular, a repetição do advérbio tem valor superlativo.
  Exemplo: Venha rápido, rápido. (bastante rápido)

- Alguns advérbios podem modificar uma oração inteira.
  Exemplo: Verdadeiramente, eles são os melhores da classe.

Gramática

PREPOSIÇÃO

Confira os quadrinhos abaixo e tente explicar em que consiste o humor da tirinha.

Veja:

"Odie vai brincar de perseguir a própria cauda."

A palavra "de" foi empregada para ligar "brincar" e "perseguir". Portanto, "de" é uma preposição.

O mesmo ocorre com "a" em "vai dar a ela alguns minutos de vantagem". A palavra "a" liga "dar" e "ela", portanto, trata-se de preposição.

> **Preposição** é a palavra invariável que liga duas outras palavras, estabelecendo entre elas determinadas relações de sentido e dependência.

Classificação das preposições

- **Essenciais**: palavras que só funcionam como preposição.
  Exemplos: a, ante, até, após, com, contra, de, desde, em, entre, para, perante, por, sem, sob, sobre, trás.
- **Acidentais**: palavras de outras classes gramaticais que, em certas frases, funcionam como preposição.
  Exemplos: conforme, como, consoante, mediante, segundo, visto, durante.

> **Locução prepositiva** é a expressão que estabelece a relação entre duas palavras.
> Exemplos: abaixo de, atrás de, acima de, por causa de, ao lado de, até a, defronte de, perto de, de acordo com.

Emprego das preposições

Certas preposições podem aparecer combinadas com outras palavras. Dessa combinação pode ocorrer:

- **contração**: quando na junção da preposição com outra palavra houver perda de algum fonema.

  Exemplos: em + a = na

  de + o = do

  em + um = num

  em + aquele = naquele

- **combinação**: quando na junção não houver perda fonética.

  Exemplos: a + onde = aonde

  a + o = ao

> **Importante:** o sujeito de um verbo não admite preposição, portanto não se deve fazer a contração da preposição "de" com o artigo ou o pronome que compõe o sujeito.

Agora é a vez <u>do</u> professor falar. – errado

Agora é a vez <u>de o</u> professor falar. – certo

Chegou a hora <u>de ela</u> cantar. – certo

Como as preposições estabelecem uma relação específica entre dois termos, é preciso cuidado ao utilizá-las, pois a troca de uma preposição por outra pode alterar o sentido da frase.

Ele saiu com o irmão.

indica companhia

Gramática

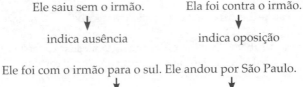

Ele saiu sem o irmão. → indica ausência

Ela foi contra o irmão. → indica oposição

Ele foi com o irmão para o sul. → indica direção

Ele andou por São Paulo. → indica lugar

Observe, agora, que uma mesma preposição pode indicar diferentes relações entre os termos.

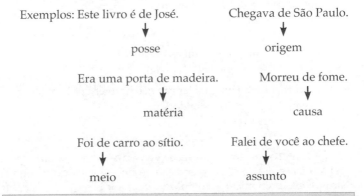

Exemplos: Este livro é de José. → posse

Chegava de São Paulo. → origem

Era uma porta de madeira. → matéria

Morreu de fome. → causa

Foi de carro ao sítio. → meio

Falei de você ao chefe. → assunto

As preposições podem unir-se a outras palavras.
Eis alguns exemplos:

à = a + a
ao = a + o
àquela = a + aquela
àquele = a + aquele
deste = de + este
do = de + o
donde = de onde
ele = de + ele

naquilo = em + aquilo
nas = em + as
no = em + o
num = em + um
pela = por + a
pelas = por + as
pelo = por + o
pelos = por + os

Manual de Estudos

CONJUNÇÃO I

Observe a tirinha de Dilbert e explique a crítica que ela faz.
DILBERT - Scott Adams

No primeiro quadrinho, a personagem diz:
1. "Preciso que você aprove esta despesa."
2. "O equipamento já chegou e está instalado."

As palavras "que" e "e" estão empregadas para unirem orações.

Na primeira frase, as duas orações "Preciso" e "você aprove esta despesa" são unidas pela conjunção que. Na segunda frase, a conjunção "e" liga as orações "O equipamento já chegou" e "está instalado".

> **Conjunção** é a palavra que une duas orações ou dois termos de uma mesma oração que exerçam mesma função sintática.

Classificação das conjunções

1. Coordenativas: associam dois termos da oração ou duas orações independentes.

De acordo com a relação que estabelecem, as conjunções coordenativas podem ser:

- **Aditivas**: e, nem – expressam uma adição, acréscimo, soma à ideia anterior.
  Exemplos: Ela não estuda nem trabalha.
  Eu canto, e você dança.

Gramática

- **Adversativas**: mas, porém, contudo, todavia, no entanto, entretanto, e (= não) – expressam oposição, contraste.
  Exemplos: Ela não estudou, <u>mas</u> fez boa prova.
  Meu amigo é rico, <u>entretanto</u> não é feliz.

- **Alternativas**: ou... ou, ora... ora, quer... quer – expressam uma escolha, uma alternativa à ideia anterior.
  Exemplos: <u>Ou</u> chora, <u>ou</u> ri.
  Você <u>ou</u> seu pai ganhará o prêmio.

- **Conclusivas**: logo, portanto, por isso, pois (posposto ao verbo) – expressam uma finalização ou conclusão da ideia anterior.
  Exemplos: Trabalhei o dia todo, <u>por isso</u> mereço descanso.
  Ele está doente, precisa, <u>pois</u>, de cuidados especiais.

- **Explicativas**: que, porque, pois (anteposto ao verbo).
  Exemplos: Deve ter chovido, <u>pois</u> o chão está molhado.
  Não me abandone, <u>porque</u> eu amo você.

CONJUNÇÃO II

2. Subordinativas

Leia a tirinha de Hagar e explique o humor contido nela.

HAGAR - Dik Browne

Confira a frase:

"<u>Se</u> não sair da frente, eu... vou sair pela janela."

A palavra "se" estabelece a relação de condição entre as orações, pois a personagem diz que vai sair pela janela caso sua interlocutora não saia da frente. Portanto, a palavra "se" é uma conjunção subordinativa, porque liga duas orações dependentes entre si.

De acordo com a relação que estabelecem entre orações, as **conjunções subordinativas** podem ser:

- **Causais**: expressam a causa da ideia ou do fato anterior. Principais conjunções: que, porque, visto que, porquanto, uma vez que, como.
  Exemplo: O chão está molhado <u>porque</u> choveu.

- **Concessivas**: expressam uma concessão. Principais conjunções: embora, mesmo que, ainda que.
  Exemplos: <u>Ainda que</u> chova, sairemos.
  <u>Embora</u> tenha estudado, não foi aprovado.

- **Condicionais**: expressam uma condição para que ocorra algo. Principais conjunções: se, caso, desde que, contanto que.
  Exemplos: <u>Se</u> você quiser o meu amor, tem que ser assim, agarradinho. (Cecéu, *Amor com café*)
  <u>Caso</u> chova, não sairemos.

- **Conformativas**: expressam uma conformidade entre duas ideias. Principais conjunções: conforme, segundo, como, consoante.
  Exemplos: <u>Segundo</u> disseram os ministros, terminou a crise energética.
  Faça <u>como</u> combinamos.

- **Comparativas**: expressam uma comparação entre as duas orações. Principais conjunções: como, assim como, tal qual.
  Exemplos: O atleta foi aplaudido <u>como</u> um herói.
  Ele é <u>tal qual</u> o pai.

- **Consecutivas**: expressam a consequência de um fato. Principais conjunções: que, tal... que, de tal modo que, tanto que.
  Exemplos: Carlos marcou um gol <u>tão</u> bonito <u>que</u> a torcida aplaudiu entusiasmada.

Gramática

- **Temporais:** expressam uma noção de tempo. Principais conjunções: quando, enquanto, logo que, depois que.
  Exemplos: <u>Quando</u> puder, venha visitar-nos.
  Ela sonhava <u>enquanto</u> dormia.

- **Finais:** expressam uma finalidade, um objetivo. Principais conjunções: para que, a fim de que.
  Exemplo: Orientei-o <u>para que</u> não cometesse o mesmo erro.

- **Proporcionais:** expressam uma relação de proporcionalidade entre duas ideias. Principais conjunções: à proporção que, à medida que.
  Exemplo: <u>À medida que</u> o tempo passa, envelhecemos.

- **Integrantes:** que completam o sentido da ideia anterior, integrando as duas orações.
  Exemplos: Disse <u>que</u> vai viajar.
  Perguntei <u>se</u> aquilo era um bicho.

Observação:
Há casos em que as conjunções são formadas por mais de uma palavra, são as **locuções conjuntivas**.
Exemplos: Você trabalha <u>menos do que</u> eu.
<u>Desde que</u> chegamos, você não sorri.

INTERJEIÇÃO

Leia a tirinha de Níquel Náusea e explique o humor contido nela.

NÍQUEL NÁUSEA - Fernando Gonsales

No segundo quadrinho, a palavra "quê" expressa surpresa – é uma interjeição.

> **Interjeição** é a palavra que procura expressar, de modo vivo, um sentimento.

Veja os exemplos:
Socorro! Estou em perigo!
Força! Você consegue!
Droga! Ele me viu!

Quando duas ou mais palavras desempenham juntas o papel de interjeição, recebem o nome de **locução interjetiva**.

Exemplos: Muito obrigado! Não preciso de você.
Santo Deus! Que medo!

Classificação das interjeições

De acordo com o contexto em que se encontram, as interjeições podem expressar:
- alegria: Ah! Eh! Oh! Oba!
- agradecimento: Obrigado! Grato! Valeu!
- alívio: Ufa! Ah!
- apelo: Psiu! Ô! Ei!
- aversão: Droga! Credo! Porcaria!
- aplauso: Muito bem! Bravo! É isso aí!
- desejo: Oxalá! Tomara! Queira Deus!
- dor: Ai! Ui! Ah!
- reprovação: Só faltava essa! Ora!
- silêncio: Silêncio! Psiu!
- medo: Cruzes! Credo! Oh!

SINTAXE

FRASE – ORAÇÃO – PERÍODO

Para comunicar-se, o homem criou os mais diferentes sinais, e a palavra é o signo mais utilizado na comunicação humana.

Gramática

Ao emitir uma mensagem verbal, o emissor procura transmitir, por meio das palavras, um significado completo, compreensível; por isso relaciona-as e combina-as entre si. Ao relacioná-las e combiná-las, o emissor está construindo frases.

> **Frase** é todo enunciado de sentido completo.

Silêncio!!!
Ele está triste.
Que calor!
Você vai embora?
O Nordeste desenvolve o turismo.

> Cada um desses conjuntos de palavras organizadas é uma frase, pois forma uma unidade de sentido.

CLASSIFICAÇÃO DAS FRASES
Frase

I. De acordo com a sua construção:
- **Nominal**: frase construída sem verbo.
  Exemplos: Silêncio! / Cuidado!
  Bom trabalho, meu amigo!
- **Verbal**: frase construída com verbo.
  Exemplo: A lua enfeita o céu.

II. De acordo com o sentido expresso pela entonação:
- **Declarativa**: o emissor afirma ou nega algo.
  Exemplos: Estou preocupado com você.
  Não estou preocupado com você.
- **Interrogativa**: apresenta uma pergunta.
  Exemplo: Você gosta de ler?
- **Exclamativa**: apresenta uma admiração.
  Exemplo: Ele é um espetáculo!
- **Imperativa**: apresenta ordem ou pedido.
  Exemplos: Venha cá!
  Não dirija embriagado!

- **Optativa**: apresenta um desejo.
  Exemplos: Deus te abençoe!
  Vá com Deus!
  Tomara que chova!

Oração

Todo enunciado de sentido completo, construído em torno de um verbo, chama-se oração.

Exemplo: "Todo dia ela faz tudo sempre igual..."

(*Cotidiano*, Chico Buarque)

Período

É a frase organizada com uma ou mais orações.

Exemplos: Ela foi vista com outro.

período simples – oração absoluta

Disseram-me que ela foi vista com outro.

período composto – apresenta duas orações

> **Importante:**
> O período começa com letra maiúscula e termina com um ponto.

TERMOS ESSENCIAIS DA ORAÇÃO

Leia o texto de Carlos Drummond de Andrade:

Lanterna mágica

Meus olhos têm melancolias,
Minha boca tem rugas.
Venha cidade!
As árvores tão repetidas.

Gramática

Debaixo de cada árvore faço minha cama.
Em cada ramo dependuro o meu paletó.
Lirismo.
Pelos jardins versailles
ingenuidade de velocípedes.
E o velho fraque
na casinha de alpendre com duas janelas dolorosas.

Agora, veja:
"Meus olhos têm melancolias..."

Este enunciado completo fornece ao leitor uma informação a respeito dos olhos do eu-poético.

Em língua portuguesa, o ser de quem se informa algo denomina-se **sujeito**, e a informação propriamente dita recebe o nome de **predicado**.

Em geral, as orações são estruturadas a partir de um sujeito e de um predicado. Por isso, ambos são os termos essenciais da oração.

Na oração "Meus olhos têm melancolias", o sujeito é "Meus olhos", e o predicado é "têm melancolias".

> **Nota:** há oração sem sujeito, mas não há oração sem predicado.

SUJEITO

Termo da oração que:
- concorda com o verbo.
  Exemplos: olhos (plural), têm (plural)
- constitui seu assunto central.
  Exemplos: O assunto é "olhos".
- normalmente, apresenta como núcleo (palavra mais importante) um substantivo, um pronome ou uma palavra substantivada.
  Exemplos: "olhos" – núcleo (substantivo)

TIPOS DE SUJEITO I

I. Determinado: quando é possível identificá-lo na frase.

"Minha boca tem rugas."
"Que" tem rugas?

Resposta: Minha boca.
       ↓
    sujeito determinado

Veja agora:
"Debaixo da árvore faço minha cama."
"Quem" faz cama?

Resposta: Eu.
   ↓
sujeito determinado

O sujeito determinado pode ser:
- **Simples**: possui apenas um núcleo.
  Exemplo: "Meus olhos têm melancolias."
- **Composto**: possui dois ou mais núcleos.
  Exemplo: "Minha face e minha boca têm rugas."
- **Oculto ou elíptico**: Não está expresso na oração, mas é reconhecido pela desinência do verbo.
  Exemplo: "Em cada rama dependuro meu paletó." (Eu)

II. Indeterminado

É aquele que existe, mas não podemos ou não queremos identificá-lo com precisão.

Exemplos: Assaltaram o Banco do Brasil.
              Derrubaram cem hectares da mata.
              Precisa-se de pedreiro com prática.

Gramática

Ocorre sujeito indeterminado:
- Com o verbo na 3ª pessoa do plural.
  Exemplos: Roubaram a casa do prefeito.
  Dizem que vai haver greve.
- Com verbos intransitivos, transitivos indiretos e de ligação na 3ª pessoa do singular acompanhados da partícula -se.
  Exemplos: Era-se feliz antigamente.
  Dorme-se mal nesta casa.
  Pensa-se em férias.

Lembrete importante:

"A mulher e o homem <u>sonhavam</u> que Deus os estava sonhando (...) <u>dançavam</u> e <u>faziam</u> um grande alvoroço, porque <u>estavam</u> loucos de vontade de nascer."

(Eduardo Galeano, *Memória do fogo*)

Embora os verbos sublinhados apareçam na 3ª pessoa do plural, o sujeito é oculto e pode ser facilmente identificado pelo contexto, isto é, sabemos que o sujeito desses verbos é "A <u>mulher</u> e o <u>homem</u>".

Veja, agora:
<u>Fazem</u> festa diariamente naquela cidade.
Neste caso, o sujeito é indeterminado porque não podemos saber quem faz a festa.

TIPOS DE SUJEITO II

Oração sem sujeito

Confira o refrão da famosa música popular brasileira *Luar do sertão*:

"Não há, ó gente, ó não
Luar como esse do sertão."

Você poderia identificar o sujeito dessa oração?

Às vezes, a oração declara algo que não se pode atribuir a nenhum ser. Há, então, a oração sem sujeito.

Casos de oração sem sujeito com os seguintes verbos impessoais:
- Verbos que indicam fenômenos da natureza (fenômenos meteorológicos) – gear, trovejar, ventar, chover, etc.
  Exemplo: Chove lá fora.
Durante a noite, ventou forte.
- Verbo "haver" quando significa existir, ocorrer ou acontecer, além de tempo decorrido.
  Exemplos: Houve festa na praça.
  Não o vejo há duas décadas.

- Verbos "ser", "estar", "fazer" e "ficar" referindo-se a tempo, clima, espaço e data.
  Exemplos: São duas horas.
  Está calor.
  Faz frio.
  Daqui ao sítio são três quilômetros.
  Ficou tarde.

PREDICADO I

> "Jogo mascando chiclete desde criança, para me acalmar. Estou o tempo todo com a língua de fora. Já levei empurrões que me fizeram morder a língua, e quase fiquei sem ela."
>
> (Michel Jordan, Revista Época nº 188)

Veja:

"Jogo mascando chiclete desde criança..."

Qual é o sujeito do verbo "jogar"?

Que informação é dada sobre o sujeito?

Gramática

> O termo que expressa aquilo que se afirma sobre o sujeito chama-se **predicado**.

Tipos de predicado

De acordo com a classe de palavra a que pertence seu núcleo, o predicado classifica-se em:

I. Verbal
II. Nominal
III. Verbo-nominal

I. Predicado verbal

É aquele que informa uma ação sobre o sujeito.

Exemplo: "Já levei empurrões que me fizeram morder a língua (...)"

"Levar" e "morder" são verbos indicadores de ação: o sujeito sofreu o ato de "levar empurrões" e praticou o ato de "morder a língua". Portanto, ambos são exemplos de predicado verbal.

Os verbos que compõem o predicado verbal são chamados de **significativos** ou **nocionais** e podem ser divididos em dois tipos:

a) **Intransitivos**

São verbos que não precisam de complemento para tornar o processo verbal mais claro, isto é, têm sentido completo.

Confira a tirinha de Níquel Náusea:

NÍQUEL NÁUSEA - Fernando Gonsales

Em "Eu não resisto" (segundo quadrinho), o verbo tem sentido completo, não sendo preciso completar-lhe o sentido; esse é um exemplo de verbo intransitivo.

b) **Transitivos**

São verbos de sentido incompleto, isto é, precisam de complemento para que o processo verbal fique claro.

"Jogo mascando chiclete desde criança."

O atleta "joga mascando" o quê? Ele joga mascando chiclete.

O termo "chiclete" completa o sentido do verbo "mascar", portanto mascar é verbo transitivo.

Os verbos transitivos podem ser diretos, indiretos ou diretos e indiretos.

- **Direto (VTD)**

Quando o complemento se liga ao verbo sem preposição obrigatória.

Exemplo: "Jogo mascando chiclete desde criança..."

O termo "chiclete" está diretamente ligado ao verbo.

"... que me fizeram morder a língua..."

O termo "a língua" também completa diretamente o verbo "morder", é o objeto direto.

Logo, "mascar" e "morder" são verbos transitivos diretos.

- **Indireto (VTI)**

Quando o complemento se liga ao verbo com o auxílio de preposição, o objeto é indireto.

Exemplo: "Preciso **de** você, **de** sua companhia."
            ↓   ↓
         preposição preposição

- **Direto e indireto (VTDI)**

Quando o verbo necessita de dois complementos, um ligado por preposição; e outro não, para que seu sentido seja completo.

Confira a frase extraída do jornal *Folha de São Paulo,* de 11/02/2002:

"Big Brother Brasil dá 3º lugar ao Multishow."

Big Brother Brasil dá o quê?

Resposta: 3º lugar (objeto direto). A quem?

Resposta: ao Multishow (objeto indireto).

Gramática

> O verbo "dar" apresenta um complemento sem preposição, "3º lugar", e um complemento com preposição, "ao Multishow", portanto é **verbo transitivo direto e indireto**.

PREDICADO II

II. Predicado nominal

O Brasil está mais velho

Idade média da população:

1980 – 20,9 anos / 1991 – 21,7 anos / 2000 – 24,2 anos

A forma verbal "está" caracteriza o sujeito, não informando uma ação, mas sim uma propriedade: "mais velho". Eis um exemplo de predicado nominal.

> **Predicado nominal** é aquele que tem significado concentrado em um nome, que é seu respectivo núcleo, indicando um estado ou uma qualidade do sujeito.
> Exemplo: Estou triste, e você parece feliz.

O verbo que compõe o predicado nominal é chamado de verbo de ligação.

São verbos de ligação: ser, estar, permanecer, ficar, parecer, andar, continuar, tornar-se, viver, cair, encontrar-se, bancar, virar, jazer.

Veja:

O rio está poluído. – (característica)

O rio parece poluído. – (estado aparente)

O rio ficou poluído. – (mudança de estado)

O rio anda poluído. – (estado transitório)

Manual de Estudos

O termo que acompanha o verbo de ligação qualificando ou caracterizando o sujeito é um nome, o predicativo do sujeito (PS); ele é o núcleo do predicado nominal (NPN).

Exemplo: O rio vive poluído.

Predicativo

A vida é um tesouro.

> **Importante:**
> Às vezes, o verbo de ligação pode indicar uma circunstância. Nesse caso, o predicado não é nominal, passando a ser verbal, e o verbo torna-se intransitivo.

Confira:
Eu estou feliz. – (estado)

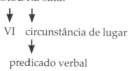

Eu estou na sala.

Gramática

PREDICADO III

III. Predicado verbo-nominal

Quando o predicado indica, ao mesmo tempo, uma visão dinâmica do fato e o estado em que se encontra o sujeito ou o objeto, o predicado é verbo-nominal.

> **Predicado verbo-nominal** é aquele que, tendo dois núcleos – um verbo e um nome – indica, ao mesmo tempo, uma visão dinâmica do fato e o estado em que se encontra o sujeito ou o complemento.

Veja:

a) A mulher e o homem <u>sonhavam</u>.
   PV

b) A mulher e o homem <u>estavam felizes</u>.
   PN

c) A mulher e o homem <u>sonhavam felizes</u>.
   PVN

Na terceira oração, o predicado é verbo-nominal porque informa a ação praticada pelo sujeito ("sonhar") e o estado do sujeito ("feliz"). Esse predicado tem dois núcleos: "sonhavam" e "feliz".

TERMOS INTEGRANTES DA ORAÇÃO I

Leia o trecho:

O escravo

"O escravo calou a fala,
Porque na úmida sala
O fogo estava a apagar;

Manual de Estudos

E a escrava acabou seu canto,
Pra não acordar com pranto
O seu filhinho a sonhar!"

(Castro Alves)

A oração contém os dois termos essenciais à estrutura de uma oração: o sujeito "escravo" e o predicado "calou a fala", cujo núcleo é "calou".

Observe que o verbo "calar" pede um complemento: "a fala". Esse complemento está diretamente relacionado ao verbo; é, portanto, um complemento verbal a que chamamos de objeto direto.

Os termos integrantes da oração são:

I. Objeto direto
II. Objeto indireto
III. Complemento nominal
IV. Agente da passiva

I. Objeto direto

É o termo que completa um verbo transitivo direto ou transitivo direto e indireto, sem preposição obrigatória.

Exemplo: "E a escrava acabou seu canto."

E a escrava acabou-o.

O pronome oblíquo "o" também exerce a função sintática de objeto direto.

O objeto direto pode ser:

- **Preposicionado**
  1. Quando o objeto direto é nome próprio.
     Exemplo: Amo <u>a Cristo</u> sempre.

Gramática

2. Quando o objeto direto é um pronome indefinido.
   Exemplo: Não amo a ninguém.

3. Quando o objeto direto é a palavra "quem".
   Exemplo: "A quem você ama?"

4. Quando o objeto direto é um pronome oblíquo tônico.
   Exemplo: Ele não ama a mim.

5. Quando o objeto direto indica parte de um todo.
   Exemplo: Comi do pão.

6. Para evitar ambiguidade.
   Exemplo: A mãe chamou à filha.

- **Pleonástico**

Quando se quer realçar a ideia já expressa pelo objetivo direto.
Exemplo: As meninas, eu as vi ontem.

II. Objeto indireto

É o termo que completa o sentido do verbo transitivo indireto (VTI) ao qual se liga com o auxílio de preposição.

Na oração, o sujeito "ele" tem como núcleo do predicado verbal o verbo "precisar", transitivo indireto, que é completado pela palavra "mim", acompanhada de preposição. Esse termo é objeto indireto.

Exemplo:

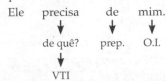

TERMOS INTEGRANTES DA ORAÇÃO II

III. Complemento nominal

Leia as frases:
1. Os responsáveis <u>pela vida</u> das crianças são os pais.
2. Os pais têm responsabilidade <u>pelas crianças</u>.
3. Contrariamente <u>aos costumes</u>, os pais descuidam dos filhos.

Observe que os termos <u>completam</u> o sentido de nomes (adjetivo, substantivo e advérbio), e não de verbos. Esses termos denominam-se **complementos nominais**.

> **Complemento nominal** (CN) é o termo que completa o sentido de nomes (substantivo abstrato, adjetivo ou advérbio) para os tornar mais claros.

Veja:

a) Fiquei com medo da chuva.
              ↓   ↓
          subst. CN

b) Sempre fui amável com você.
               ↓   ↓
           adj.   CN

c) Votou favoravelmente à greve.
         ↓   ↓
    advérbio CN

Gramática

TERMOS INTEGRANTES DA ORAÇÃO III

IV. Agente da passiva

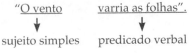

(Manuel Bandeira, *Canção do vento e da minha vida*)

Veja agora a frase:

As folhas eram varridas pelo vento.

"As folhas" é o sujeito da locução verbal "eram varridas", pois há concordância entre seus termos. Esse sujeito, que sofre a ação expressa pelo verbo, é o paciente do processo verbal. Numa oração em que o sujeito é o paciente do processo verbal, encontramos o verbo na voz passiva.

Na frase "As folhas eram varridas pelo vento", o agente do processo verbal é "pelo vento". Esse termo é o agente da passiva.

> **Agente da passiva** é o termo da oração que representa o praticante da ação verbal numa oração em que o verbo está na voz passiva analítica. É um termo introduzido pela preposição "por" ou, raramente, pela preposição "de".

Veja:

"O vento varria os frutos." (voz ativa)
↓
suj. agente

(Manuel Bandeira, *Canção do vento e da minha vida*)

Os frutos eram varridos pelo vento. (voz passiva analítica)
↓   ↓
suj. paciente   agente da passiva

Amigos o cercam. (voz ativa)

Ele é cercado de amigos. (voz passiva analítica)

agente da passiva

Importante:
Para que o verbo admita flexão de voz, é necessário que ele seja transitivo direto ou transitivo direto e indireto.

TERMOS ACESSÓRIOS DA ORAÇÃO I

Os termos acessórios da oração são:
I. Adjunto adnominal
II. Adjunto adverbial
III. Aposto

I. Adjunto adnominal

Compare o texto I, uma estrofe do poema *Comunicação*, de Cecília Meireles, com o texto II, em que algumas palavras da estrofe foram retiradas.

Texto I

"Pequena lagartixa branca,
ó noiva brusca dos ladrilhos!
sobe à minha mesa, descansa,
debruça-te em meus calmos livros."

Texto II

lagartixa,
ó noiva!
sobe à mesa, descansa,
debruça-te em livros.

Gramática

Agora, veja:

Os meus dois lindos <u>ursinhos</u> brancos de pelúcia estão guardados em **uma enorme <u>caixa</u> quadrada de madeira e envernizada**.

As palavras <u>sublinhadas</u> estão diretamente associadas aos substantivos **(em negrito)**. Essas palavras exercem a função sintática de **adjuntos adnominais**.

> **Adjunto adnominal** é um termo acessório que acompanha o nome (substantivo), procurando caracterizá-lo, determiná-lo ou individualizá-lo.

No período que estamos analisando, o substantivo "ursinhos" está modificado pelos seguintes adjuntos adnominais:

- os – artigo definido
- meus – pronome possessivo adjetivo
- dois – numeral adjetivo
- lindos – adjetivo
- brancos – adjetivo
- de pelúcia – locução adjetiva

O substantivo "caixa" está modificado pelos seguintes adjuntos adnominais:

- uma – artigo indefinido
- enorme – adjetivo
- quadrada – adjetivo
- de madeira – locução adjetiva
- envernizada – adjetivo

Portanto, os adjuntos adnominais acompanham o substantivo em um mesmo termo e podem ser representados na oração por:

- **Artigos**

- **Adjetivos**

- **Numerais**

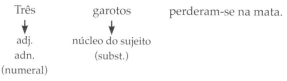

- **Pronomes adjetivos**

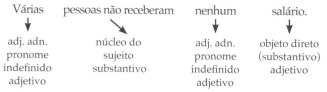

TERMOS ACESSÓRIOS DA ORAÇÃO II

II. Adjuntos adverbiais

"Jazia no chão, sem vida..."

O termo "no chão" refere-se à forma verbal "jazia" para indicar-lhe circunstância de lugar, isto é, o lugar onde jazia o corpo da personagem.

Gramática

O termo "sem vida", por sua vez, também se refere ao verbo, mas indica circunstância de modo, isto é, como o corpo da personagem jazia.

Portanto, os termos "no chão" e "sem vida" exercem função sintática de adjunto adverbial.

> **Adjunto adverbial** é o termo que se refere ao verbo, ao adjetivo ou a outro advérbio indicando-lhes uma circunstância.

Exemplos:

O adjunto adverbial pode ser constituído de adjetivo ou locução adverbial.

Exemplos:

"Lá continuou como era."
↓
adj. adverbial (advérbio)

"Foi levada ao necrotério."
↓
adj. adverbial (locução adverbial)

Os adjuntos adverbiais são classificados de acordo com a circunstância que expressam. São muitos, portanto, os tipos de adjunto adverbial:

- **de tempo** – Ela saiu às pressas, <u>durante a noite</u>.
- **de lugar** – Ele se escondeu <u>atrás do muro</u>.
- **de modo** – Andava <u>sem vontade</u>.
- **de afirmação** – <u>Com certeza</u>, ela foi embora.
- **de negação** – <u>Não</u> sei a resposta.
- **de dúvida** – <u>Talvez</u> eu volte amanhã.
- **de intensidade** – Chorou <u>muito</u> e dormiu.
- **de meio** – Viajaremos <u>de avião</u>.
- **de instrumento** – Machucou-se <u>com a navalha</u>.
- **de companhia** – Saí <u>com meu amigo</u>.
- **de causa** – Morreu <u>de fome</u>.
- **de finalidade** – Estudo <u>para a prova</u>.
- **de matéria** – Fez a calçada <u>com pedras</u>.
- **de preço** – Comprei o livro <u>por dez reais</u>.
- **de concessão** – <u>Apesar da chuva</u>, sairemos.
- **de assunto** – Hoje falamos <u>sobre política</u>.

TERMOS ACESSÓRIOS DA ORAÇÃO III

III. Aposto

Leia a tirinha de Garfield.

No terceiro quadrinho, o personagem emprega o termo "o incompreendido" para explicar o termo "Garfield". É, portanto, exemplo de aposto.

Gramática

> **Aposto** é o termo que identifica, explica, desenvolve um outro termo da oração.
> Exemplo: Paulão, técnico do time, viajou para o exterior.

Geralmente, o aposto é destacado por pausas que, na escrita, podem ser representadas por vírgulas, dois-pontos ou travessões.
Exemplo: O Amazonas, maior rio do mundo, nasce no Peru.

Aqui está o material solicitado: lápis, borracha, caderno e caneta.

Os dois filhos do casal – João e Maria – são inteligentes.

Quando não há pausa na fala, não há marcações na escrita.
Exemplos: O livro *Dom Casmurro* foi escrito por Machado de Assis.

Tipos de aposto

- **Explicativo** – explica o termo a que se refere.
  Exemplo: Gilberto Gil, cantor brasileiro, faz sucesso no exterior.

- **Especificativo** – especifica o termo a que se refere.
  Exemplo: O cantor Gilberto Gil faz sucesso no exterior.

- **Enumerativo** – desenvolve ideias resumidas em um termo anterior.
  Exemplo: Só desejo isto: paz, felicidade, dinheiro.

- **Recapitulativo (ou resumidor)** – resume termos anteriormente citados.
  Exemplo: Casa, carro, dinheiro, tudo foi conquistado com muito trabalho.

Vocativo

Vocativo é o termo isolado da frase que serve apenas para chamar, evocar alguém ou alguma coisa.

Exemplos: "Não acho, não, Capitu."

(Machado de Assis)

Paulinho! Saia da chuva!
Professor, não entendi essa frase.
Atendei-me, Deus do céu!
"Varrei os mares, tufão"

(Castro Alves)

A função de vocativo pode ser exercida por:

- **Substantivo**
  Exemplo: "A culpa deste livro és tu, leitor."

(Machado de Assis)

- **Expressão substantivada**
  Exemplo: Meu docinho de coco, venha aqui.

- **Pronome de tratamento**
  Exemplo: Algum problema, senhor?

PRONOMES PESSOAIS – FUNÇÃO SINTÁTICA

Veja:
1. O segurança me pediu o crachá.
2. Em meu planeta o povo me respeita.

Na primeira oração, o verbo "pediu" é transitivo direto e indireto; por isso, vem acompanhado de dois complementos: "o crachá" (objeto direto) e "me" (objeto indireto).

Gramática

Na segunda oração, o verbo "respeitar" é transitivo direto; por isso, vem acompanhado do complemento "me" (objeto direto).

De acordo com o contexto em que aparecem, os pronomes oblíquos podem exercer as seguintes funções:

a) Objeto direto: o, a, os, as, me, te, se, nos, vos.

Exemplos: Eu o vi no galpão.

OD VTD

Ele te viu no galpão.

Ele nos viu no galpão.

Quando o verbo termina em -r, -s ou -z os oblíquos o, a, os, as tomam as formas lo, la, los, las.

Quero ver-o ⟶ Quero vê-lo
Vimos-as ⟶ Vimo-las
Fez-a ⟶ Fê-la

Quando o verbo termina em **-m** ou som nasal, os oblíquos o, a, os, as tomam as formas no, na, nos, nas.

Exemplos: Trouxeram-a ⟶ Trouxeram-na
Compõe-as ⟶ Compõe-nas
Amem-o ⟶ Amem-no

b) Objeto indireto: me, te, lhe, nos, vos, lhes, ti, mim.

Exemplos: Trouxe-me a encomenda.

OI OD

Dei-lhe um abraço.

OI

c) Adjunto adnominal: me, te, lhe, nos, vos, lhes (com valor de possessivo equivalendo a meu, teu, seu, nosso, vosso, seus).

Exemplos: Tirou-me o dinheiro.

adj. adn. (o meu dinheiro)

Furtou-lhe todo o dinheiro.
↓
adj. adn. (seu)

d) Complemento nominal: me, te, lhe, nos, vos, lhes, si.
   Exemplos: Ria, toda cheia de si.

   CN

   Foi-me fácil resolver a questão.

   CN

   Foi fácil para quem?
   Foi fácil para mim (me).
   O pronome "me" complementa o adjetivo "fácil".

e) Agente da passiva: mim, ti, ele, nós, vós, eles.
   Exemplos: Ele foi feito por mim.
             Fui enviado por eles.

VOZES VERBAIS I

Leia, a seguir, a tirinha de Hagar:

Veja:
"Comi... estava ótimo."

Gramática

A forma verbal "comi" indica que o sujeito da oração (no contexto, a personagem Hagar) praticou o ato de comer. Portanto, o verbo "comer" está flexionado na voz ativa.

> **Voz verbal** é a flexão do verbo que indica se o sujeito pratica, recebe, ou pratica e recebe a ação verbal.

São vozes verbais:

I. Voz ativa – quando o sujeito é o agente, o praticante da ação.
Exemplo: Ele viu os urubus.

    ↓ ↘
  sujeito ação
  agente

II. Voz passiva – quando o sujeito é paciente, isto é, quando ele recebe a ação verbal.

Subdivide-se em dois tipos:

- **Voz passiva analítica** – aquela que apresenta a seguinte estrutura verbal: verbo auxiliar (ser, estar, ficar) + particípio do verbo indicador da ação.

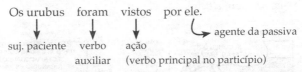

Os urubus foram vistos por ele.
suj. paciente / verbo auxiliar / ação (verbo principal no particípio) / agente da passiva

- **Voz passiva sintética (ou pronominal)** – apresenta a seguinte estrutura: verbo indicador de ação + pronome "se" (chamado pronome apassivador).

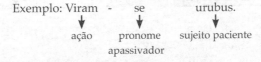

Exemplo: Viram - se urubus.
ação / pronome apassivador / sujeito paciente

A voz passiva sintética equivale à voz passiva analítica.
Observe:

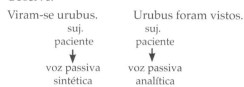

Aprenda a passagem da voz ativa para a passiva analítica.

Importante:
Se não houver objeto direto na voz ativa, não é possível transpor o verbo para a voz passiva.

VOZES VERBAIS II

Observe:

O goleiro feriu-se gravemente.

O sujeito "O goleiro" é, ao mesmo tempo, agente e paciente da ação verbal, isto é, pratica e sofre a ação expressa pelo verbo. Portanto, a forma verbal "feriu" está na voz reflexiva.

Gramática

Voz reflexiva – o sujeito pratica e sofre a ação expressa pelo verbo.
Exemplos: Ela se olhou no espelho.
Achei-me linda.
Tu te amas?

Observe agora:
Durante o jogo, juiz e jogadores agrediram-se.

A forma verbal "agrediram-se" informa que o juiz e os jogadores agrediram um ao outro, portanto o verbo "agredir" está na voz reflexiva recíproca.

> **Voz reflexiva recíproca:** indica reciprocidade da ação. O verbo é flexionado no plural + o pronome reflexivo recíproco "se".

COLOCAÇÃO PRONOMINAL

"Tornou-se a deusa dos bailes (...)
Duas opulências, que se realçam (...)
Quem não se recorda de Aurélia Camargo."

(José de Alencar, *Senhora*)

Note que os pronomes oblíquos átonos aparecem ora antes ora depois do verbo. Essa mudança de colocação do pronome obedece à norma da língua culta.

Os exemplos mostram que esses pronomes podem, dependendo de certos fatores, aparecer em diferentes posições em relação ao verbo.

- **Próclise**: quando o pronome está antes do verbo.
  Exemplo: "Quem não se recorda de Aurélia Camargo..."
- **Mesóclise**: quando o pronome está no meio do verbo.
  Exemplos: Lembrar-me-ei de Aurélia Camargo.

- **Ênclise**: quando o pronome está depois do verbo.
  Exemplo: "Tornou-se a deusa dos bailes."

Confira, agora, as principais orientações para o emprego dos pronomes oblíquos na língua culta.

I. Próclise

Usa-se a próclise:

a) com palavras de sentido negativo.
   Exemplos: Não me esqueço de ti.
             Nada o faz sorrir.

b) com advérbios.
   Exemplos: Ontem nos vimos.
             Ainda me lembro de ti.
             Se houver pausa (vírgula) depois do advérbio, usa-se ênclise.
   Exemplos: Hoje, lembro-me do que fiz.

c) com os seguintes pronomes:

   - Relativos: que, quem, o qual, onde...
     Exemplo: O homem que me chamou é meu primo.

   - Indefinidos: alguém, ninguém, todos...
     Exemplo: Alguém me disse que ele chegou.

   - Demonstrativos: este, esta, aquele...
     Exemplo: Aquilo nos perturba.

d) com conjunções subordinativas.
   Exemplos: Assim que me viu, sorriu.
             Disse que nos esqueceu.

e) em frases interrogativas, exclamativas e optativas.
   Exemplos: Deus te abençoe!
             Quem me chamou?
             Quanto me enganei!

f) com o verbo no gerúndio, precedido da preposição "em".
   Exemplos: Em se tratando de poesia, ele sabe tudo.

Gramática

Casos facultativos de próclise

Pode-se usar ou não a próclise:
- com os pronomes do caso reto.
  Exemplos: Ele <u>nos</u> conhece.
  Ele conhece-<u>nos</u>.

- com o infinitivo não flexionado, precedido de preposição ou palavra negativa.
  Exemplos: Estou aqui para <u>te</u> querer.   Sinto não <u>te</u> esquecer.
  Estou aqui para querer-<u>te</u>.   Sinto não esquecer-<u>te</u>.

II. Mesóclise

Usa-se, obrigatoriamente, a mesóclise quando o verbo está no futuro do presente ou no futuro do pretérito e não há palavra atrativa exigindo a próclise.

Exemplos: Levá-<u>lo</u>-ei ao cinema.

Não <u>o</u> levarei ao cinema.

palavra atrativa

Quando chegar, dar-<u>lhe</u>-ei o recado.
Se pudesse, levá-<u>lo</u>-ia comigo.

III. Ênclise

É usada principalmente quando o verbo inicia a oração. A norma culta não admite a colocação do pronome átono no começo da frase ou após pausa.

Exemplos: Disseram-<u>me</u> a verdade.
Depois de dois anos, encontraram-<u>no</u> vivo.
Diga-<u>me</u> quem o levou.

Manual de Estudos

Colocação pronominal nas locuções verbais

1. Verbo auxiliar + infinitivo

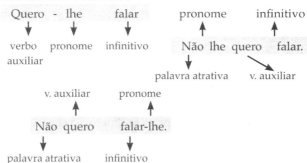

2. Verbo auxiliar + gerúndio
   Observe:

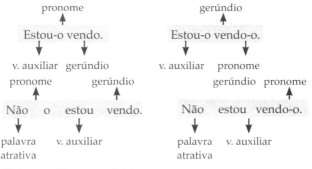

3. Verbo auxiliar + particípio
   Confira:

Gramática

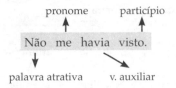

PERÍODO COMPOSTO POR COORDENAÇÃO

Você já aprendeu que o período simples é formado por uma só oração, que se chama oração absoluta.

Confira o exemplo extraído da canção *Maria, Maria*, de Milton Nascimento:

"Maria, Maria traz no corpo a marca."

Essa oração dá apenas uma informação sobre Maria. O período tem um só verbo, sendo, portanto, um período simples.

Observe agora:

"Quem traz na pele essa marca
Possui a estranha mania
De ter fé na vida."

(Milton Nascimento, *Maria, Maria*)

Nesse período há três informações: trazer a marca na pele, possuir estranha mania e ter fé na vida; logo, trata-se de um período composto, pois apresenta três orações.

Lembre-se: período começa com letra maiúscula e termina com um ponto.

O período composto pode ser por coordenação, subordinação ou coordenação e subordinação.

Manual de Estudos

> **Período composto por coordenação** é constituído por duas ou mais orações independentes sintaticamente, isto é, uma não exerce nenhuma função sintática em relação à outra.

Exemplo:

"Mas é preciso ter força,¹

É preciso ter raça,²

É preciso ter gana, sempre."³

Observe:

"É o som, é a cor, é o suor..."

As orações acima, também da canção *Maria, Maria*, coordenadas entre si, estão ligadas uma à outra por vírgula, não estando introduzidas por conjunção. As três orações são coordenadas assindéticas (sindeto = conjunção coordenativa).

Observe agora:

A menina tem graça¹ / e sorri para todos.²

Nesse período, a oração coordenada é introduzida pela conjunção coordenativa "e". É, portanto, uma oração coordenada sindética.

• **Classificação das orações sindéticas**

De acordo com a conjunção que as introduz, as orações coordenadas sindéticas classificam-se em:

a) Aditivas: e, nem, mas, também, etc.

Exprimem ideia de soma, acrescentamento, adição de informações.

Exemplo: Abriu o livro / e iniciou a leitura.
or. coor. assind. / or. coor. sindética aditiva

Gramática

b) Adversativas: mas, porém, contudo, todavia, etc.
Exprimem ideia de oposição, contraste.

Exemplo: Sou jovem, / mas vivo cansado.
or. coor. assind. / or. coor. sind. adversativa

c) Alternativas: ou... ou, ora... ora, etc.
Indicam alternância de fatos ou ideias.
Exemplo: Ou você estuda, / ou sai da sala.
or. coord. sind. alter. / or. coord. sind. alternativa

d) Explicativas: pois (anteposto ao verbo), que, porque.
Exprimem uma explicação, uma justificativa.
Exemplo: Não vá embora, / pois tenho medo de escuro.
or. coord. assind. / or. coord. sind. explicativa

e) Conclusivas: logo, portanto, pois (colocado após o verbo), por isso.
Exprimem uma conclusão contida na outra oração cooordenada.
Exemplo: Ele andou o dia todo, / portanto precisa descansar.
or. coord. assind. / or. coord. sind. conclusiva

Você é honesto, / logo merece confiança.
or. coord. assind. / or. coord. sind. conclusiva

PERÍODO COMPOSTO POR SUBORDINAÇÃO I

As orações subordinadas classificam-se de acordo com a função sintática que exercem na oração principal.

Observe estas frases:

Eu também / acho / que ele é perfeito.
/ VTD / objeto direto - oração

Eu também / acho / sua perfeição.
/ VTD / objeto direto - substantivo

A oração "que ele é perfeito" tem o mesmo valor do substantivo "perfeição", por isso é uma oração substantiva.

Agora, observe:

Eu também acho sua perfeição.
          VTD   OD

Eu também acho que ele é perfeito.
          VTD   OD

A oração "que ele é perfeito" exerce a função sintática de objeto direto da forma verbal "acho". É, assim, uma oração subordinada substantiva objetiva direta.

ORAÇÕES SUBORDINADAS SUBSTANTIVAS

Desempenha a mesma função sintática de um substantivo. Geralmente, vem introduzida por conjunção subordinativa integrante (que, se).

Classificação

- **Subjetiva**: desempenha a função de sujeito da oração principal.
   Exemplo: É admirável / a inteligência da narradora.
                                     sujeito

        É admirável / que a narradora seja inteligente.
        or. principal / or. subordinada substantiva subjetiva

A **oração subordinada substantiva subjetiva** ocorre, em geral, depois de um verbo de ligação seguido de predicativo.

Exemplos: É bom. Era importante. Foi preciso.

Gramática

Também ocorre em verbos empregados na 3ª pessoa do singular que não admitem o sujeito "ele".

Exemplos: convém; urge.

Ocorre, ainda, em construções na voz passiva, geralmente na sintética.

Exemplos: Comenta-se. Sabe-se. Conta-se.

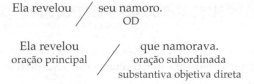

- **Objetiva direta**: desempenha a função de objeto direto da oração principal. Confira:

Ela revelou / seu namoro.
                 OD

Ela revelou / que namorava.
oração principal   oração subordinada
                 substantiva objetiva direta

- **Objetiva indireta**: desempenha a função sintática de objeto indireto da oração principal. Exemplo:

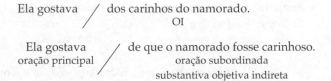

Leia esta frase:

"Tenho certeza de que, com a Bridgestone, poderemos continuar vencendo em 2002."

(Michael Schumacher)

Agora, observe:

"tenho certeza" (certeza de quê?)

O substantivo "certeza" precisa de complemento, isto é, precisa de termos que lhe completem o sentido.

A oração "de que (...) poderemos continuar vencendo em 2002" complementa o significado do substantivo "certeza". É, pois, uma oração com a função sintática de complemento nominal.

- **Completiva nominal:** exerce a função sintática de complemento nominal da oração principal. Normalmente, é regida por preposição.

    Observe:

    Fui favorável / a que vendessem a casa.
    oração principal / oração subordinada substantiva completiva nominal

    Opinou favoravelmente / a que vendessem a casa.
    oração principal / oração subordinada substantiva completiva nominal

    Leia as frases a seguir:

    O ideal / é / a preservação da natureza.
    sujeito / verbo de ligação / predicativo do sujeito

    O ideal é / que preservem a natureza.
    oração principal / oração subordinada substantiva predicativa

- **Predicativa**: exerce função sintática de predicativo do sujeito da oração principal.

    Exemplo: Meu medo é / que ele fuja.
    oração principal / oração subordinada substantiva predicativa

Gramática

Veja as frases:

Tenho um único desejo: / sua ajuda.
　　　　　　　　　　　　　aposto

Tenho um único desejo: / que você me ajude.
　oração principal　　　　　oração subordinada
　　　　　　　　　　　　　substantiva apositiva

- **Apositiva**: exerce função sintática de aposto da oração principal.
  Exemplo: Peço-lhes um favor: / não pisem na grama.
  　　　　　oração principal　　　　oração subordinada
  　　　　　　　　　　　　　　　　substantiva apositiva

PERÍODO COMPOSTO POR SUBORDINAÇÃO II

Orações subordinadas adjetivas

As orações subordinadas adjetivas exercem funções próprias do adjetivo.

Veja:
Acredito no homem trabalhador.
　　　　　　　　　　adjetivo
　　　　　　　　　　↓
　　　　　　adjunto adnominal

　　　　　　　　　　　　　　　　pronome relativo
Acredito no homem　/　que trabalha.
　oração principal　/　oração subordinada adjetiva

Manual de Estudos

> **A oração subordinada adjetiva** se prende a um termo da oração principal, caracterizando-o, qualificando-o. Desempenha o papel de um adjetivo ou de uma locução adjetiva.

Atente-se à frase:

"Selma sofreu as consequências do medo que se alastrou como uma epidemia."

A frase grifada é subordinada adjetiva porque se liga à oração principal (por meio de um pronome relativo), caracterizando o termo "medo" – "o medo se alastrou".

"... que se alastrou como uma epidemia."

O pronome relativo "que" substitui o antecedente o "medo".

> O **pronome relativo** introduz a oração subordinada adjetiva. Exemplos: que, o qual, os quais, cujo, cuja, cujos, cujas, onde, quem.

Classificação das orações subordinadas adjetivas

Observe:

                         pronome relativo

1. Admira os homens   que não têm preconceito.
   oração principal   oração subordinada adjetiva

                         pronome relativo

2. Admira os homens,   que não têm preconceito.
   oração principal   oração subordinada adjetiva

Na primeira frase, não há vírgula entre a oração principal e a oração subordinada. Isso significa que são admirados somente os

Gramática

homens que não têm preconceito. A oração subordinada adjetiva limita a significação do antecedente "homens". É oração subordinada adjetiva restritiva.

Na segunda frase, há uma vírgula entre o termo "homens" e a oração subordinada adjetiva. Essa "pausa" indica que todos os homens não têm preconceito e todos eles são admirados. Por isso, neste caso, a oração é subordinada adjetiva explicativa.

Assim, as orações subordinadas adjetivas são classificadas em:

- **Restritivas** – particularizam o termo a que se referem, restringindo-lhe o sentido. Não são separadas por vírgula. Exercem a função sintática de adjunto adnominal da oração principal.

Atente-se à oração grifada abaixo:

"Tudo que é gostoso em São Paulo está neste guia."

- **Explicativas** – apenas realçam uma característica que já consideramos parte do termo a que essas orações se referem, explicando-o. São separadas por vírgula.

Exemplo: Monteiro Lobato, que contava histórias infantis, nasceu em Taubaté.

Oração principal: Monteiro Lobato nasceu em Taubaté.

Oração subordinada substantiva explicativa: que contava histórias infantis.

Lembre-se:

Para reconhecer o "que" como pronome relativo, basta observar se pode ser substituído por "o qual", "a qual", "os quais", "as quais".

Exemplo: Voltou a dor que senti antes.
Voltou a dor a qual senti antes.

FUNÇÕES SINTÁTICAS DO PRONOME RELATIVO

Lagoa
"Na chuva de cores
da tarde que explode
a lagoa brilha
a lagoa se pinta
de todas as cores."

(Carlos Drummond de Andrade)

O pronome relativo "que" determina o antecedente "tarde" e serve de elo subordinante da oração: a tarde explode.

Na oração "que explode", o pronome relativo exerce a função sintática de sujeito da forma verbal "explode". Logo, o pronome relativo exerce a função sintática que o antecedente exerceria na oração subordinada.

De acordo com sua função na oração, o pronome relativo pode ser:

- **Sujeito**

Já li o livro que estava sobre a mesa.
   ↓   ↓
antecedente   sujeito

- **Objeto direto**

O livro que li é interessante.
   ↓   ↓
antecedente objeto direto

Gramática

- **Objeto indireto**

  Assisti ao filme do qual você gostou.

  antecedente → objeto indireto

- **Adjunto adverbial**

  A casa onde mora é nova.

  antecedente → adjunto adverbial de lugar

- **Complemento nominal**

  Arranjei o dinheiro de que tinha necessidade.

  antecedente → complemento nominal

- **Agente da passiva**

  Mataram a cobra por quem fui mordido.

  antecedente → agente da passiva

- **Predicativo**

  Você não sabe o anjo que ela é.

  antecedente → predicativo

- **Adjunto adnominal**

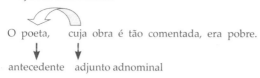

O poeta, cuja obra é tão comentada, era pobre.

antecedente — adjunto adnominal

PERÍODO COMPOSTO POR SUBORDINAÇÃO III

Orações subordinadas adverbiais

"Porque os homens olhavam demais para sua mulher, mandou que descesse a bainha do vestido..."

No trecho do conto *Para que ninguém a quisesse*, de Marina Colasanti, a oração destacada informa a causa por que o marido "mandou que [a mulher] descesse a bainha do vestido". Por isso, é uma oração subordinada adverbial, porque expressa a circunstância da causa do verbo da oração principal.

> A **oração subordinada adverbial** exerce a função sintática de adjunto adverbial da oração principal. É iniciada por uma conjunção subordinativa adverbial.

De acordo com as circunstâncias que expressam, as orações subordinadas adverbiais podem ser:
- **Causais** – indicam a causa da ideia expressa na oração principal.

Exemplo: Ele saiu cedo / porque foi trabalhar.
or. principal / or. subordinada adverbial causal

> Principais conjunções subordinativas causais:
> porque, que, como, já que, visto que.

Gramática

- **Concessivas** – indicam concessão ou ideia contrária à ação do verbo da oração principal.
  Exemplo:
  Embora fosse rico / não ajudava ninguém.
  or. subordinada adverbial concessiva / or. principal

  > Principais conjunções subordinativas concessivas:
  > embora, ainda que, mesmo que.

- **Comparativas** – estabelecem ideia de comparação com relação à ação expressa pelo verbo da oração principal.
  Exemplo:
  O marido era mais ciumento / que a mulher.
  or. principal / or. subordinada adverbial comparativa

  > Principais conjunções subordinativas comparativas:
  > assim, como, tal qual.

Nota: são omitidos os verbos da oração subordinada adverbial comparativa.
Exemplo: Ela é linda como uma flor.
(como uma flor é)

- **Condicionais** – indicam a condição ou a hipótese para a ocorrência do fato expresso na oração principal.
  Exemplo:
  Se alguém olhava para ela, / o marido ficava enciumado.
  or. subordinada adverbial condicional / or. principal

  > Principais conjunções subordinativas condicionais:
  > se, caso, desde que, uma vez que.

- **Finais** – indicam a finalidade a que se destina o verbo da oração principal.

Exemplo:
Cortou-lhe os cabelos / <u>para que ninguém a olhasse.</u>
　　　　　　　　　　　　or. subordinada adverbial final

> Principais conjunções subordinativas finais:
> para que, a fim de que.

- **Consecutivas** – indicam consequência resultante do fato expresso na oração principal.
Exemplo:
Ele era tão ciumento / <u>que castigava a mulher.</u>
　or. principal　　　　　or. subordinada adverbial consecutiva

> Principais conjunções subordinativas consecutivas:
> de modo que, de sorte que,
> que (precedido de tal, tamanho, tanto).

- **Temporais** – indicam circunstância de tempo em que ocorre o fato expresso na oração principal.
Exemplo:
A mulher ficou triste / <u>depois que o marido cortou</u>
　or. principal　　　　　<u>seus longos cabelos.</u>
　　　　　　　　　　　or. subordinada adverbial temporal

> Principais conjunções subordinativas temporais:
> quando, desde que, depois que, antes que, sempre que.

- **Conformativas** – indicam relação de conformidade com o fato ocorrido na oração principal.
Exemplo:
Segundo o narrador, / <u>a mulher sofria muito.</u>
or. subordinada adverbial　　　or. principal
　conformativa

> Principais conjunções subordinativas conformativas:
> conforme, consoante, segundo, como.

Gramática

- **Proporcionais** – indicam relação de proporção com o fato expresso na oração principal.

   Exemplo:

   À medida que ele a castigava,   <u>ela se entristecia.</u>
   or. subordinada adverbial proporcional   or. principal

   > Principais conjunções subordinativas proporcionais:
   > à proporção que, à medida que, ao passo que.

PONTUAÇÃO I

A língua falada dispõe de recursos especiais para dar ritmo e melodia à fala. A língua escrita, como não dispõe desses recursos, vale-se da pontuação para orientar as pausas, a entonação de voz, a expressividade e a clareza das ideias.

Observe algumas regras práticas para você utilizar quando escrever um texto:

I. Não se usa vírgula:

- Entre sujeito e verbo.

   "Faz dois anos que Madalena morreu."

   sujeito verbo

   (Graciliano Ramos, *São Bernardo*)

- Entre verbo e complemento.

   "Desde então procuro descascar fatos."

   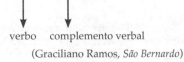

   verbo complemento verbal

   (Graciliano Ramos, *São Bernardo*)

Manual de Estudos

- Entre o substantivo e o complemento ou o adjunto adnominal.

  Tinha medo de jacaré.
      ↓   ↘
  substantivo complemento nominal

  A linda   mulher era infeliz.
    ↓   ↓
  adjunto substantivo
  adnominal

- Entre a oração principal e a oração substantiva.

  É bom   que você a esqueça.
    ↓   ↓
  or.principal   or. subordinada substantiva

II. Usa-se a vírgula:

- Para separar o aposto explicativo.

  Vinicius de Moraes, <u>poeta contemporâneo</u>, escreveu *Garota de Ipanema*.
                                    ↓
                                aposto

- Para isolar o vocativo.

  <u>Ó Deus</u>, onde estás que não respondes?
  ↓
  vocativo

- Para separar os termos independentes entre si.

  <u>Casa, comida, roupa lavada</u> eram exigências do marido.
               ↓
      sujeito composto

Gramática

Comprei <u>lápis, caderno, caneta e giz.</u>
↓
objeto direto

- Em expressões explicativas, como: isto é, por exemplo, aliás.
  Ontem foi à grande festa, isto é, à festa do Divino.

- Para separar adjuntos adverbiais deslocados.
  Durante o dia, ela trabalha no bar.

- Com certas conjunções.
  Aquilo, portanto, era mentira.

- Para separar partes de um provérbio.
  Água mole em pedra dura, tanto bate até que fura.

- Para separar orações coordenadas.
  Ele chegou, olhou-a, gritou.

- Para separar orações adverbiais deslocadas.
  Quando saí, ela ainda dormia.

- Para isolar a oração subordinada adjetiva explicativa.
  O homem, que é mortal, comete erros.

- Nas datas e nos endereços.
  Manaus, 10 de março de 2010.

PONTUAÇÃO II

Além da vírgula, há outros sinais de pontuação:

- **Ponto-final**

  Empregado para:

  a) indicar o final de uma frase declarativa.

  Exemplo: A mulher tornou-se triste.

  b) separar períodos entre si. Observe:

  No Natal, dê um refrigerador Degelo Seco para a sua mulher. O primeiro que descongela sem molhadeira na cozinha e economiza até 40% de energia.

  c) nas abreviaturas.

  Exemplos: Sr.   Dr.   Prof.

- **Ponto e vírgula**

  Empregado para:

  a) separar parte de um período.
  Exemplos: "Os olhos negros e inquietos pareciam garotos travessos em hora de recreio; os traços gesticulavam a cada palavra; o corpo torcia-se pelos bancos..."

  (Viriato Corrêa, *Cazuza*)

  b) separar itens de uma lei, de um decreto, de uma sequência.

  Exemplo: É vedado ao aluno:
  - chegar atrasado à aula;
  - portar-se sem uniforme; e
  - faltar às aulas.

Gramática

- **Dois-pontos**

  São usados:

  a) para apresentar uma citação ou as falas de um personagem em um texto.
  Exemplo: Ela disse: – Estou muito feliz!

  b) antes de apostos.
  Exemplo: Quero apenas uma coisa: seu apoio.

  c) para apresentar uma enumeração.
  Exemplo: O arco-íris é formado por sete cores: vermelho, laranja, amarelo, verde, azul, índigo e violeta.

- **Reticências**

  São usadas para:

  a) indicar supressão de palavras.
  Exemplo: Era um homem... um bicho... não sei.

  b) indicar a continuidade de sentido ao final da oração.
  Exemplo: Olha a mulher, sorri, espera...

  c) indicar uma dúvida.
  Exemplo: Estive pensando... a violência é terrível.

- **Ponto de exclamação**

  É usado depois de:

  a) palavras ou frases que indicam estado emocional.
  Exemplo: – Coitada da mulher! Tão generosa.

  b) vocativo.
  Exemplo: – Venha cá, menina!

  c) imperativo.
  Exemplo: – Vá embora! Já!

  d) interjeição.
  Exemplo: – Psiu! Você está aí?

- **Ponto de interrogação**

  Empregado nas perguntas diretas.
  Exemplo: – Você me conhece? Conhece?

- **Travessão**

  É empregado:
  a) para apresentar o início da fala da personagem.
     Exemplo: – Mulher – gritava ele – sai daí!
  b) para destacar uma expressão explicativa.
     Exemplo: Naquele dia – uma quarta-feira – ele trouxe um batom.

- **Aspas**

  São usadas para:
  a) assinalar transcrições.
     Exemplo: "Um amor assim delicado
              Você prega e despreza."

  (Caetano Veloso, *Queixa*)

  b) pôr em evidência.
     Exemplo: A mulher "perdeu a fala" ao vê-lo.
  c) assinalar palavras estrangeiras, gírias, nomes de obras de arte.
     Exemplo: *Dom Casmurro* é uma obra do imortal Machado de Assis.

Gramática

SINTAXE DE CONCORDÂNCIA I

Concordância é o mecanismo por meio do qual as palavras alteram suas terminações para se adequarem harmoniosamente umas às outras na frase. Pode haver concordância nominal ou verbal.

Concordância nominal

Veja a tirinha de Hagar:

Em "este chão de terra batida é horroroso", o pronome demonstrativo "este" concorda em gênero (masculino) e número (singular) com o substantivo "chão".

O adjetivo "batida" concorda em gênero (feminino) e número (singular) com o substantivo "terra".

O artigo indefinido "umas" concorda em gênero (feminino) e número (plural) com o substantivo "flores". Portanto, verificamos três casos de concordância nominal.

Regra geral de concordância

O artigo, o pronome, o numeral e o adjetivo concordam em gênero e número com o substantivo.

Exemplos: Uma roupa nova – umas roupas novas.
                Um filme longo – uns filmes longos.

Casos mais frequentes de concordância nominal
Adjetivo e adjunto adnominal

1. O adjetivo posposto a dois ou mais substantivos concorda com o substantivo mais próximo ou vai para o plural.
   Exemplos: Mesa e cadeira envernizada / envernizadas.
   Chapéu e sapato novo.
   Chapéu e sapato novos.

> **Importante:**
> Se os substantivos forem de gêneros diferentes, prevalece o masculino.
> Exemplos: Armário e mesa limpa.
> Armário e mesa limpos.

2. O adjetivo anteposto a dois ou mais substantivos concorda com o substantivo mais próximo.
   Exemplo: Seca raiz e folha, a planta morre.

3. Quando dois adjetivos referem-se ao mesmo substantivo, precedido de artigo, o substantivo vai para o singular. Omitindo-se o artigo, o substantivo vai para o plural.
   Veja:
   Estudei a língua francesa e a portuguesa.
   Estudei as línguas francesa e portuguesa.
   Estudei a língua francesa e portuguesa.

4. O adjetivo predicativo do sujeito concorda em gênero e número com o sujeito.
   Exemplo: O menino é estudioso.
   As flores são perfumadas.

5. Se o sujeito for composto, o predicativo vai para o plural, no gênero que prevalece.
   Exemplos: Os meninos e as meninas são estudiosos.
   O lírio e a rosa são perfumados.

Gramática

6. O adjetivo predicativo do objeto concorda com o objeto.
   Exemplos: Achei a mulher cansada.

   Encontraram os pássaros mortos.

7. Quando o adjetivo for composto por dois adjetivos, flexiona-se apenas o último elemento.
   Exemplos: Questões político-partidárias.

   Torcida rubro-negra.

Outros casos especiais de concordância nominal

- As palavras "meio", "bastante" e "só" concordam com o substantivo quando são adjetivo ou numeral. Ficam invariáveis quando são advérbios.

   Exemplos: Comprei meia dúzia de ovos.

   numeral = metade   substantivo

   Elas estavam meio cansadas.

   advérbio = um tanto

   Trouxeram bastantes alimentos.

   adjetivo = suficientes

   A seleção treinou bastante para a Copa.

   advérbio = muito

   Só você não veio.

   advérbio = somente

   Eles ficaram sós.

   adjetivo = sozinhos

Manual de Estudos

- As expressões "é proibido", "é bom", "é necessário" e outras semelhantes são invariáveis quando seu sujeito não for precedido de artigo ou outro termo modificador.

  Exemplos: É proibido entrada.
        ↓
       sujeito

      Cerveja é bom para os rins.
      ↓
      sujeito

      É necessário atenção.
          ↓
         sujeito

  Se houver artigo ou outro termo modificador, a expressão deixa de ser invariável e concorda com o sujeito.

  Exemplos: É proibida a entrada.
       Esta cerveja não é boa.
       É necessária a sua atenção.

- As palavras "anexo", "obrigado", "próprio", "quite", "mesmo" e "só" (= sozinho) concordam com o nome a que se referem.
  Exemplos: Paulo e Júlia estão sós.
       Elas mesmas cuidaram da casa.
       Ela própria fez o bolo.
       A mulher disse: "muito obrigada".
       Seguem anexas ao documento as certidões solicitadas.

- "Alto", "barato", "confuso", "falso", etc., quando têm o valor de advérbio, permanecem invariáveis.
  Exemplos: Ela fala alto.
       Esta roupa custou muito barato.
       Vocês juraram falso.

Gramática

- A palavra "alerta", como advérbio, também permanece invariável.
  Exemplos: Fiquem alerta, vai haver temporal.

- A palavra "possível", quando acompanha expressões como "o mais", "a menor", "a melhor", "a pior", fica no singular.
  Exemplos: Venha o mais rápido possível.
  Comprou alimentos o menos caro possível.

Se o artigo estiver no plural, "possível" vai para o plural também.
  Exemplos: Vestia as roupas as mais modernas possíveis.

- "Menos" e "pseudo" são invariáveis.
  Exemplos: Havia menos pessoas na praça.
  Elas eram pseudoatrizes.

SINTAXE DE CONCORDÂNCIA II

Concordância verbal

Leia estes títulos, extraídos do jornal *Folha de São Paulo*.

I. Tempo seco favorece a formação de frutos

II. "Não somos analfabetos", diz FHC ao FMI

III. "Reality Shows" atraem mais a classe média

Na primeira frase, a forma verbal "favorece" está flexionada na 3ª pessoa do singular porque concorda em pessoa (3ª) e número (singular) com o sujeito simples "tempo seco".

Na segunda frase, a forma verbal "somos" está flexionada na 1ª pessoa do singular para concordar em pessoa (1ª) e número (plural) com o sujeito simples "nós".

Manual de Estudos

Na terceira frase, a forma verbal "atraem" está flexionada na 3ª pessoa do plural e número (plural) a fim de concordar com o sujeito simples, "Reality Shows".

Portanto, temos como regra geral:

> O verbo concorda em pessoa e número com o sujeito simples, antes ou depois do verbo.

Outros casos de concordância verbal

- Sujeito composto anteposto ao verbo: o verbo vai para o plural.
  Exemplos: Ouro e prata causaram muitos conflitos.
  O professor e o aluno conversavam.

- Sujeito composto posposto ao verbo: o verbo concorda com o núcleo mais próximo ou vai para o plural.
  Exemplos: Chegou o pai e o filho.
  Chegaram o pai e o filho.

- Sujeito composto por elemento de pessoas gramaticais diferentes: o verbo vai para o plural na pessoa predominante.
  A 1ª pessoa (nós) predomina sobre a 2ª e a 3ª do plural.

Leia o primeiro quadrinho da tirinha a seguir.

ALINE - Adão Iturrusgarai

Gramática

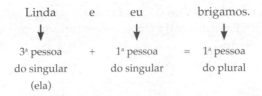

A 2ª pessoa predomina sobre a 3ª do plural. Exemplo:

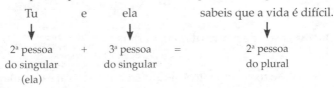

- Sujeito é um pronome de tratamento: o verbo fica na 3ª pessoa do singular.
  Exemplo: Vossa senhoria está convidada para a festa.

- "Um e outro", "nem um nem outro": o verbo fica no singular ou no plural.
  Exemplo: Um e outro saiu. / Um e outro saíram.

- "Um ou outro": o verbo fica no singular.
  Exemplo: Um ou outro professor faltará.

- Sujeito composto ligado por "ou".
  a) O verbo vai para o singular se "ou" indicar exclusão.
     Exemplo: Paulo ou José será o prefeito.

  b) Se "ou" não indicar exclusão, o verbo vai para o plural.
     Exemplo: Paulo ou José viajarão comigo.

- Expressão "haja vista": há três construções. Confira:
  Haja vista os problemas.
  Haja vista aos problemas.
  Hajam vista os problemas.

CONCORDÂNCIA VERBAL I

Outras normas de concordância verbal:

- "A maior parte de", "grande número de" e nome no plural: o verbo pode ir para o singular ou para o plural.
  Exemplo: A maioria dos alunos saiu / saíram.

- "Mais de", "menos de", "perto de" mais numeral.
  a) O verbo concorda com o numeral.
    Exemplos: Cerca de <u>dez</u> pessoas fugiram.
    numeral

    Mais de <u>um</u> jogador xingou o juiz.
    numeral

  b) Quando houver ideia de reciprocidade, o verbo irá para o plural.
    Exemplo: Mais de <u>um</u> jogador agrediram-se.
    numeral   o verbo indica reciprocidade

- Verbo mais pronome "se":
  a) Se o pronome "se" for pronome apassivador, o verbo concordará com o sujeito paciente.
    Exemplos: Vende-se <u>carro</u>.
    sujeito paciente

    Alugam-se <u>apartamentos</u>.
    sujeito paciente (apartamentos são alugados)

Gramática

   b) Se o pronome "se" for índice de indeterminação do sujeito, o verbo ficará na 3ª pessoa do singular.
   Exemplos: Pensa-se em férias.
   　　　　　Precisa-se de ajuda.

- Sujeito – pronome relativo.
   a) "Que" – o verbo concorda com o antecedente.
   　Exemplos: Sou eu que pago a viagem.
   　　　　　　Foram eles que roubaram a moto.

   b) "Quem" – o verbo fica na 3ª pessoa do singular ou concorda com o antecedente.
   Exemplos: Sou eu quem paga a viagem.
   　　　　　Sou eu quem pago a viagem.

- Nome próprio usado apenas no plural: se o nome próprio estiver antecedido de artigo, o verbo concordará com o artigo.
Exemplos: Andes é o nome de uma cordilheira.
　　　　　Os Andes enfeitam o continente.

- Sujeito resumido por pronome indefinido: o verbo fica na 3ª pessoa do singular.
   Exemplo: O sol, a seca, falta de cuidados, <u>tudo</u> destruía a plantação.

- Núcleos do sujeito ligados por "com": o verbo fica no singular ou no plural, caso se queira enfatizar a participação dos dois núcleos do sujeito da ação verbal.
   Exemplos: O senador, com os deputados, votou a CPMF.
   　　　　　O senador, com os deputados, votaram a CPMF.

- Sujeito constituído de pronomes interrogativos ou indefinidos: se o sujeito for um dos pronomes interrogativos (quais, quantos) ou indefinidos (alguns, muitos, poucos) seguido dos pronomes

Manual de Estudos

"nós" e "vós", o verbo ficará na 3ª pessoa do plural ou em concordância com "nós" / "vós".

Exemplos: Quais de nós faremos a pesquisa?
Alguns de nós vieram dos Estados Unidos.

CONCORDÂNCIA VERBAL II

Verbos impessoais

Veja:

"Faz dois anos que Madalena morreu, dois anos difíceis."

(Graciliano Ramos, *São Bernardo*)

Observe que o verbo "fazer" está flexionado na 3ª pessoa do singular. Isso ocorre porque a oração não tem sujeito, e o verbo, nesse caso, é impessoal.

Portanto:

> Quando o verbo é impessoal, isto é, sem sujeito, fica sempre na 3ª pessoa do singular.

Casos de verbos impessoais

- Verbos que indicam fenômenos da natureza.
  Exemplo: Choveu ontem à noite.

- "Haver" no sentido de existir, ocorrer, acontecer e tempo decorrido.
  Exemplo:
  Na sala havia vários alunos. (Na sala existiam vários alunos.)

  havia → existir; vários alunos → objeto direto; existiam → ; vários alunos → sujeito

Gramática

- 3ª pessoa do singular.

    Exemplos: Houve comemorações pela vitória do time.

            ↓   ↓

        ocorrer objeto direto

    (Ocorreram comemorações pela vitória do time.)
                          sujeito

    Há meses não nos vemos.
    ↓
    tempo decorrido

Importante: quando usado em locução verbal, o verbo impessoal transmite a impessoalidade para o verbo auxiliar e este também fica na 3ª pessoa do singular.

Exemplos: <u>Há</u> pessoas estranhas aqui.
          <u>Deve</u> haver pessoas estranhas aqui.

- Fazer, estar, ficar, ser.
    São impessoais quando usados na indicação de tempo decorrido ou a transcorrer, clima e temperatura.

    Exemplos: Faz dias que não nos vemos.
                Está calor.
                Ficou tarde.
                Faz verões incríveis nesta cidade.
                É cedo. É longe.

- Concordância do verbo "ser".
    O verbo "ser" pode concordar com o sujeito ou com o predicativo.

I. Concordará com o sujeito:

- Sujeito personificado (pessoa).
    Exemplos: O mecânico é os braços do patrão.
                Eu sou rei.

- Quando o sujeito for substantivo simples no plural e o predicativo for substantivo no singular.
  Exemplo: Os sonhos são a nossa fantasia.

II. Concordará com o predicativo:

- Quando o predicativo for pronome pessoal.
  Exemplo: – O povo somos nós.

- Na indicação de horas e distância, o verbo "ser" concordará com a expressão numérica.
  Exemplos: Hoje é 1º de abril.   Ontem foram 31 de março.
  São duas horas.

- Para indicar quantidade (preço, peso, medida), o verbo "ser" fica no singular.
  Exemplos: Dez reais é pouco.
  Seis metros é muito tecido para uma saia.

III. Concordará com o sujeito ou com o predicativo:

- Sujeito não personificado no singular ou no plural.
  Exemplos: A casa eram pedaços de madeira.
  A casa era pedaços de madeira.

- Sujeito é um pronome: isto, aquilo, isso, tudo.
  Exemplos: Tudo são mentiras.
  Tudo é mentiras.

- Sujeito é uma palavra de sentido amplo.
  Exemplos: A vida são rosas cheias de espinhos.
  A vida é rosas cheias de espinhos.
  A ciência são as esperanças do homem.
  A ciência é as esperanças do homem.

Gramática

SINTAXE DE REGÊNCIA

Observe:

"Pus meu sonho num navio."
 ↓   ↓
regente termo regido

O termo "meu sonho" é um complemento verbal, pois completa diretamente a forma verbal "pus". Portanto, o verbo "pôr" é transitivo direto.

Agora, observe:

"... e a cor que escorre de meus dedos."

(Cecília Meireles, *Canção*)

Nessa frase, o verbo "escorrer" aparece com sentido completo, isto é, não precisa de complemento: é um verbo intransitivo.

Confira:

Pus meu sonho num navio.
 ↓   ↓
termo   termo regido
regente objeto direto
verbo

... debaixo da água vai morrendo.
    ↓   ↓
termo regente termo regido
 advérbio   complemento nominal

A esse tipo de dependência, isto é, quando um termo depende de outro, chamamos **regência**.

Manual de Estudos

Há dois tipos de regência:

a) **Nominal**: quando o termo regente (subordinante) é um nome (substantivo, adjetivo ou advérbio).

Exemplos:

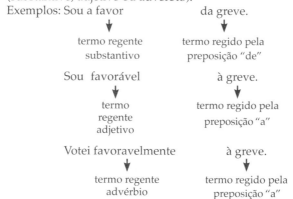

Sou a favor da greve.
- Sou a favor → termo regente substantivo
- da greve → termo regido pela preposição "de"

Sou favorável à greve.
- favorável → termo regente adjetivo
- à greve → termo regido pela preposição "a"

Votei favoravelmente à greve.
- favoravelmente → termo regente advérbio
- à greve → termo regido pela preposição "a"

b) **Verbal**: quando o termo regente é um verbo (intransitivo, transitivo direto, transitivo indireto, transitivo direto e indireto).

Fui a Paris.
- Fui → termo regente VI
- a Paris → termo regido

"... depois abri o mar com as mãos."
- abri → termo regente VTD
- o mar → termo regido

Ela pensava no vento.
- pensava → termo regente VTI
- no vento → termo regido objeto indireto

Ela dizia uma linda canção aos leitores.
- dizia → termo regente VTDI
- uma linda canção → termo regido objeto direto
- aos leitores → termo regido objeto indireto

Gramática

Dependendo do significado do verbo, a sua regência pode variar.
Exemplo:

- **implicar – implicar-se:**

  Observe:

  envolver, acarretar → VTD

  Exemplo: A falta ao trabalho implica desconto no salário.

  envolver-se → VTI

  Exemplo: A atriz implicou-se em drogas.

O mesmo verbo, porém, pode ter diferentes significados, ainda que tenha regências diferentes:

- **informar, avisar, prevenir** → VTDI

  Observe:

  Informar algo a alguém.
  - objeto direto (coisa)
  - objeto indireto (pessoa)

  Informar alguém de (sobre) algo.
  - objeto direto (pessoa)
  - objeto indireto (coisa)

  Exemplo: Avise - o sobre a greve.
  VTDI   OD   OI

- **lembrar e esquecer** → VTD

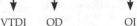

  Exemplos: Lembrei a data da prova.
  Esqueci o livro.

- **lembrar-se e esquecer-se** → VTI (regem a preposição "de")
  Exemplos: Lembrei-me da data da prova.
            Esqueci-me do livro.

- **namorar** → VTD (não admite a preposição "com")
  Exemplos: Pedro namora Maria.
            Pedro a namora.

Regência verbal

Confira a regência de outros verbos:
- **obedecer e desobedecer** → VTI → regem a preposição "a".
  Exemplo: Eles não obedecem ao regulamento.
                            ↓   ↓
                           VTI   OI

- **preferir** → VTDI → (rege a preposição "a" e não admite "do que")
  Exemplo: Prefiro azul a rosa.

- **ir, chegar, dirigir-se, voltar** → VI (regem a preposição "a" no adjunto adverbial de lugar)
  Exemplos: Vou ao sítio.
            Cheguei ao cinema.
            Dirija-se ao guichê ao lado.
            Voltei ao lar.

Regência nominal

Observe: "E o Santa Rosa ali à espera do coadjutor..."
                              ↓   ↓   ↓
                            termo preposição termo
                            regente   regido

Gramática

O termo regente "espera" é um substantivo transitivo que exige um complemento regido de preposição: quem está à espera, está à espera de alguma coisa ou de alguém.

Portanto, o termo "do coadjutor" completa o sentido de "espera" – é um complemento nominal.

Quando um substantivo, um adjetivo ou advérbio têm sentido incompleto e exige complemento regido de preposição, temos um caso de **regência nominal**. Confira:

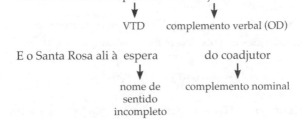

Na língua portuguesa, há nomes (substantivos, adjetivos e advérbios) que exigem complementos regidos de preposição.

A seguir, apresentamos alguns substantivos, adjetivos e advérbios e as preposições regidas.

Substantivos

- Amor (a, de, para com, por).
  O amor a Deus é necessário.
  O amor de Deus é necessário.
  O amor para com Deus é necessário.
  O amor por Deus é necessário.

- Aversão (a, para, por).
  Tenho aversão (a, para, por) mosquito.

- Devoção (a, para com, por).
  Sempre tive devoção (a, para com, por) São Judas.

- Horror (a, de, por).
  Caco tem horror a aranhas.

Adjetivos

- Acessível (a, para).
  O curso deve ser acessível ao aluno.

- Afável (com, para com).
  Ela sempre quis ser afável com as crianças.

- Alheio (a, de).
  Carlos era alheio a tudo.

- Compatível (com).
  Seu gênio é compatível com o meu.

- Perito (em).
  Ele é perito em aviação.

Advérbios

- Longe (de).
  Ficou dez anos longe do engenho.

- Perto (de).
  O avô ficava perto de Carlos, observando-o.

- Favoravelmente (a).
  Opinou favoravelmente ao neto.

Gramática

CRASE

Você sabia que crase não é um acento? **Crase** é a fusão de duas vogais iguais.

O acento grave (`) é o sinal que indica a crase (a + a = à).

Para haver crase, é necessário que existam dois "a". O primeiro "a" é uma preposição; o segundo pode ser:

- artigo definido (a/as)

  Exemplo: Ele se referiu a (preposição) + a (artigo) carta.
  Ele se referiu à carta.

- pronome demonstrativo (a/as)

  Exemplo: Sua camisa é igual a (preposição) + a (pronome = a camisa) do meu pai.
  Sua camisa é igual à do meu pai.

- a vogal inicial dos pronomes aquele, aqueles, aquela, aquelas e aquilo

  Exemplo: Ele se referiu a (preposição) + aquele livro.
  Ele se referiu àquele livro.

Observação: para que seja mais fácil perceber a ocorrência da crase, o melhor a fazer é substituir o substantivo feminino por um masculino. Há crase se o "à" se transformar em "ao".

Exemplo:
Ele se referiu à carta. / Ele se referiu ao documento

Casos especiais

1. Vou a ou à Brasília?

   Vou a ou à Bahia?

   O certo é: "Vou a Brasília" e "Vou à Bahia".

   Por que só ocorre crase no segundo caso?

   Quando se vai, sempre se vai a algum lugar. O verbo "ir" pede a preposição "a". O problema é que o nome do lugar aonde se vai, às vezes, vem antecedido de artigo definido "a", outras não. Enquanto "Brasília" não admite artigo definido, "Bahia" é antecedida do artigo definido "a". Isso significa que você "vai à Bahia" (preposição **a** do verbo ir + artigo definido **a** que antecede a Bahia) e que você "vai a Brasília" (sem crase, porque só há a preposição **a** do verbo "ir").

   Se você quer saber com mais rapidez se deve ir à ou a algum lugar (com ou sem a crase), use o seguinte recurso:

   Antes de ir, volte.

   Se você volta da, significa que há artigo: você vai à.

   Se você volta de, significa que não há artigo: você vai a.

   Exemplos:

   Você volta da Bahia – Você vai à Bahia.

   Você volta de Brasília – Você vai a Brasília.

   Observe outros exemplos:

   Vou a Israel. – Volto de Israel.

   Vou à Paraíba. – Volto da Paraíba.

Gramática

É importante lembrar que essa dica não se aplica a todos os casos de crase. Na verdade, somente resolve o problema das "viagens": ir à ou a, dirigir-se à ou a, viajar à ou a, chegar à ou a...

Uma estrada liga a Suíça a Itália; outra liga a Espanha a Portugal.

Em que "estrada" ocorre crase?

Você acertou se respondeu a primeira. Por quê?

Porque só há artigo definido antes de "Itália".

Confira a dica: "volto da Itália" e "volto de Portugal".

Portanto: uma estrada liga a Suíça à Itália; outra liga a Espanha a Portugal.

2. Vou à ou a Roma?

Vou à ou a antiga Roma?
O certo é: "Vou a Roma" e "Vou à antiga Roma".
Neste caso, é possível recorrer ao verbo voltar:
"Volto de Roma" e "Volto da antiga Roma".

Observe que não há artigo antes de Roma. O artigo aparecerá se houver um adjetivo ou termo equivalente:

Vou a Paris. (volto de Paris)

Vou à Paris dos meus sonhos. (volto da Paris dos meus sonhos)

3. Vou à ou a terra?

O certo é: "Vou a terra."

A palavra "terra", no sentido de "terra firme, chão" (oposto de bordo), não recebe artigo definido, logo não haverá crase.

Ao viajar de avião, pode-se observar a ausência do artigo definido antes da palavra "terra" (terra firme). Quando o avião aterrissa, uma das comissárias de bordo vai ao microfone e diz: "Para voos de conexão e mais informações, procure o nosso pessoal em terra." Por que não na terra? Porque é em terra firme e não no planeta Terra.

Observação:

Qualquer outra "terra", inclusive o planeta Terra, recebe o artigo definido. Portanto, haverá crase:

Vou à terra dos meus avós. (Volto da terra dos meus avós.)
Cheguei à terra natal. (Volto da terra natal.)
Ele se referiu à Terra. (Volto da Terra / do planeta Terra.)

Observe a diferença:

Depois de tantos dias no mar, chegamos a terra. (terra firme)
Depois de tantos dias no mar, chegamos à terra procurada.

4. Vou à ou a casa?

O certo é: "Vou a casa."

A sua própria casa não necessita de artigo definido.

Isso porque, se "você vem de casa" ou se "você ficou em casa", só pode ser a sua própria casa.

Observação 1:

Qualquer outra casa vem antecedida de artigo definido. Isso significa que haverá crase em:

Vou à casa dos meus pais. (Volto da casa dos meus pais.)
Vou à casa de Angra. (Volto da casa de Angra.)
Vou à casa José Silva. (Volto da casa José Silva.)
Vou à casa do vizinho. (Volto da casa do vizinho.)
Vou à casa dela. (Volto da casa dela.)

Observação 2:

Não haverá crase somente quando a palavra "casa" estiver sem qualquer adjunto:

"Ele ainda não retornou a casa desde aquele dia."

5. Vou à ou a minha casa?

Esse é um caso facultativo. Pode haver crase ou não.

Devido à presença do pronome possessivo "minha" antes de "casa".

Gramática

Antes de pronomes possessivos é facultativo o uso do artigo; sendo assim, poderá ocorrer ou não a crase:

Vou a/à minha casa.

Fez referência a/à tua empresa.

Estamos a/à sua disposição.

Observação 1:

O uso do sinal da crase só é facultativo antes de pronomes possessivos femininos no singular (minha, tua, sua, nossa, vossa).

Se for masculino, não há crase:

Ele veio a/ao meu apartamento.

Estamos a/ao seu dispor.

Observação 2:

Se estiver no plural:

a) haverá crase (preposição "a" + artigo plural "as"):

Fez referência às minhas ideias.

b) não haverá crase (preposição "a", sem artigo definido):
Fez referências a minhas ideias.
Fez alusão a suas ideias.

6. Ele se referiu à ou a Cláudia?
Esse é outro caso facultativo.

Antes de nomes de pessoas, o uso do artigo definido é facultativo. Portanto, tratando-se de nome próprio feminino, pode ou não ocorrer a crase.

Observação 1:

Quando se trata de pessoas que façam parte do mesmo círculo de amizades, com as quais se tem uma certa intimidade, usa-se artigo definido. Isso significa que é necessário utilizar o sinal da crase:

Refiro-me à Cláudia. (pessoa amiga)

Quando se trata de pessoas com as quais não se tem qualquer intimidade, não há o sinal da crase porque não se usa artigo definido antes de nomes de pessoas desconhecidas ou com quem não se tem intimidade:

Refiro-me a Cláudia. (pessoa desconhecida ou com quem não se tem intimidade.)

Observação 2:

Antes de nomes próprios de pessoas célebres não se usa artigo definido. Isso significa que não haverá crase em:

Ele fez referência a Joana d'Arc.

Fizeram alusão a Cleópatra.

7. Ele escreve a ou à Paulo Coelho?

Depende. Se ele está escrevendo "para Paulo Coelho", não há o acento da crase:

Ele escreve a Paulo Coelho. (para Paulo Coelho)

Se ele escreve "à moda", "ao estilo" de Paulo Coelho, o uso do sinal da crase é obrigatório:

Ele escreve à Paulo Coelho. (ao estilo de Paulo Coelho)

Observação:

Em "Moramos em São Paulo de 1958 a 1960", não há crase porque não há artigo definido antes de 1960.

Em "Elas se vestem à 1960", há acento grave porque se subentende "à moda de 1960".

8. Vendeu a ou à vista?

Se alguém "vendeu a vista", deve ter vendido o olho (a vista, objeto direto), o que seria um tanto estranho.

Se não era isso que você queria dizer, então a resposta é: "vendeu à vista", uma forma de pagamento (à vista, adjunto adverbial de modo).

Gramática

Observe que nesse caso não se aplica o recurso da substituição do feminino pelo masculino (à vista / a prazo). Por causa disso, há muita polêmica e algumas divergências entre escritores, jornalistas, gramáticos e professores.

Nesta Gramática, optou-se pela seguinte posição: acentua-se o **a** que inicia locuções (adverbiais, prepositivas, conjuntivas) com palavra feminina:

À beça	À pressa
À beira de	À primeira vista
À cata de	À procura de
À custa de	À proporção que
À deriva	À queima-roupa
À direita	À revelia
À distância	À risca
À espreita	À semelhança de
À esquerda	À tarde
À exceção de	À toa
À feição de	À toda
À força	À última hora
À francesa	À uma (= conjuntamente)
À frente (de)	À unha
À luz ("dar à luz um filho")	À vista
À mão	À vontade
À maneira de	Às avessas
À medida que	Às cegas

À mercê de	Às claras
À míngua	Às escondidas
À minuta	Às moscas
À moda (de)	Às ocultas
À noite	Às ordens
À paisana	Às vezes (algumas vezes, de vez em quando)
À parte	

9. Saiu as 10h ou às 10h?

Só pode ter sido "às 10h".

"Hora" indica tempo e é uma palavra feminina, logo é necessário usar o sinal da crase:

A aula começa sempre às 7h.
A reunião será às 8h.
A sessão só começará às 16h.
Ele vai sair às 20h.

10. A reunião será das 2h às 4h da tarde ou de 2h às 4h da tarde ou de duas a quatro horas?

A reunião pode ser "das 2h às 4h da tarde" ou "de duas a quatro horas".

A reunião que vai "das 2h às 4h" começa exatamente às 2h e termina precisamente às 4h. Para haver a ideia de "exatidão, precisão", é necessário o uso do artigo definido. Isso justifica o uso da preposição **de** e o artigo definido **as** (das 2h) e a crase (às 4h). Não se deve usar "de 2h às 4h". A outra reunião que vai "de duas a quatro horas" não definiu a hora para começar ou terminar. Temos apenas uma ideia aproximada da duração da tal reunião. Não há artigo definido, logo existem apenas as preposições: **de** e **a**.

Gramática

III. Casos em que não ocorre crase

A seguir, temos alguns casos nos quais, por não haver artigo definido feminino a / as, é impossível ocorrer crase:

1. Antes de palavras masculinas:
   Comprou um fogão a gás.

2. Antes de verbos:
   Começou a redigir.

3. Antes de artigos indefinidos:
   Referia-se a uma antiga lei.

4. Antes de pronomes indefinidos:
   Entregou o livro a alguém.

5. Antes de pronomes demonstrativos (esta, essa, isso), etc.):
   Estamos atentos a essa tendência.

6. Antes de pronomes pessoais:
   Ofereceu o prêmio a mim.

7. Antes de pronomes de tratamento:
   Fez alusão a Sua Santidade.

Observação 1:

Quando a expressão de tratamento só se refere a alguém do sexo feminino, pode ocorrer a crase:

Falou à senhora. (Falou ao senhor)
à senhorita / à doutora / à madame

Observação 2:

Antes da palavra "dona" (que se abrevia D. ou d.), não há artigo. Isso significa que nunca ocorrerá crase em:

Entreguei a chave da casa a dona Maria.
Contei tudo a D. Francisca.

8. Antes de palavras no plural (quando o **a** estiver no singular):
   Não obedecia a leis pouco conhecidas.

9. Antes de substantivos repetidos, nas locuções adverbiais:
   Ficou cara a cara.

10. Antes de qualquer nome feminino tomado em sentido genérico ou indeterminado, isto é, sem artigo definido:

   Não fui a reunião nenhuma. (Não fui a encontro nenhum)
   Ela é candidata a rainha do carnaval. (... candidato a rei)

FUNÇÕES DA PALAVRA "QUE"

Leia os versos:
"Olhou-a de um jeito muito mais quente
Do que sempre costumava olhar..."

(Chico Buarque, *Valsinha*)

A palavra "que" liga duas orações:
1ª oração – Olhou-a de um jeito muito mais quente.
2ª oração – que sempre costumava olhar.

Portanto, a palavra "que" é uma conjunção subordinativa.

A circunstância expressa pela oração iniciada pela conjunção "que" é de comparação.

Agora, leia o trecho:

"... jeito mais quente que..."

Logo, "que" é uma conjunção subordinativa adverbial comparativa.

Gramática

Confira algumas funções da palavra "que":

- **Substantivo**
  Vem precedido de artigo ou outro determinante. É acentuado por ser monossílabo tônico terminado em "e".
  Exemplo: Você tem um quê de tristeza.
  ↓
  coisa qualquer

- **Pronome substantivo relativo**
  Refere-se a um antecedente.
  Exemplo: Conheci o homem que chegou diferente.
  ↓   ↓
  antecedente (o qual) o homem

- **Pronome adjetivo interrogativo**
  Refere-se a um substantivo nas perguntas diretas ou indiretas.
  Exemplo: A que diferença ela se refere?
  ↓
  qual

- **Pronome substantivo interrogativo**
  Ocorre nas perguntas diretas ou indiretas.
  Exemplo: A que ela se refere?
  ↓
  qual coisa

- **Pronome adjetivo indefinido**
  Exemplo: Que alegria! Ele estava diferente.
  ↓
  quanta

- **Preposição**
 Aparece nas locuções verbais e pode ser substituída por "de".
 Exemplo: Teve que vestir o vestido decotado.
 ↓
 de

- **Interjeição**
 Exprime espanto, surpresa. É acentuado por ser monossílabo tônico terminado em "e".
 Exemplo: – Quê! Ele estava diferente?

- **Advérbio**
 Pode modificar um adjetivo ou um advérbio.
 Exemplo: Que longe fica a praça.
 ↓ ↓
 tão advérbio

- **Conjunção**
 Pode ligar orações coordenadas e subordinadas.
 Exemplo: Venha, que vamos dançar.
 ↓
 porque → conj. coord. explicativa

 Disse que o vestido cheirava a guardado.
 ↓
 isso → conj. subord. integrante

- **Partícula expletiva ou de realce**
 Serve de realce, não tendo função sintática.
 Exemplo: A cidade é que se iluminou.
 a cidade se iluminou
 Ele é quem chegou tão diferente.
 Ele chegou tão diferente.

Gramática

FUNÇÕES DA PALAVRA "SE"

Você já aprendeu que, em língua portuguesa, as palavras têm duas funções:

- Morfológica – a classe gramatical a que pertencem: substantivo, adjetivo, etc.

- Sintática – função que exercem: sujeito, objeto, predicativo, etc.

Veja, então, quais são as funções da palavra "se".

I. Funções morfológicas

- **Conjunção subordinativa**

    Introduz oração subordinada substantiva (oração que pode ser substituída por "isso").

    Exemplo: Perguntou-lhe se queria dançar.
                              ↓   ↓
                   conjunção   oração subordinada
                 subordinativa   substantiva
                  integrante

- **Conjunção subordinativa condicional**

    Introduz uma oração subordinada adverbial (o "se" pode ser substituído por "caso")

    Exemplo: "Ó mulata, se eu pudesse
                 E o meu dinheiro desse..."

    (Ataulfo Alves, *Mulata Assanhada*)

    Se = caso → "se eu pudesse" – oração subordinada adverbial condicional.

Manual de Estudos

- **Parte integrante do verbo**

  Liga-se a verbos pronominais.
  Exemplo: Ajoelhou-se e pediu perdão.

Lembrete:
Verbos pronominais são aqueles conjugados juntamente com pronomes oblíquos átonos.

Exemplos: queixar-se ⟶ ele se queixa
abster-se ⟶ ele se abstém
lembrar-se ⟶ ele se lembra

- **Pronome apassivador**

  Usado na voz passiva sintética.
  Exemplo: Colhem-se flores à noite.

  VTD   pronome apassivador   sujeito (= flores são colhidas à noite.)

- **Partícula de realce ou expletiva**

  Pode ser tirada sem alteração do sentido da frase.
  Exemplos: Vão-se os anéis, ficam os dedos. Vão os anéis, ficam os dedos.
  Sorria-se de felicidade. Sorria de felicidade.

- **Pronome reflexivo**

  Equivale a "a si mesmo".
  Exemplo: Machucou-se na praça.

  ↓
  ele próprio
  ↓
  pronome reflexivo
  objeto direto

Gramática

Observe, agora:

Ele se dá muito valor.
- se → a si mesmo → pronome reflexivo / objeto indireto
- muito valor → objeto direto

- **Pronome reflexivo recíproco**

  Veja:

  Eles se amaram naquela noite.
  - se → um ao outro → pronome reflexivo recíproco / objeto direto

  Veja, agora:

  Deram-se os braços e dançaram.
  - Deram-se → um ao outro → pronome reflexivo recíproco / objeto indireto
  - os braços → OD

- **Substantivo**

  Quando vem precedido de artigo ou outro determinante.
  Exemplos: O sê é muito complicado.
  Não entendo seu sê.

II. Funções sintáticas

- **Índice de indeterminação do sujeito** (com VI, VTI e VL na 3ª pessoa do singular)

  Exemplos: Dança-se em praça pública.
  - Dança → VI → 3ª pessoa do singular
  - se → índice de indeterminação do sujeito (IIS)

Precisa-se de apoio.
VTI   IIS

3ª pessoa do singular

Era-se feliz nos anos sessenta.
VL IIS

3ª pessoa do singular

- **Sujeito do infinitivo**

    Equivale a "a si mesmo", "eles mesmos".
    Exemplos: Deixou-se levar pelo marido.

    Ela deixou que [ela] fosse levada pelo marido.

    Deixaram-se observar na praça.

    Eles deixaram que [eles] fossem observados na praça.

Importante: "levar" e "observar" estão empregados no infinitivo.

DICAS GRAMATICAIS

A ALGUM LUGAR / EM ALGUM LUGAR

Use a preposição "a" juntamente com verbos que indicam movimento.

Exemplos: Vou ao supermercado.
Atende-se em casa.
Levou as crianças ao cinema.
Ele está em minha casa.

Gramática

> **Atenção!**
> Use a preposição "a" para indicar deslocamento rápido, com retorno rápido, e a preposição "para" para indicar deslocamento demorado ou definitivo.
>
> Exemplos: Foi ao supermercado.
> Foi para a Europa.

A PONTO DE / AO PONTO DE

"A ponto de" é uma expressão que equivale a "prestes" ou "próximo a", "na iminência de", "de tal modo que". Já "ao ponto (de)" só deve ser usado quando "ponto" for apenas um substantivo, ou seja, indica a chegada a algum lugar, a chegada a um determinado ponto.

Exemplos: Chegou a ponto de bater em sua filha.
Chegaram ao ponto de partida.

A PRINCÍPIO / EM PRINCÍPIO

Use "a princípio" quando o significado for "de começo", "inicialmente". Já "em princípio" deve ser usado quando significar "em tese", "teoricamente", "antes de mais nada", "antes de tudo", "antes de qualquer consideração".

Exemplos: A princípio, não aceitaram sua amizade.
Em princípio, as leis são feitas para todos.

ABAIXO-ASSINADO / ABAIXO ASSINADO

"Abaixo-assinado" denomina o documento particular assinado por várias pessoas para fazer algum pedido, reivindicar direitos, manifestar protesto ou solidariedade. Já "abaixo assinado" denomina os signatários, isto é, as pessoas que assinam um documento.

Exemplos: O abaixo-assinado foi entregue ao prefeito.
Os abaixo assinados foram pessoalmente conversar com o síndico.

ABSOLVER / ABSORVER

"Absolver" significa inocentar, perdoar, desculpar. "Absorver" significa consumir, esgotar, sorver.

Exemplos: O juiz absolveu os réus.

O pano absorveu toda a água.

ACENDER / ASCENDER

"Acender" significa pôr fogo, ligar, alumiar. Já "ascender" deve ser usado quando significar "subir", "progredir".

Exemplos: Ele acendeu o fogo e se aqueceu.

O rapaz ascendeu rapidamente na empresa em que trabalha.

ACENTO / ASSENTO

"Acento" significa sinal gráfico. Já "assento" deve ser usado quando significar acomodação, lugar em que se senta.

Exemplos: Você esqueceu o acento da palavra "móveis".

O assento do carro era desconfortável.

AFIM / A FIM DE

Deve-se usar "afim" (ou afins) quando a intenção é indicar afinidade, parentesco ou semelhança. Já a expressão "a fim de" indica finalidade e pode ser substituída pela preposição "para".

Exemplos: Devemos usar filtro solar a fim de prevenir o câncer de pele. (para prevenir)

Eles são muito afins, vivem juntos. (eles têm afinidade)

> **Atenção!**
> A expressão "estar a fim de", no sentido de "estar com vontade de", é uma gíria e, portanto, não deve ser usada em textos cuja linguagem deva ser formal.

Gramática

AGRADAR A / AGRADAR

Use "agradar a" (transitivo indireto) quando quiser dar o sentido de satisfazer, contentar. Já quando o sentido for de mimar, fazer carinho, acariciar, afagar, deve-se usar "agradar" como verbo transitivo direto, sem a preposição.

Exemplos: A peça agradou aos jovens. (satisfez, contentou os jovens)

Ela pegou o filho no colo e agradou-o. (fez carinhos, mimou)

> **Atenção!**
> Devemos usar **lhe** para objeto indireto e **o, os, a, as** para objeto direto.
> Exemplos: A medida não lhes agradou.
> O pai agradou-o com um presente bonito.

AGRADECER A / AGRADECER

Use "agradecer a" (transitivo indireto) quando agradecer a uma pessoa. Use "agradecer" (transitivo direto) quando agradecer coisa.

Exemplos: Devemos agradecer a Deus por tudo.

VI

A criança agradeceu a esmola.

VTD

> **Atenção!**
> Pode-se agradecer coisa e pessoa ao mesmo tempo (o verbo é, nesse caso, transitivo direto e indireto).
> Exemplos: Ele agradeceu o almoço ao pai.
> Ele agradeceu a graça a Deus.
>
> Use **lhe** para pessoa e **o, a, os, as** para coisas.
> Exemplos: Agradeci-lhe muito pelo que fez.
> Agradeceu-o pessoalmente ao pai.

> Embora muitas pessoas usem na língua formal, não é correto agradecer alguém por alguma coisa. Portanto, a norma culta não considera corretas construções como a seguinte: "Agradeci pelo almoço".

AJA / HAJA

"Aja" é uma flexão do verbo agir. "Haja" é uma flexão do verbo haver.

Exemplos: Aja de acordo com sua consciência.
Devemos colaborar para que haja paz no mundo.

AMBOS / AMBOS OS

Deve-se usar "ambos" (ou ambas) sem o artigo quando o substantivo que determina essa palavra não está expresso. Já "ambos os" (ou ambas as), com artigo obrigatório, deve ser empregado quando o substantivo que determina o termo está expresso.

Exemplos: Ambos chegaram com muitas malas.
Ambos os professores concordaram.

> **Atenção!**
> "Ambos" significa um e outro, os dois, por isso, as expressões "ambos os dois" e "ambos de dois" não devem ser usadas, pois são redundâncias.
> Exemplos: Os dois são amigos, ambos trabalham na gráfica.
> Mãe e filha saíram, ambas foram ao *shopping*.

AMORAL / IMORAL

"Amoral" significa indiferente à moral, aquilo que não tem senso de moral, aquilo que não é nem contra nem favorável à moral. "Imoral" significa contrário à moral, desonesto, libertino.

Exemplos: A arte deve ser amoral.
Ele é imoral, deveria estar preso.

Gramática

ANEXO / ANEXA

"Anexo(a)" é adjetivo, portanto deve concordar em gênero e número com o substantivo a que se refere.

Exemplos: Seguem anexos os arquivos.
A carta anexa deve ser entregue hoje.

AO ENCONTRO DE / DE ENCONTRO A

A expressão "ao encontro de" deve ser usada com o sentido de a favor de, em busca de, em direção a, isto é, em situação favorável. Já "de encontro a" significa oposição, choque, contrariedade.

Exemplos: As medidas vieram ao encontro de nossas expectativas.
O carro foi de encontro ao poste.

AO INVÉS DE / EM VEZ DE

Devemos usar "ao invés de" quando significar ao contrário de, oposição. Já "em vez de" deve ser usado quando significar em lugar de.

Exemplos: Ao invés de falar, calou-se. (indica atitude oposta)
Em vez de margarina, comprou manteiga. (em lugar de – manteiga não é o oposto de margarina)

> **Atenção!**
> "Em vez de" até pode ser usado nos dois casos (em lugar de e ao contrário de), mas "ao invés" só pode ser usado com ideias opostas.

ARREAR / ARRIAR

"Arrear" significa colocar arreios. "Arriar" significa abaixar, colocar no chão, descer, desanimar, perder as forças.

Exemplos: O vaqueiro arreou o cavalo para sair.
O menino não aguentou a caminhada; arriou logo no começo.

ASPIRAR A / ASPIRAR

Devemos usar "aspirar a" (verbo intransitivo) quando o sentido for de desejar, almejar, ambicionar. Já "aspirar" (transitivo direto) significa inspirar, respirar, inalar, sorver.

Exemplos: Ele aspira ao cargo de gerente há muito tempo. (almeja, deseja)
Ela aspirou o pó e sua alergia atacou. (inspirou)

> **Atenção!**
>
> O verbo "aspirar" não aceita **lhe(s)** como complemento (objeto indireto). Deve-se usar as formas a **ele(s)**, **a ela(s)**.
>
> Exemplos: Todos querem o cargo de chefe. Quem não aspira a ele?
> Há uma vaga de vendedor. Se aspirar a ela, faça sua inscrição ali.

ASSISTIR A / ASSISTIR

"Assistir a" (transitivo indireto) deve ser usado quando significar presenciar, comparecer, ver, estar presente, testemunhar. Já "assistir" (transitivo direto) tem o sentido de ajudar, auxiliar, socorrer.

Exemplos: Ele assistiu ao filme todo.
O médico assistiu o doente durante sua recuperação.

> **Atenção!**
>
> O verbo assistir – no sentido de ver, presenciar, etc. – não aceita **lhe(s)**.
>
> Exemplos: O jogo foi ótimo, assisti a ele em casa.
> A novela está acabando, assisto a ela todos os dias.
>
> O verbo "assistir", no sentido de caber, admite **lhe(s)**.
>
> Exemplos: Esses direitos não lhe assistem.
> Todos concordaram que lhe assistia razão naquele caso.

Gramática

ATENDER A / ATENDER

> **Atenção!**
> O verbo atender não admite **lhe(s)**, devendo ser substituído por **a ele(s)**, **a ela(s)**.
> Exemplos: Os empregados querem aumento, mas a empresa ainda não atendeu a eles.
> As donas de casa fizeram suas críticas, e a prefeitura atendeu a elas.
> Use indiferentemente "atender o telefone" / "atender ao telefone".
> Exemplos: O rapaz atendeu o telefone primeiro.
> O rapaz atendeu ao telefone primeiro.

Deve-se usar "atender a" (transitivo indireto) para coisas (pedidos, intimações, sugestões, apelos, conselhos, avisos, interesses, etc.). Já "atender" (transitivo direto) deve ser usado para pessoas. Tem o sentido de receber alguém com atenção, responder ou servir a alguém que se dirige a nós.

Exemplos: O patrão atendeu às exigências dos funcionários.
A funcionária atendeu muito bem o cliente.

ATRAVÉS DE

A locução prepositiva "através de" tem o sentido de um lado para o outro, por entre ou por dentro de, no decurso de ou ao longo de.

Exemplos: A bola entrou através da janela.
Depois de muitas brigas, através dos meses, os irmãos foram se entendendo.

> **Atenção!**
> Atualmente, muitas pessoas usam a expressão "através de" como sinônimo de por meio de, por intermédio de, por. Contudo, essa utilização é inadequada de acordo com a norma culta.
>
> Exemplos:
> Ele entendeu tudo através da leitura. (inadequado)
> Deve-se escrever: Ele entendeu tudo por meio da leitura.
> Ela chegou a uma conclusão através de debates. (inadequado)
> Deve-se escrever: Ela chegou a uma conclusão por meio de debates.

À CUSTA DE / ÀS CUSTAS DE

Sempre se deve, de acordo com a norma culta, usar "à custa de". "Às custas de" é inadequado.

Exemplos: Elegeu-se vereador à custa de muitos conchavos.
 À custa de muito esforço, conseguiu vencer na vida.

BASTANTE / BASTANTES

O advérbio "bastante" (invariável) deve ser usado no sentido de muito – modifica um adjetivo. Já "bastantes" é adjetivo. Nesse caso, concorda com o substantivo a que se refere e equivale a "que basta", "que satisfaz", "suficiente".

Exemplos: Ficaram bastante satisfeitos com o trabalho.
 As mães estavam bastante emocionadas na festa.
 São bastantes, vão dar conta do serviço.
 Havia pessoas bastantes na reunião.

CAÇAR / CASSAR

"Caçar" significa procurar, perseguir animais. E "cassar" tem o significado de anular.

Exemplos: É proibido caçar em reservas florestais.
 O juiz cassou o alvará de funcionamento do estabelecimento comercial.

Gramática

CARO / BARATO

Deve-se usar "caro" e "barato" (invariáveis, sempre no masculino singular) quando forem advérbios. Nesse caso modificam o verbo. Já "caro" e "barato" (variáveis: caros, cara, caras, baratos, barata, baratas) devem ser usados quando forem adjetivos. Nesse caso, concordam em gênero e número com o substantivo a que se referem.

Exemplos: Ele cobrava caro seus produtos.
A loja estava vendendo barato as mercadorias.
Os combustíveis estão caros.
Na liquidação, as roupas estavam baratas.

Atenção!
Não se deve usar "preço barato" ou "preço caro", é redundância, pois caro/barato já quer dizer que custa um preço alto ou um preço baixo. Use produto, mercadoria, serviço barato ou caro.

CELA / SELA

O substantivo "cela" significa aposento, pequeno quarto nos conventos ou em penitenciárias. Já "sela" é o arreio acolchoado colocado sobre o cavalo para que o cavaleiro sente.

Exemplos: Ele está preso em uma cela daquele presídio.
Saiu com a sela para preparar o cavalo para o passeio.

CENSO / SENSO

"Censo" significa recenseamento, levantamento demográfico e socioeconômico de uma população ou de uma região. Já "senso" deve ser utilizado com o sentido de juízo, raciocínio, capacidade de julgar, analisar.

Exemplos: O censo indicou diminuição da mortalidade infantil no Brasil.
Ele tem excelente senso crítico.

CERCA DE / ACERCA DE / HÁ CERCA DE

"Cerca de" e "a cerca de" são expressões que significam: perto de, junto de, aproximadamente, próximo de. "Acerca de" tem o sentido de a respeito de, sobre. Finalmente, "há cerca de" deve ser usado com o sentido de: desde mais ou menos, há aproximadamente – em relação a tempo.

Exemplos: Estamos cerca de 20 metros da escola.

Há muitas árvores a cerca da casa.

Acerca de nosso acordo, digo que estou cumprindo tudo.

Há cerca de um ano não aparece aqui.

CERRAR / SERRAR

"Cerrar" significa fechar. Já "serrar" tem o sentido de cortar.

Exemplos: Ele cerrou a porta do quarto para conversar com seu colega.

O carpinteiro serrou a madeira para a construção da casa.

COMPRIMENTO / CUMPRIMENTO

"Comprimento" tem o sentido de extensão, tamanho, dimensão. Já "cumprimento" tem o sentido de saudação, ato de cumprir, executar.

Exemplos: O comprimento da barra da calça não está bom.

Ele chegou e cumprimentou todos.

CONCERTO / CONSERTO

"Concerto" deve ser usado com o significado de audição musical, harmonia de vozes ou de instrumentos. Já "conserto" significa reparo, restauração, reforma.

Exemplos: O concerto de violinos foi maravilhoso.

O conserto da geladeira ficou caríssimo.

Gramática

CRÊ / CREEM

Deve-se usar **-ê** na 3ª pessoa do singular do presente do indicativo do verbo crer. Já **-eem** deve ser usado na 3ª pessoa do plural do presente do indicativo do verbo crer.

Exemplos: Ele crê em Deus.
　　　　　Eles creem em Deus.

> **Atenção!**
> Essa regra também é válida para os verbos derivados de descrer, ler, dar e ver.
>
> Exemplos: A menina descrê. / As meninas descreem.
> 　　　　　Ele lê sempre. / Eles leem sempre.
> 　　　　　O estudante relê sua redação. / Os estudantes releem sua redação.
> 　　　　　O rapaz sempre revê o trabalho. / Os rapazes sempre reveem o trabalho.
> 　　　　　Ela prevê o futuro. / Elas preveem o futuro.

DAR A / DAR PARA

> **Atenção!**
> Há muitos verbos que seguem o modelo de "dar", isto é, exigem preposição **a**, e não **para**.
>
> | | | |
> |---|---|---|
> | aconselhar a | atribuir a | ceder a |
> | causar a | comunicar a | conferir a |
> | conceder a | devolver a | enviar a |
> | dedicar a | oferecer a | ofertar a |
> | distribuir a | emprestar a | outorgar a |
> | facultar a | participar a | recomendar a |
> | ministrar a | revelar a | vender a |

O verbo "dar" exige preposição "a", e não a preposição "para". Quem dá, dá algo a alguém.

Exemplos: Ela deu um presente à mãe.
　　　　　Ele deu um presente ao pai.

DEFERIR / DIFERIR

"Deferir" significa atender (ao que se pede), conceder, concordar. "Diferir" significa ser diferente, distinguir, divergir, discordar.

Exemplos: O prefeito deferiu o pedido dos servidores.
Ele diferiu seu brinquedo pondo seu nome do lado.

DELATAR / DILATAR

"Delatar" tem o sentido de denunciar, acusar de crime, revelar. "Dilatar" significa aumentar, ampliar, estender, alargar.

Exemplos: O vizinho delatou o menino à polícia.
Com o calor, a cerca de arame dilatou.

DESAUTORAR / DESAUTORIZAR

As duas formas têm o mesmo significado: tirar a autoridade a, desacreditar, degradar-se. Ambas podem ser utilizadas, portanto.

Exemplos: O chefe desautorizou a folga do funcionário.
O governo da cidade se desautora.

DESCRIÇÃO / DISCRIÇÃO

"Descrição" é o ato de descrever, contar os detalhes. "Discrição" é qualidade do discreto, de quem é reservado, que não chama a atenção.

Exemplos: A professora pediu que fizéssemos uma descrição de nosso quarto.
Sua discrição faz que ninguém perceba sua presença.

Gramática

DESCRIMINAR / DISCRIMINAR

"Descriminar" significa inocentar, absolver de crime, tirar a culpa. "Discriminar" significa distinguir, diferenciar, separar, segregar.

Exemplos: O juiz descriminou os réus.
Ele foi discriminado por estar acima do peso.

DESPENSA / DISPENSA

"Dispensa" significa licença, permissão, isenção de serviço, dever ou encargo. "Despensa" significa parte de casa, escola, hospital, navio, etc., onde se guardam mantimentos.

Exemplos: Ele conseguiu dispensa da aula de sábado.
Abasteceu a despensa com todo tipo de comida.

DESPERCEBIDO / DESAPERCEBIDO

"Despercebido" significa não notado, não percebido, desatento, que não atraiu atenção. "Desapercebido" significa desprovido, desprevenido, despreparado, desguarnecido.

Exemplos: Passou despercebido pela festa.
Como estava desapercebida, acabou perdendo a batalha.

EM FACE DE / ANTE / FACE A

Em "face de" e "ante" são expressões que devem ser usadas no sentido de "diante de", "defronte de", "face a face".

Exemplos: Em face do perigo, resolveu voltar.
Ante tanta confusão, foi embora.

> **Atenção!**
> A expressão "face a" não existe na norma culta da língua portuguesa. No lugar dela use "em face de" ou "ante".

EM FRENTE DE / EM FRENTE A / NA FRENTE DE

"Em frente de", "em frente a" e "na frente de" são expressões que devem ser usadas no sentido de "diante de", "defronte de", "perante", "ante".

Exemplos: Em frente do teatro, houve grande manifestação.
Seja educado em frente ao seu professor.
Não fale isso na frente dele.

> **Atenção!**
> A expressão "frente a" não existe na norma culta da língua portuguesa. Em vez dela, use em frente de, diante de, em frente a, na frente de, defronte de, ante.

EM VIA DE / EM VIAS DE

Use sempre "em via de", que equivale a "prestes a", "a caminho de". "Em vias de" é uma expressão não reconhecida pela norma culta.

Exemplos: Há muitos animais brasileiros em via de extinção.
Quando tudo aconteceu, estavam em via de se casarem.

EMERGIR / IMERGIR

"Imergir" significa mergulhar, submergir, afundar. "Emergir" significa vir à tona, surgir, sair de onde se estava mergulhado.

Exemplos: A mergulhadora imergiu no mar para procurar o navio abandonado.
A baleia emergiu do mar e deu um salto lindo!

EMIGRAR / IMIGRAR

"Emigrar" significa sair de um país para se estabelecer em outro. "Imigrar" significa entrar em um país estranho para nele morar.

Exemplos: Foi embora daqui ontem, emigrou para a Itália.
Chegou semana passada, imigrou da China.

Gramática

EMINENTE / IMINENTE

"Eminente" significa notável, elevado, ilustre. "Iminente" significa que está prestes a (ou para) acontecer.

Exemplos: É um eminente militar!

A guerra é iminente...

FLAGRANTE / FRAGRANTE

"Flagrante" tem o sentido de evidente, indiscutível, ato que se constata no momento em que ocorre. "Fragrante" significa perfumado, cheiroso, aromático.

Exemplos: A polícia deu o flagrante e prendeu o assaltante.

Comprou flores fragrantes.

FLUIR / FRUIR

"Fluir" tem o sentido de correr em estado fluido, líquido, escorrer, manar, passar o tempo. "Fruir" significa desfrutar, gozar, tirar vantagens ou proveito.

Exemplos: A água flui tranquilamente no rio.

Ele fruiu bem as férias.

HAVER / EXISTIR

O verbo "haver" – no sentido de existir, ocorrer, acontecer, e no sentido de tempo passado – é impessoal, isto é, não tem sujeito. Por isso, deve ser sempre escrito na 3ª pessoa do singular.

Exemplos: Houve muitas manifestações nesta praça.

Há dois anos não aparece aqui.

HÁ MENOS DE / A MENOS DE

Ocorre a mesma situação com "há menos de" / "a menos de". Quando quisermos dar a ideia de tempo decorrido, usamos "há menos de". Para indicar distância ou tempo futuro, usamos "a menos de".

Exemplos: Viemos de Las Vegas há menos de dois anos. (passado – faz menos dois anos)

O pneu furou a menos de um quilômetro da cidade. (distância)

Estamos a menos de um ano das festas comemorativas do centenário. (futuro)

> **Atenção!**
> O verbo fazer nas indicações de tempo decorrido não tem plural, fica sempre no singular. (verbo impessoal)
> Exemplos: Faz dois dias que partiram.
> Faz seis anos que eles mudaram.

HOUVE / OUVE

"Houve" é uma flexão do verbo haver. "Ouve" é uma flexão do verbo ouvir.

Exemplos: Houve muita confusão na praça.
Apesar da idade, ela ouve muito bem.

INFLAÇÃO / INFRAÇÃO

"Inflação" significa ato de inflar (encher de ar ou gás), emissão excessiva de papel-moeda e consequente desvalorização de dinheiro. "Infração" significa transgressão, violação de lei, ordem ou tratado.

Exemplos: A inflação foi controlada no país.
Cometeu uma infração de trânsito e foi multado.

INFLIGIR / INFRINGIR

"Infligir" significa aplicar pena ou castigo, causar dano, prejuízo. "Infringir" significa transgredir, violar, desrespeitar.

Exemplos: Os ventos infligem grandes prejuízos na zona rural.
Ele infringiu o código penal.

Gramática

MAIS / MAS / MÁS

Usamos a palavra "mais" para indicar maior quantidade, soma, oposição a menor. Já "mas" tem o sentido de porém, todavia, entretanto, contudo; exprime ideia contrária à anterior. E "más" significa ruins, é o feminino de "maus".

Exemplos: Sempre quer mais, nunca está satisfeito com o que tem.
Foi, mas voltou logo.
São mulheres más.

MANDADO / MANDATO

"Mandado" significa ordem escrita judicial ou administrativa. "Mandato" é uma autorização que alguém recebe para praticar determinados atos; poderes políticos que os eleitores conferem a um cidadão para os representar por determinado tempo.

Exemplos: O juiz assinou o mandado de prisão de nosso vizinho.
O mandato do presidente do Brasil é de quatro anos.

MASCULINO / FEMININO

Há muitos substantivos na língua portuguesa que, devido ao uso, geram confusões no que se refere ao gênero. A seguir você encontrará uma lista de palavras com seu respectivo gênero.

A alface
O champanhe
O telefonema
O guaraná
A agravante ou o agravante
A atenuante
O dó
A omoplata

A grama (vegetação)
O grama (medida de peso)
A apendicite
O suéter
A cedilha
A musse (sobremesa)
A aguardente
A bacanal
A cólera (doença)
A echarpe
A ênfase
Um milhão, dois milhões...
Uma milhar, dois milhares....
O trema

MAU / MAL

Use "mau" quando for o oposto de bom. Use "mal" quando for oposto de bem.

Exemplos: Os maus sempre acabam perdendo.

> O lobo mau não se deu bem.
> Foi mau! Não faça isso!
> A aids é um mal sem cura.
> Passou mal e foi embora.
> Mal chegou já quis sair.

Gramática

MEIO / MEIA

"Meio" é um advérbio, por isso, invariável (tem o sentido de um pouco) e sempre deve ser usado no masculino singular. Já a palavra "meia" é um adjetivo. Nesse caso, significa metade e acompanha um substantivo com o qual concorda em gênero e número.

Exemplos: Estou meio tonta.
As garrafas de água estão meio vazias.
Comi meia maçã, meio abacaxi e meia pera.

MESMO(A) / PRÓPRIO(A)

"Mesmo" e "próprio" concordam em gênero e número com o substantivo ou o pronome que acompanham.

Exemplos: Eles mesmos fizeram a compra.
As alunas mesmas redigiram o documento.
Os próprios empresários pagaram a conta.
A própria mulher veio agradecer.

> **Atenção!**
>
> Quando "mesmo" for advérbio, ele fica invariável. Nesse caso, é empregado no sentido de realmente, de fato, até, inclusive.
>
> Exemplos: Eles saíram mesmo do emprego.
> As funcionárias furaram a grave mesmo.
>
> Não se deve usar "mesmo" (os mesmos, a mesma, as mesmas) como substituto de substantivo ou pronome em uma frase.
>
> Exemplos: A mulher atropelou a garota e socorreu a mesma. (inadequado)
> Deve-se escrever: A mulher atropelou a garota e socorreu-a.
> A batedeira quebrou. Leve a mesma para ser consertada. (inadequado)
> Deve-se escrever: A batedeira quebrou. Leve-a para ser consertada.

ONDE / AONDE

Use "onde" com verbos que não indicam movimento (o lugar em que). Já "aonde" deve ser usado com verbos que indicam movimentos, direção para.

Exemplos: Voltei à casa onde nasci.
Aonde está indo?

> **Atenção!**
>
> Se o verbo for de movimento, use "onde" apenas se for precedido de preposição (para, por, de, até).
>
> Exemplos: De onde saía tanta gente?
> Está seguindo para onde?
>
> "Onde" (pronome relativo) será sinônimo de "em que" (no qual, nos quais, na qual, nas quais) somente quando indicar lugar físico. Lembre-se: o pronome relativo "onde" só deve ser usado para local físico.
>
> Exemplos: A casa onde (em que, na qual) nasci.
> O lugar onde (em que, no qual) morei.

PAGAR A / PAGAR

Devemos utilizar "pagar a" (verbo transitivo indireto) quando nos referimos a pessoas, e "pagar" (verbo transitivo direto) quando nos referimos a coisas.

Exemplos: Ele pagou ao pai tudo que devia.
Ele pagou a conta.
A patroa pagou-lhes tudo.

PARA EU / PARA MIM

Use "para eu" quando o pronome "eu" for sujeito de um verbo no infinitivo que vier em seguida a ele. Use "para mim" quando "mim" for complemento, e não sujeito do verbo. Lembre-se de que o pronome oblíquo tônico sempre vem regido de preposição e nunca pode exercer a função de sujeito.

Gramática

Exemplos: Quero o livro para eu ler.
Comprei uma camisa para eu usar na festa.
Minha mãe trouxe lanche para mim.
Para mim, tudo é muito fácil.

PERDOAR A / PERDOAR

Quando nos referimos a pessoas, usamos "perdoar a" (verbo transitivo indireto). Já quando nos referimos a coisas, devemos usar "perdoar" (verbo transitivo direto).

Exemplos: Deus sempre perdoa aos homens.
O menino perdoou o erro de sua mãe.
Perdoou-lhes sempre.

POR ORA / POR HORA

"Por ora" é uma expressão que equivale a por agora, por enquanto. Já "por hora" equivale a por 60 minutos, por uma hora.

Exemplos: Por ora, não vamos aceitar a sobremesa.
Ele estava dirigindo a 100 quilômetros por hora.

PORQUE / POR QUE / PORQUÊ / POR QUÊ

1. "Porque" deve ser usado quando for conjugação causal (equivale a porquanto, uma vez que, já que, visto que), conjunção explicativa (equivale a "pois") ou conjunção final (equivale a "para que").

   Exemplos: Saiu do recinto porque estava passando mal. (conjunção causal)
   Não vá, porque será pior para você. (conjunção explicativa)
   É preciso estudar porque passe de ano. (conjunção final)

2. "Por que" deve ser usado:
   - Em orações interrogativas diretas (perguntas).
     Exemplos: Por que não vão sair hoje?
     Por que faltaram?

- Em orações interrogativas indiretas, que expressam dúvidas apesar de o ponto de interrogação não existir (após a expressão "por que", está expressa ou subentendida a palavra razão, causa, motivo).
  Exemplos: Não sei por que não veio.
  Quero saber por que voltou tarde.
- Quando puder ser substituído por: "pelo qual", "pelos quais", "pela qual", "pelas quais".
  Exemplos: Este é o bairro por que sempre caminho.
  Esta é a avenida por que sempre passo.

3. "Porquê" deve ser usado quando for substantivo. Normalmente vem antecedido de artigo (o, um) e pode ser substituído "por razão", "causa", "motivo".
Exemplos: Todos entenderam o porquê da demora.
Ninguém sabia o porquê do nervosismo dele.

4. Use "por quê" quando ocorrer qualquer um dos casos de por que, mas vier em final de frase ou depois de pausa acentuada.
Exemplos: Vai sair? Por quê?
Vai fazer isso por quê?

> **Atenção!**
> Use "porque" nas orações interrogativas diretas em que a pergunta é respondida apenas com sim ou não.
> Exemplos: Ele vai embora porque brigou? (a resposta será sim ou não)
> Ela saiu brava porque foi desrespeitada? (a resposta será sim ou não)

PÔDE / PODE

"Pôde" (som fechado) deve ser usado no pretérito perfeito do indicativo para diferenciar de "pode" (som aberto), usado no presente do indicativo.

Exemplos: Ele pôde vir ontem.
Ele pode vir à tarde.

Gramática

PÔR / POR

"Pôr" é verbo, "por" é preposição.

Exemplos: Vou pôr a batedeira no armário.
Por entre as árvores o caminho fica mais fresco.

QUERER A / QUERER

"Querer a" (transitivo indireto) significa amar, ter afeto. Já o verbo "querer" (transitivo direto) tem o significado de ter vontade, desejar.

Exemplos: Ele queria ao sobrinho como um filho. (amava)
Ele queria ir comigo. (desejava)

RATIFICAR / RETIFICAR

"Ratificar" significa confirmar, validar. "Retificar" significa tornar reto, alinhar, corrigir, recondicionar.

Exemplos: Ele ratificou o convite para a festa.
Tive que retificar o motor de meu carro.

SE NÃO / SENÃO

Use "se não" (conjugação + advérbio não) quando puder substituir essa expressão por "caso não", "quando não". Ou quando o "se" for conjunção integrante introduzindo uma oração objetiva direta.

Já "senão" deve ser usado quando puder ser substituído por "do contrário", "de outro modo", "caso contrário", "a não ser", "exceto", "com exceção de", "mas", "mas sim", "mas também", "porém", ou quando significar falha, defeito (substantivo).

Exemplos: Se não vier agora, irei embora.
Vários professores, se não a maioria, estava lá.
Mande o dinheiro, senão não pagarei as contas.
Não havia o que fazer, senão vender tudo.

> **Atenção!**
> Há algumas expressões escritas com "senão":
> 1. Senão quando – equivale a de repente, eis que, de súbito.
>   Exemplo: Estava andando, senão quando ele surgiu.
> 2. Senão que – equivale a mas antes, mas sim, mas também, mas ao contrário.
>   Exemplo: Não saio do serviço seis horas, senão que sete horas.
> 3. Senão a – depois de senão, quando houver pronome pessoal com função de complemento, use a preposição "a".
>   Exemplo: Ela não chamou ninguém senão a mim.

SESSÃO / SEÇÃO / SECÇÃO / CESSÃO

"Sessão" significa tempo de duração de uma reunião, de um trabalho, de um espetáculo, etc. Já "seção" tem o significado de divisão, setor, segmento, repartição, etc. "Secção" aplica-se melhor no sentido de corte, amputação. A palavra "cessão", por sua vez, deve ser usada quando significar ato de ceder, doação.

Exemplos: Ele assistiu à sessão de cinema.
Já foi à seção de roupas?
A solução é a secção da perna.
Todos ficaram contentes com a cessão de bens.

SITUADO (SITO) EM / SITUADO (SITO) A

Sempre se utiliza "situado (sito) em", nunca "situado (sito) a".

Exemplos: O fórum fica situado na rua de trás.
Minha casa está situada na avenida principal da cidade.

Gramática

SÓ / SÓS

O advérbio "só" (invariável) deve ser usado quando for palavra denotativa de limitação – significa somente, apenas, unicamente. Já "sós" é um adjetivo. Nesse caso, significa sozinho.

Exemplos: A menina só olhava, nada fazia.
Eles só brincaram.
Estavam sós quando tudo aconteceu.
Sós não chegaremos a lugar algum.

TACHAR / TAXAR

"Tachar" deve ser usado quando significar censurar, acusar, pôr defeito em. Já "taxar" significa tributar, estabelecer ou fixar imposto, preço.

Exemplos: Ele tachou o rapaz de ladrão.
O governo vai taxar o preço da gasolina.

TEM / TÊM

"Tem" (sem acento circunflexo) é a 3ª pessoa do singular do presente do indicativo do verbo ter. Já a forma "têm" (com acento circunflexo) corresponde a seu plural.

Exemplos: Ele tem medo de filmes de terror.
Eles têm medo de filmes de terror.

> **Atenção!**
> Verbos derivados de ter e vir – deter, manter, conter, obter, provir, intervir, etc. –, no presente do indicativo, levam:
> - acento agudo na 3ª pessoa do singular;
> - acento circunflexo na 3ª pessoa do plural.
>
> Exemplos: Esta apostila contém muitas dicas boas.
> O café provém de uma fazenda tradicional na região.
> Ela mantém a fábrica funcionando.
> Estas caixas contêm material frágil.
> As laranjas provêm de pomar orgânico.
> Todos mantêm as mesas limpas.

TRÁFEGO / TRÁFICO

"Tráfego" é o movimento, trânsito, fluxo. "Tráfico" é comércio ou negócio ilícito, fraudulento, ilegal.

Exemplos: O tráfego de veículos está lento.
O tráfico de drogas, no Brasil, gera muita violência.

TRAZ / TRÁS

Devemos usar a forma "traz" quando for flexão do verbo trazer. Já a expressão "trás" equivale a atrás.

Exemplos: Ele saiu de trás da mesa.
Ele sempre traz tudo de que precisa.

VER / VIR

O verbo "ver" (olhar, enxergar, perceber pela visão), quando usado no futuro do subjuntivo (precedido de "se" ou "quando"), apresenta a forma "vier".

Esquema:
ver ⟶ vir
vir ⟶ vier

Exemplos: Se você a vir, diga que estou com saudades.
Se ele vier, vai passar aqui primeiro.

Atenção!

Os verbos derivados de "ver" e "vir" seguem o mesmo esquema: rever, prever, antever, convir.

Exemplos: Se ele revir as correções, perceberá que se enganou.
Se nos convier, sairemos amanhã.

Gramática

VIAGEM / VIAJEM

"Viagem" é substantivo (ato de viajar). Já "viajem" é uma flexão do verbo "viajar" (presente do subjuntivo).

Exemplos: A viagem foi agradável.
Pode ser que eles viajem amanhã.

> **Atenção!**
> Você pode usar "viajar para" ou "viajar por", mas não use "viajar a", pois essa regência não existe em português.
>
> Exemplos: Viajarei para o Rio de Janeiro no carnaval.
> Viajei por São Paulo mês passado.
>
> Use "viagem a" e não "viagem para".
>
> Exemplos: Uma viagem à praia seria ótima.
> A viagem a Santos fez bem a ele.

VISAR A / VISAR

Use "visar a" (transitivo indireto) quando significar ter como objetivo, ter em vista, pretender. Já "visar" (transitivo direto) deve ser utilizado com o sentido de mirar, apontar ou pôr visto em algo.

Exemplos: Ele visava ao cargo de vendedor chefe. (desejava, almejava)
O caçador visou o alvo e atirou. (mirou)
O embaixador visou o documento. (pôs visto)

> **Atenção!**
> O verbo "visar" não aceita **lhe(s)** como complemento (objeto indireto). Deve ser usado **a ele(s)**, **a ela(s)**.
>
> Exemplos: O emprego era muito bom, todos visavam a ele.
> A casa era linda, todos visavam a ela.

ABREVIATURAS E SIGLAS

Abreviatura é uma palavra escrita de forma abreviada; geralmente, termina em consoante e ponto-final.

Exemplos: página = p. ou pág.; capitão = cap.; professor = prof.; avenida = av.

Conheça algumas abreviaturas.

1. km = quilômetro   m = metro
   l = litro   kg = quilo
   Nas abreviaturas do sistema métrico decimal, não se usa ponto, e o plural é sem **s**: 3 m, 4 l, etc.

2. N = Norte   S = Sul
   L = Leste   O = Oeste
   Nas abreviaturas dos pontos cardeais, usa-se a letra inicial do nome, sem ponto.

3. D. ou d. = dom, dona
   Sr. ou sr. = senhor (plural = Srs., srs.)
   Sr^a. ou sr^a. = senhora (Sr^a. ou sra.)
   Dr. ou dr. = doutor
   Dr^a. ou dr^a. = doutora
   Nas abreviaturas de títulos, usam-se letra maiúscula ou, mais comumente, minúscula e ponto-final.

4. V. Exª = Vossa Excelência
   S. A. = Sua Alteza
   V. M. = Vossa Majestade
   V. Em^a. = Vossa Eminência
   Nas abreviaturas dos pronomes de tratamento, usam-se letra maiúscula e ponto-final.

Gramática

5. h = hora, horas
   min = minuto, minutos
   Nas abreviaturas de horas e minutos, usam-se minúsculas, sem ponto-final.
   Exemplos: 8h   /   21h30min   /   17h

6. ONU = Organização das Nações Unidas
   IPC = Índice de Preços ao Consumidor
   CIC = Cartão de Identidade do Contribuinte
   As abreviaturas formadas com as letras iniciais de nomes de partidos políticos, órgãos, documentos, empresas, estados, etc., chamam-se **siglas**.
   Na prática, eliminam-se, modernamente, os pontos abreviativos nas siglas, cuja finalidade, aliás, é poupar tempo e espaço.

7. Embratel = Empresa Brasileira de Telecomunicações
   Masp = Museu de Arte de São Paulo
   Quando a sigla tem mais de três letras que em conjunto se tornam pronunciáveis, usa-se só a primeira em maiúscula.

8. PR = Paraná
   RN = Rio Grande do Norte
   No que diz respeito às siglas dos Estados brasileiros, as duas letras deverão ser maiúsculas, sem ponto entre elas.

Importante:

a) As siglas são comuns nos textos, mas as abreviaturas não; devem, inclusive, ser evitadas.
b) Os designativos de nomes geográficos devem ser escritos por extenso:
   São Paulo (e não S. Paulo), Santo Amaro (e não S. Amaro).
c) Mantêm-se os acentos nas abreviaturas. Exemplos: séc. (século), gên. (gênero), pág. (página).

POSIÇÃO DA SÍLABA TÔNICA

Para se acentuar corretamente uma palavra, exige-se um pré-requisito:

> Numa palavra com mais de uma sílaba, encontramos sempre:
> - Uma sílaba tônica – a sílaba pronunciada com maior intensidade;
> - Sílaba(s) átona(s) – sílaba(s) pronunciada(s) com menor intensidade.

- Identificar a sílaba tônica da palavra.
  Exemplos:

  Até:
  a = sílaba átona   té = sílaba tônica

  Corda:
  cor = sílaba tônica   da = sílaba átona

  Século:
  sé = sílaba tônica   cu = sílaba átona   lo = sílaba átona

Conjugações Verbais

Verbos Regulares

ABRIR

INDICATIVO					
Presente	Pretérito imperfeito	Futuro do presente	Futuro do pretérito	Pretérito perfeito	Pretérito mais-que-perfeito
abro	abria	abrirei	abriria	abri	abrira
abres	abrias	abrirás	abririas	abriste	abriras
abre	abria	abrirá	abriria	abriu	abrira
abrimos	abríamos	abriremos	abriríamos	abrimos	abríramos
abris	abríeis	abrireis	abriríeis	abristes	abríreis
abrem	abriam	abrirão	abririam	abriram	abriram

SUBJUNTIVO			IMPERATIVO AFIRMATIVO	FORMAS NOMINAIS	
Presente	Pretérito imperfeito	Futuro	—	Infinitivo pessoal	Gerúndio
abra	abrisse	abrir	abre	abrir	abrindo
abras	abrisses	abrires	abra	abrires	
abra	abrisse	abrir	abramos	abrir	Particípio
abramos	abríssemos	abrirmos	abri	abrirmos	
abrais	abrísseis	abrirdes	abram	abrirdes	aberto
abram	abrissem	abrirem		abrirem	

ACENDER

		INDICATIVO			
Presente	**Pretérito imperfeito**	**Futuro do presente**	**Futuro do pretérito**	**Pretérito perfeito**	**Pretérito mais-que-perfeito**
acendo	acendia	acenderei	acenderia	acendi	acendera
acendes	acendias	acenderás	acenderias	acendeste	acenderas
acende	acendia	acenderá	acenderia	acendeu	acendera
acendemos	acendíamos	acenderemos	acenderíamos	acendemos	acendêramos
acendeis	acendíeis	acendereis	acenderíeis	acendestes	acendêreis
acendem	acendiam	acenderão	acenderiam	acenderam	acenderam

SUBJUNTIVO			IMPERATIVO AFIRMATIVO	FORMAS NOMINAIS	
Presente	**Pretérito imperfeito**	**Futuro**	—	**Infinitivo pessoal**	**Gerúndio**
acenda	acendesse	acender	acende	acender	acendendo
acendas	acendesses	acenderes	acenda	acenderes	
acenda	acendesse	acender	acendamos	acender	**Particípio**
acendamos	acendêssemos	acendermos	acendei	acendermos	
acendais	acendêsseis	acenderdes	acendam	acenderdes	acendido
acendam	acendessem	acenderem		acenderem	aceso

ACOVARDAR

INDICATIVO					
Presente	Pretérito imperfeito	Futuro do presente	Futuro do pretérito	Pretérito perfeito	Pretérito mais-que-perfeito
acovardo	acovardava	acovardarei	acovardaria	acovardei	acovardara
acovardas	acovardavas	acovardarás	acovardarias	acovardaste	acovardaras
acovarda	acovardava	acovardará	acovardaria	acovardou	acovardara
acovardamos	acovardávamos	acovardaremos	acovardaríamos	acovardamos	acovardáramos
acovardais	acovardáveis	acovardareis	acovardaríeis	acovardastes	acovardáreis
acovardam	acovardavam	acovardarão	acovardariam	acovardaram	acovardaram

SUBJUNTIVO			IMPERATIVO AFIRMATIVO	FORMAS NOMINAIS	
Presente	Pretérito imperfeito	Futuro		Infinitivo pessoal	Gerúndio
acovarde	acovardasse	acovardar	—	acovardar	acovardando
acovardes	acovardasses	acovardares	acovarda	acovardares	
acovarde	acovardasse	acovardar	acovarde	acovardar	Particípio
acovardemos	acovardássemos	acovardarmos	acovardemos	acovardarmos	
acovardeis	acovardásseis	acovardardes	acovardai	acovardardes	acovardado
acovardem	acovardassem	acovardarem	acovardem	acovardarem	

ADMIRAR

INDICATIVO					
Presente	Pretérito imperfeito	Futuro do presente	Futuro do pretérito	Pretérito perfeito	Pretérito mais-que-perfeito
admiro	admirava	admirarei	admiraria	admirei	admirara
admiras	admiravas	admirarás	admirarias	admiraste	admiraras
admira	admirava	admirará	admiraria	admirou	admirara
admiramos	admirávamos	admiraremos	admiraríamos	admiramos	admiráramos
admirais	admiráveis	admirareis	admiraríeis	admirastes	admiráreis
admiram	admiravam	admirarão	admirariam	admiraram	admiraram

SUBJUNTIVO			IMPERATIVO AFIRMATIVO	FORMAS NOMINAIS	
Presente	Pretérito imperfeito	Futuro		Infinitivo pessoal	Gerúndio
admire	admirasse	admirar	—	admirar	admirando
admires	admirasses	admirares	admira	admirares	
admire	admirasse	admirar	admire	admirar	Particípio
admiremos	admirássemos	admirarmos	admiremos	admirarmos	
admireis	admirásseis	admirardes	admirai	admirardes	admirado
admirem	admirassem	admirarem	admirem	admirarem	

ADOÇAR

INDICATIVO					
Presente	Pretérito imperfeito	Futuro do presente	Futuro do pretérito	Pretérito perfeito	Pretérito mais-que-perfeito
adoço	adoçava	adoçarei	adoçaria	adocei	adoçara
adoças	adoçavas	adoçarás	adoçarias	adoçaste	adoçaras
adoça	adoçava	adoçará	adoçaria	adoçou	adoçara
adoçamos	adoçávamos	adoçaremos	adoçaríamos	adoçamos	adoçáramos
adoçais	adoçáveis	adoçareis	adoçaríeis	adoçastes	adoçáreis
adoçam	adoçavam	adoçarão	adoçariam	adoçaram	adoçaram

SUBJUNTIVO			IMPERATIVO AFIRMATIVO	FORMAS NOMINAIS	
Presente	Pretérito imperfeito	Futuro	—	Infinitivo pessoal	Gerúndio
adoce	adoçasse	adoçar	adoça	adoçar	adoçando
adoces	adoçasses	adoçares	adoce	adoçares	
adoce	adoçasse	adoçar	adocemos	adoçar	Particípio
adocemos	adoçássemos	adoçarmos	adoçai	adoçarmos	
adoceis	adoçásseis	adoçardes	adocem	adoçardes	adoçado
adocem	adoçassem	adoçarem		adoçarem	

AGASALHAR

INDICATIVO					
Presente	Pretérito imperfeito	Futuro do presente	Futuro do pretérito	Pretérito perfeito	Pretérito mais-que-perfeito
agasalho	agasalhava	agasalharei	agasalharia	agasalhei	agasalhara
agasalhas	agasalhavas	agasalharás	agasalharias	agasalhaste	agasalharas
agasalha	agasalhava	agasalhará	agasalharia	agasalhou	agasalhara
agasalhamos	agasalhávamos	agasalharemos	agasalharíamos	agasalhamos	agasalháramos
agasalhais	agasalháveis	agasalhareis	agasalharíeis	agasalhastes	agasalháreis
agasalham	agasalhavam	agasalharão	agasalhariam	agasalharam	agasalharam

SUBJUNTIVO			IMPERATIVO AFIRMATIVO	FORMAS NOMINAIS	
Presente	Pretérito imperfeito	Futuro		Infinitivo pessoal	Gerúndio
agasalhe	agasalhasse	agasalhar	—	agasalhar	agasalhando
agasalhes	agasalhasses	agasalhares	agasalha	agasalhares	
agasalhe	agasalhasse	agasalhar	agasalhe	agasalhar	Particípio
agasalhemos	agasalhássemos	agasalharmos	agasalhemos	agasalharmos	
agasalheis	agasalhásseis	agasalhardes	agasalhai	agasalhardes	agasalhado
agasalhem	agasalhassem	agasalharem	agasalhem	agasalharem	

AGIR

INDICATIVO					
Presente	Pretérito imperfeito	Futuro do presente	Futuro do pretérito	Pretérito perfeito	Pretérito mais-que-perfeito
ajo	agia	agirei	agiria	agi	agira
ages	agias	agirás	agirias	agiste	agiras
age	agia	agirá	agiria	agiu	agira
agimos	agíamos	agiremos	agiríamos	agimos	agíramos
agis	agíeis	agireis	agiríeis	agistes	agíreis
agem	agiam	agirão	agiriam	agiram	agiram

SUBJUNTIVO			IMPERATIVO AFIRMATIVO	FORMAS NOMINAIS	
Presente	Pretérito imperfeito	Futuro	—	Infinitivo pessoal	Gerúndio
aja	agisse	agir	age	agir	agindo
ajas	agisses	agires	aja	agires	
aja	agisse	agir	ajamos	agir	Particípio
ajamos	agíssemos	agirmos	agi	agirmos	
ajais	agísseis	agirdes	ajam	agirdes	agido
ajam	agissem	agirem		agirem	

AGRADECER

INDICATIVO					
Presente	**Pretérito imperfeito**	**Futuro do presente**	**Futuro do pretérito**	**Pretérito perfeito**	**Pretérito mais-que-perfeito**
agradeço	agradecia	agradecerei	agradeceria	agradeci	agradecera
agradeces	agradecias	agradecerás	agradecerias	agradeceste	agradeceras
agradece	agradecia	agradecerá	agradeceria	agradeceu	agradecera
agradecemos	agradecíamos	agradeceremos	agradeceríamos	agradecemos	agradecêramos
agradeceis	agradecíeis	agradecereis	agradeceríeis	agradecestes	agradecêreis
agradecem	agradeciam	agradecerão	agradeceriam	agradeceram	agradeceram

SUBJUNTIVO			IMPERATIVO AFIRMATIVO	FORMAS NOMINAIS	
Presente	**Pretérito imperfeito**	**Futuro**		**Infinitivo pessoal**	**Gerúndio**
agradeça	agradecesse	agradecer	agradece	agradecer	agradecendo
agradeças	agradecesses	agradeceres	agradeça	agradeceres	
agradeça	agradecesse	agradecer	agradeçamos	agradecer	**Particípio**
agradeçamos	agradecêssemos	agradecermos	agradecei	agradecermos	
agradeçais	agradecêsseis	agradecerdes	agradeçam	agradecerdes	agradecido
agradeçam	agradecessem	agradecerem		agradecerem	

AJUDAR

INDICATIVO					
Presente	Pretérito imperfeito	Futuro do presente	Futuro do pretérito	Pretérito perfeito	Pretérito mais-que-perfeito
ajudo	ajudava	ajudarei	ajudaria	ajudei	ajudara
ajudas	ajudavas	ajudarás	ajudarias	ajudaste	ajudaras
ajuda	ajudava	ajudará	ajudaria	ajudou	ajudara
ajudamos	ajudávamos	ajudaremos	ajudaríamos	ajudamos	ajudáramos
ajudais	ajudáveis	ajudareis	ajudaríeis	ajudastes	ajudáreis
ajudam	ajudavam	ajudarão	ajudariam	ajudaram	ajudaram

SUBJUNTIVO			IMPERATIVO AFIRMATIVO	FORMAS NOMINAIS	
Presente	Pretérito imperfeito	Futuro		Infinitivo pessoal	Gerúndio
ajude	ajudasse	ajudar	ajuda	ajudar	ajudando
ajudes	ajudasses	ajudares	ajude	ajudares	
ajude	ajudasse	ajudar	ajudemos	ajudar	Particípio
ajudemos	ajudássemos	ajudarmos	ajudai	ajudarmos	
ajudeis	ajudásseis	ajudardes	ajudem	ajudardes	ajudado
ajudem	ajudassem	ajudarem		ajudarem	

AMASSAR

INDICATIVO					
Presente	Pretérito imperfeito	Futuro do presente	Futuro do pretérito	Pretérito perfeito	Pretérito mais-que-perfeito
amasso	amassava	amassarei	amassaria	amassei	amassara
amassas	amassavas	amassarás	amassarias	amassaste	amassaras
amassa	amassava	amassará	amassaria	amassou	amassara
amassamos	amassávamos	amassaremos	amassaríamos	amassamos	amassáramos
amassais	amassáveis	amassareis	amassaríeis	amassastes	amassáreis
amassam	amassavam	amassarão	amassariam	amassaram	amassaram

SUBJUNTIVO			IMPERATIVO AFIRMATIVO	FORMAS NOMINAIS	
Presente	Pretérito imperfeito	Futuro		Infinitivo pessoal	Gerúndio
amasse	amassasse	amassar	—	amassar	
amasses	amassasses	amassares	amassa	amassares	amassando
amasse	amassasse	amassar	amasse	amassar	
amassemos	amassássemos	amassarmos	amassemos	amassarmos	Particípio
amasseis	amassásseis	amassardes	amassai	amassardes	
amassem	amassassem	amassarem	amassem	amassarem	amassado

APOSSAR

INDICATIVO					
Presente	Pretérito imperfeito	Futuro do presente	Futuro do pretérito	Pretérito perfeito	Pretérito mais-que-perfeito
aposso	apossava	apossarei	apossaria	apossei	apossara
apossas	apossavas	apossarás	apossarias	apossaste	apossaras
apossa	apossava	apossará	apossaria	apossou	apossara
apossamos	apossávamos	apossaremos	apossaríamos	apossamos	apossáramos
apossais	apossáveis	apossareis	apossaríeis	apossastes	apossáreis
apossam	apossavam	apossarão	apossariam	apossaram	apossaram

SUBJUNTIVO			IMPERATIVO AFIRMATIVO	FORMAS NOMINAIS	
Presente	Pretérito imperfeito	Futuro		Infinitivo pessoal	Gerúndio
aposse	apossasse	apossar	—	apossar	apossando
aposses	apossasses	apossares	apossa	apossares	
aposse	apossasse	apossar	aposse	apossar	Particípio
apossemos	apossássemos	apossarmos	apossemos	apossarmos	
aposseis	apossásseis	apossardes	apossai	apossardes	apossado
apossem	apossassem	apossarem	apossem	apossarem	

APOSTAR

INDICATIVO					
Presente	Pretérito imperfeito	Futuro do presente	Futuro do pretérito	Pretérito perfeito	Pretérito mais-que-perfeito
aposto	apostava	apostarei	apostaria	apostei	apostara
apostas	apostavas	apostarás	apostarias	apostaste	apostaras
aposta	apostava	apostará	apostaria	apostou	apostara
apostamos	apostávamos	apostaremos	apostaríamos	apostamos	apostáramos
apostais	apostáveis	apostareis	apostaríeis	apostastes	apostáreis
apostam	apostavam	apostarão	apostariam	apostaram	apostaram

SUBJUNTIVO			IMPERATIVO AFIRMATIVO	FORMAS NOMINAIS	
Presente	Pretérito imperfeito	Futuro	—	Infinitivo pessoal	Gerúndio
aposte	apostasse	apostar	aposta	apostar	apostando
apostes	apostasses	apostares	aposte	apostares	apostando
aposte	apostasse	apostar	apostemos	apostar	Particípio
apostemos	apostássemos	apostarmos	apostai	apostarmos	apostado
aposteis	apostásseis	apostardes	apostem	apostardes	apostado
apostem	apostassem	apostarem		apostarem	apostado

ARAR

INDICATIVO					
Presente	Pretérito imperfeito	Futuro do presente	Futuro do pretérito	Pretérito perfeito	Pretérito mais-que-perfeito
aro	arava	ararei	araria	arei	arara
aras	aravas	ararás	ararias	araste	araras
ara	arava	arará	araria	arou	arara
aramos	arávamos	araremos	araríamos	aramos	aráramos
arais	aráveis	arareis	araríeis	arastes	aráreis
aram	aravam	ararão	arariam	araram	araram

SUBJUNTIVO			IMPERATIVO AFIRMATIVO	FORMAS NOMINAIS	
Presente	Pretérito imperfeito	Futuro	—	Infinitivo pessoal	Gerúndio
are	arasse	arar	ara	arar	arando
ares	arasses	arares	are	arares	
are	arasse	arar	aremos	arar	Particípio
aremos	arássemos	ararmos	arai	ararmos	
areis	arásseis	arardes	arem	arardes	arado
arem	arassem	ararem		ararem	

ARRANCAR

INDICATIVO					
Presente	Pretérito imperfeito	Futuro do presente	Futuro do pretérito	Pretérito perfeito	Pretérito mais-que-perfeito
arranco	arrancava	arrancarei	arrancaria	arranquei	arrancara
arrancas	arrancavas	arrancarás	arrancarias	arrancaste	arrancaras
arranca	arrancava	arrancará	arrancaria	arrancou	arrancara
arrancamos	arrancávamos	arrancaremos	arrancaríamos	arrancamos	arrancáramos
arrancais	arrancáveis	arrancareis	arrancaríeis	arrancastes	arrancáreis
arrancam	arrancavam	arrancarão	arrancariam	arrancaram	arrancaram

SUBJUNTIVO			IMPERATIVO AFIRMATIVO	FORMAS NOMINAIS	
Presente	Pretérito imperfeito	Futuro	—	Infinitivo pessoal	Gerúndio
arranque	arrancasse	arrancar	arranca	arrancar	arrancando
arranques	arrancasses	arrancares	arranque	arrancares	
arranque	arrancasse	arrancar	arranquemos	arrancar	Particípio
arranquemos	arrancássemos	arrancarmos	arrancai	arrancarmos	
arranqueis	arrancásseis	arrancardes	arranquem	arrancardes	arrancado
arranquem	arrancassem	arrancarem		arrancarem	

ASSINAR

INDICATIVO					
Presente	Pretérito imperfeito	Futuro do presente	Futuro do pretérito	Pretérito perfeito	Pretérito mais-que-perfeito
assino	assinava	assinarei	assinaria	assinei	assinara
assinas	assinavas	assinarás	assinarias	assinaste	assinaras
assina	assinava	assinará	assinaria	assinou	assinara
assinamos	assinávamos	assinaremos	assinaríamos	assinamos	assináramos
assinais	assináveis	assinareis	assinaríeis	assinastes	assináreis
assinam	assinavam	assinarão	assinariam	assinaram	assinaram

SUBJUNTIVO			IMPERATIVO AFIRMATIVO	FORMAS NOMINAIS	
Presente	Pretérito imperfeito	Futuro	—	Infinitivo pessoal	Gerúndio
assine	assinasse	assinar	assina	assinar	assinando
assines	assinasses	assinares	assine	assinares	
assine	assinasse	assinar	assinemos	assinar	Particípio
assinemos	assinássemos	assinarmos	assinai	assinarmos	
assineis	assinásseis	assinardes	assinem	assinardes	assinado
assinem	assinassem	assinarem		assinarem	

ATACAR

INDICATIVO					
Presente	Pretérito imperfeito	Futuro do presente	Futuro do pretérito	Pretérito perfeito	Pretérito mais-que-perfeito
ataco	atacava	atacarei	atacaria	ataquei	atacara
atacas	atacavas	atacarás	atacarias	atacaste	atacaras
ataca	atacava	atacará	atacaria	atacou	atacara
atacamos	atacávamos	atacaremos	atacaríamos	atacamos	atacáramos
atacais	atacáveis	atacareis	atacaríeis	atacastes	atacáreis
atacam	atacavam	atacarão	atacariam	atacaram	atacaram

SUBJUNTIVO			IMPERATIVO AFIRMATIVO	FORMAS NOMINAIS	
Presente	Pretérito imperfeito	Futuro	—	Infinitivo pessoal	Gerúndio
ataque	atacasse	atacar	ataca	atacar	atacando
ataques	atacasses	atacares	ataque	atacares	
ataque	atacasse	atacar	ataquemos	atacar	Particípio
ataquemos	atacássemos	atacarmos	atacai	atacarmos	
ataqueis	atacásseis	atacardes	ataquem	atacardes	atacado
ataquem	atacassem	atacarem		atacarem	

BANHAR

INDICATIVO					
Presente	Pretérito imperfeito	Futuro do presente	Futuro do pretérito	Pretérito perfeito	Pretérito mais-que-perfeito
banho	banhava	banharei	banharia	banhei	banhara
banhas	banhavas	banharás	banharias	banhaste	banharas
banha	banhava	banhará	banharia	banhou	banhara
banhamos	banhávamos	banharemos	banharíamos	banhamos	banháramos
banhais	banháveis	banhareis	banharíeis	banhastes	banháreis
banham	banhavam	banharão	banhariam	banharam	banharam

SUBJUNTIVO			IMPERATIVO AFIRMATIVO	FORMAS NOMINAIS	
Presente	Pretérito imperfeito	Futuro		Infinitivo pessoal	Gerúndio
banhe	banhasse	banhar	—	banhar	banhando
banhes	banhasses	banhares	banha	banhares	
banhe	banhasse	banhar	banhe	banhar	Particípio
banhemos	banhássemos	banharmos	banhemos	banharmos	
banheis	banhásseis	banhardes	banhai	banhardes	banhado
banhem	banhassem	banharem	banhem	banharem	

BEBER

INDICATIVO					
Presente	Pretérito imperfeito	Futuro do presente	Futuro do pretérito	Pretérito perfeito	Pretérito mais-que-perfeito
bebo	bebia	beberei	beberia	bebi	bebera
bebes	bebias	beberás	beberias	bebeste	beberas
bebe	bebia	beberá	beberia	bebeu	bebera
bebemos	bebíamos	beberemos	beberíamos	bebemos	bebêramos
bebeis	bebíeis	bebereis	beberíeis	bebestes	bebêreis
bebem	bebiam	beberão	beberiam	beberam	beberam

SUBJUNTIVO			IMPERATIVO AFIRMATIVO	FORMAS NOMINAIS	
Presente	Pretérito imperfeito	Futuro	—	Infinitivo pessoal	Gerúndio
beba	bebesse	beber	bebe	beber	bebendo
bebas	bebesses	beberes	beba	beberes	
beba	bebesse	beber	bebamos	beber	**Particípio**
bebamos	bebêssemos	bebermos	bebei	bebermos	
bebais	bebêsseis	beberdes	bebam	beberdes	bebido
bebam	bebessem	beberem		beberem	

BEIJAR

		INDICATIVO			
Presente	Pretérito imperfeito	Futuro do presente	Futuro do pretérito	Pretérito perfeito	Pretérito mais-que-perfeito
beijo	beijava	beijarei	beijaria	beijei	beijara
beijas	beijavas	beijarás	beijarias	beijaste	beijaras
beija	beijava	beijará	beijaria	beijou	beijara
beijamos	beijávamos	beijaremos	beijaríamos	beijamos	beijáramos
beijais	beijáveis	beijareis	beijaríeis	beijastes	beijáreis
beijam	beijavam	beijarão	beijariam	beijaram	beijaram

SUBJUNTIVO			IMPERATIVO AFIRMATIVO	FORMAS NOMINAIS	
Presente	Pretérito imperfeito	Futuro		Infinitivo pessoal	Gerúndio
beije	beijasse	beijar	—	beijar	beijando
beijes	beijasses	beijares	beija	beijares	
beije	beijasse	beijar	beije	beijar	Particípio
beijemos	beijássemos	beijarmos	beijemos	beijarmos	
beijeis	beijásseis	beijardes	beijai	beijardes	beijado
beijem	beijassem	beijarem	beijem	beijarem	

CAÇAR

INDICATIVO					
Presente	Pretérito imperfeito	Futuro do presente	Futuro do pretérito	Pretérito perfeito	Pretérito mais-que-perfeito
caço	caçava	caçarei	caçaria	cacei	caçara
caças	caçavas	caçarás	caçarias	caçaste	caçaras
caça	caçava	caçará	caçaria	caçou	caçara
caçamos	caçávamos	caçaremos	caçaríamos	caçamos	caçáramos
caçais	caçáveis	caçareis	caçaríeis	caçastes	caçáreis
caçam	caçavam	caçarão	caçariam	caçaram	caçaram

SUBJUNTIVO			IMPERATIVO AFIRMATIVO	FORMAS NOMINAIS	
Presente	Pretérito imperfeito	Futuro	—	Infinitivo pessoal	Gerúndio
cace	caçasse	caçar	caça	caçar	caçando
caces	caçasses	caçares	cace	caçares	
cace	caçasse	caçar	cacemos	caçar	Particípio
cacemos	caçássemos	caçarmos	caçai	caçarmos	
caceis	caçásseis	caçardes	cacem	caçardes	caçado
cacem	caçassem	caçarem		caçarem	

CAIR

INDICATIVO					
Presente	Pretérito imperfeito	Futuro do presente	Futuro do pretérito	Pretérito perfeito	Pretérito mais-que-perfeito
caio	caía	cairei	cairia	caí	caíra
cais	caías	cairás	cairias	caíste	caíras
cai	caía	cairá	cairia	caiu	caíra
caímos	caíamos	cairemos	cairíamos	caímos	caíramos
caís	caíeis	caireis	cairíeis	caístes	caíreis
caem	caíam	cairão	cairiam	caíram	caíram

SUBJUNTIVO			IMPERATIVO AFIRMATIVO	FORMAS NOMINAIS	
Presente	Pretérito imperfeito	Futuro		Infinitivo pessoal	Gerúndio
caia	caísse	cair	cai	cair	caindo
caias	caísses	caíres	caia	caíres	
caia	caísse	cair	caiamos	cair	Particípio
caiamos	caíssemos	cairmos	caí	cairmos	
caiais	caísseis	cairdes	caiam	cairdes	caído
caiam	caíssem	caírem		caírem	

CALAR

INDICATIVO					
Presente	Pretérito imperfeito	Futuro do presente	Futuro do pretérito	Pretérito perfeito	Pretérito mais-que-perfeito
calo	calava	calarei	calaria	calei	calara
calas	calavas	calarás	calarias	calaste	calaras
cala	calava	calará	calaria	calou	calara
calamos	calávamos	calaremos	calaríamos	calamos	caláramos
calais	caláveis	calareis	calaríeis	calastes	caláreis
calam	calavam	calarão	calariam	calaram	calaram

SUBJUNTIVO			IMPERATIVO AFIRMATIVO	FORMAS NOMINAIS	
Presente	Pretérito imperfeito	Futuro		Infinitivo pessoal	Gerúndio
cale	calasse	calar	—	calar	calando
cales	calasses	calares	cala	calares	
cale	calasse	calar	cale	calar	Particípio
calemos	calássemos	calarmos	calemos	calarmos	
caleis	calásseis	calardes	calai	calardes	calado
calem	calassem	calarem	calem	calarem	

CANSAR

INDICATIVO					
Presente	Pretérito imperfeito	Futuro do presente	Futuro do pretérito	Pretérito perfeito	Pretérito mais-que-perfeito
canso	cansava	cansarei	cansaria	cansei	cansara
cansas	cansavas	cansarás	cansarias	cansaste	cansaras
cansa	cansava	cansará	cansaria	cansou	cansara
cansamos	cansávamos	cansaremos	cansaríamos	cansamos	cansáramos
cansais	cansáveis	cansareis	cansaríeis	cansastes	cansáreis
cansam	cansavam	cansarão	cansariam	cansaram	cansaram

SUBJUNTIVO			IMPERATIVO AFIRMATIVO	FORMAS NOMINAIS	
Presente	Pretérito imperfeito	Futuro		Infinitivo pessoal	Gerúndio
canse	cansasse	cansar	—	cansar	cansando
canses	cansasses	cansares	cansa	cansares	
canse	cansasse	cansar	canse	cansar	Particípio
cansemos	cansássemos	cansarmos	cansemos	cansarmos	
canseis	cansásseis	cansardes	cansai	cansardes	cansado
cansem	cansassem	cansarem	cansem	cansarem	

CANTAR

INDICATIVO					
Presente	Pretérito imperfeito	Futuro do presente	Futuro do pretérito	Pretérito perfeito	Pretérito mais-que-perfeito
canto	cantava	cantarei	cantaria	cantei	cantara
cantas	cantavas	cantarás	cantarias	cantaste	cantaras
canta	cantava	cantará	cantaria	cantou	cantara
cantamos	cantávamos	cantaremos	cantaríamos	cantamos	cantáramos
cantais	cantáveis	cantareis	cantaríeis	cantastes	cantáreis
cantam	cantavam	cantarão	cantariam	cantaram	cantaram

SUBJUNTIVO			IMPERATIVO AFIRMATIVO	FORMAS NOMINAIS	
Presente	Pretérito imperfeito	Futuro		Infinitivo pessoal	Gerúndio
cante	cantasse	cantar	—	cantar	cantando
cantes	cantasses	cantares	canta	cantares	
cante	cantasse	cantar	cante	cantar	Particípio
cantemos	cantássemos	cantarmos	cantemos	cantarmos	
canteis	cantásseis	cantardes	cantai	cantardes	cantado
cantem	cantassem	cantarem	cantem	cantarem	

CATAR

INDICATIVO					
Presente	Pretérito imperfeito	Futuro do presente	Futuro do pretérito	Pretérito perfeito	Pretérito mais-que-perfeito
cato	catava	catarei	cataria	catei	catara
catas	catavas	catarás	catarias	cataste	cataras
cata	catava	catará	cataria	catou	catara
catamos	catávamos	cataremos	cataríamos	catamos	catáramos
catais	catáveis	catareis	cataríeis	catastes	catáreis
catam	catavam	catarão	catariam	cataram	cataram

SUBJUNTIVO			IMPERATIVO AFIRMATIVO	FORMAS NOMINAIS	
Presente	Pretérito imperfeito	Futuro		Infinitivo pessoal	Gerúndio
cate	catasse	catar	—	catar	catando
cates	catasses	catares	cata	catares	
cate	catasse	catar	cate	catar	Particípio
catemos	catássemos	catarmos	catemos	catarmos	
cateis	catásseis	catardes	catai	catardes	catado
catem	catassem	catarem	catem	catarem	

Manual de Estudos

CATIVAR

INDICATIVO					
Presente	Pretérito imperfeito	Futuro do presente	Futuro do pretérito	Pretérito perfeito	Pretérito mais-que-perfeito
cativo	cativava	cativarei	cativaria	cativei	cativara
cativas	cativavas	cativarás	cativarias	cativaste	cativaras
cativa	cativava	cativará	cativaria	cativou	cativara
cativamos	cativávamos	cativaremos	cativaríamos	cativamos	cativáramos
cativais	cativáveis	cativareis	cativaríeis	cativastes	cativáreis
cativam	cativavam	cativarão	cativariam	cativaram	cativaram

SUBJUNTIVO			IMPERATIVO AFIRMATIVO	FORMAS NOMINAIS	
Presente	Pretérito imperfeito	Futuro		Infinitivo pessoal	Gerúndio
cative	cativasse	cativar	cativa	cativar	cativando
catives	cativasses	cativares	cative	cativares	
cative	cativasse	cativar	cativemos	cativar	Particípio
cativemos	cativássemos	cativarmos	cativai	cativarmos	
cativeis	cativásseis	cativardes	cativem	cativardes	cativado
cativem	cativassem	cativarem		cativarem	

CAVAR

INDICATIVO

Presente	Pretérito imperfeito	Futuro do presente	Futuro do pretérito	Pretérito perfeito	Pretérito mais-que-perfeito
cavo	cavava	cavarei	cavaria	cavei	cavara
cavas	cavavas	cavarás	cavarias	cavaste	cavaras
cava	cavava	cavará	cavaria	cavou	cavara
cavamos	cavávamos	cavaremos	cavaríamos	cavamos	caváramos
cavais	caváveis	cavareis	cavaríeis	cavastes	caváreis
cavam	cavavam	cavarão	cavariam	cavaram	cavaram

SUBJUNTIVO / IMPERATIVO AFIRMATIVO / FORMAS NOMINAIS

Presente	Pretérito imperfeito	Futuro	Imperativo afirmativo	Infinitivo pessoal	Gerúndio
cave	cavasse	cavar	—	cavar	cavando
caves	cavasses	cavares	cava	cavares	
cave	cavasse	cavar	cave	cavar	Particípio
cavemos	cavássemos	cavarmos	cavemos	cavarmos	
caveis	cavásseis	cavardes	cavai	cavardes	cavado
cavem	cavassem	cavarem	cavem	cavarem	

Manual de Estudos

CHAMAR

INDICATIVO					
Presente	Pretérito imperfeito	Futuro do presente	Futuro do pretérito	Pretérito perfeito	Pretérito mais-que-perfeito
chamo	chamava	chamarei	chamaria	chamei	chamara
chamas	chamavas	chamarás	chamarias	chamaste	chamaras
chama	chamava	chamará	chamaria	chamou	chamara
chamamos	chamávamos	chamaremos	chamaríamos	chamamos	chamáramos
chamais	chamáveis	chamareis	chamaríeis	chamastes	chamáreis
chamam	chamavam	chamarão	chamariam	chamaram	chamaram

SUBJUNTIVO			IMPERATIVO AFIRMATIVO	FORMAS NOMINAIS	
Presente	Pretérito imperfeito	Futuro		Infinitivo pessoal	Gerúndio
chame	chamasse	chamar	—	chamar	chamando
chames	chamasses	chamares	chama	chamares	
chame	chamasse	chamar	chame	chamar	Particípio
chamemos	chamássemos	chamarmos	chamemos	chamarmos	
chameis	chamásseis	chamardes	chamai	chamardes	chamado
chamem	chamassem	chamarem	chamem	chamarem	

COBRAR

INDICATIVO					
Presente	Pretérito imperfeito	Futuro do presente	Futuro do pretérito	Pretérito perfeito	Pretérito mais-que-perfeito
cobro	cobrava	cobrarei	cobraria	cobrei	cobrara
cobras	cobravas	cobrarás	cobrarias	cobraste	cobraras
cobra	cobrava	cobrará	cobraria	cobrou	cobrara
cobramos	cobrávamos	cobraremos	cobraríamos	cobramos	cobráramos
cobrais	cobráveis	cobrareis	cobraríeis	cobrastes	cobráreis
cobram	cobravam	cobrarão	cobrariam	cobraram	cobraram

SUBJUNTIVO			IMPERATIVO AFIRMATIVO	FORMAS NOMINAIS	
Presente	Pretérito imperfeito	Futuro		Infinitivo pessoal	Gerúndio
cobre	cobrasse	cobrar	—	cobrar	cobrando
cobres	cobrasses	cobrares	cobra	cobrares	
cobre	cobrasse	cobrar	cobre	cobrar	Particípio
cobremos	cobrássemos	cobrarmos	cobremos	cobrarmos	
cobreis	cobrásseis	cobrardes	cobrai	cobrardes	cobrado
cobrem	cobrassem	cobrarem	cobrem	cobrarem	

COÇAR

INDICATIVO					
Presente	Pretérito imperfeito	Futuro do presente	Futuro do pretérito	Pretérito perfeito	Pretérito mais-que-perfeito
coço	coçava	coçarei	coçaria	cocei	coçara
coças	coçavas	coçarás	coçarias	coçaste	coçaras
coça	coçava	coçará	coçaria	coçou	coçara
coçamos	coçávamos	coçaremos	coçaríamos	coçamos	coçáramos
coçais	coçáveis	coçareis	coçaríeis	coçastes	coçáreis
coçam	coçavam	coçarão	coçariam	coçaram	coçaram

SUBJUNTIVO			IMPERATIVO AFIRMATIVO	FORMAS NOMINAIS	
Presente	Pretérito imperfeito	Futuro	—	Infinitivo pessoal	Gerúndio
coce	coçasse	coçar	coça	coçar	coçando
coces	coçasses	coçares	coce	coçares	
coce	coçasse	coçar	cocemos	coçar	Particípio
cocemos	coçássemos	coçarmos	coçai	coçarmos	
coceis	coçásseis	coçardes	cocem	coçardes	coçado
cocem	coçassem	coçarem		coçarem	

COLHER

INDICATIVO					
Presente	Pretérito imperfeito	Futuro do presente	Futuro do pretérito	Pretérito perfeito	Pretérito mais-que-perfeito
colho	colhia	colherei	colheria	colhi	colhera
colhes	colhias	colherás	colherias	colheste	colheras
colhe	colhia	colherá	colheria	colheu	colhera
colhemos	colhíamos	colheremos	colheríamos	colhemos	colhêramos
colheis	colhíeis	colhereis	colheríeis	colhestes	colhêreis
colhem	colhiam	colherão	colheriam	colheram	colheram

SUBJUNTIVO			IMPERATIVO AFIRMATIVO	FORMAS NOMINAIS	
Presente	Pretérito imperfeito	Futuro		Infinitivo pessoal	Gerúndio
colha	colhesse	colher	—	colher	colhendo
colhas	colhesses	colheres	colhe	colheres	
colha	colhesse	colher	colha	colher	Particípio
colhamos	colhêssemos	colhermos	colhamos	colhermos	
colhais	colhêsseis	colherdes	colhei	colherdes	colhido
colham	colhessem	colherem	colham	colherem	

COMER

INDICATIVO					
Presente	Pretérito imperfeito	Futuro do presente	Futuro do pretérito	Pretérito perfeito	Pretérito mais-que-perfeito
como	comia	comerei	comeria	comi	comera
comes	comias	comerás	comerias	comeste	comeras
come	comia	comerá	comeria	comeu	comera
comemos	comíamos	comeremos	comeríamos	comemos	comêramos
comeis	comíeis	comereis	comeríeis	comestes	comêreis
comem	comiam	comerão	comeriam	comeram	comeram

SUBJUNTIVO			IMPERATIVO AFIRMATIVO	FORMAS NOMINAIS	
Presente	Pretérito imperfeito	Futuro		Infinitivo pessoal	Gerúndio
coma	comesse	comer	—	comer	comendo
comas	comesses	comeres	come	comeres	
coma	comesse	comer	coma	comer	Particípio
comamos	comêssemos	comermos	comamos	comermos	
comais	comêsseis	comerdes	comei	comerdes	comido
comam	comessem	comerem	comam	comerem	

COMPRAR

INDICATIVO					
Presente	Pretérito imperfeito	Futuro do presente	Futuro do pretérito	Pretérito perfeito	Pretérito mais-que-perfeito
compro	comprava	comprarei	compraria	comprei	comprara
compras	compravas	comprarás	comprarias	compraste	compraras
compra	comprava	comprará	compraria	comprou	comprara
compramos	comprávamos	compraremos	compraríamos	compramos	compráramos
comprais	compráveis	comprareis	compraríeis	comprastes	compráreis
compram	compravam	comprarão	comprariam	compraram	compraram

SUBJUNTIVO			IMPERATIVO AFIRMATIVO	FORMAS NOMINAIS	
Presente	Pretérito imperfeito	Futuro		Infinitivo pessoal	Gerúndio
compre	comprasse	comprar	—	comprar	comprando
compres	comprasses	comprares	compra	comprares	
compre	comprasse	comprar	compre	comprar	Particípio
compremos	comprássemos	comprarmos	compremos	comprarmos	
compreis	comprásseis	comprardes	comprai	comprardes	comprado
comprem	comprassem	comprarem	comprem	comprarem	

COPIAR

INDICATIVO					
Presente	**Pretérito imperfeito**	**Futuro do presente**	**Futuro do pretérito**	**Pretérito perfeito**	**Pretérito mais-que-perfeito**
copio	copiava	copiarei	copiaria	copiei	copiara
copias	copiavas	copiarás	copiarias	copiaste	copiaras
copia	copiava	copiará	copiaria	copiou	copiara
copiamos	copiávamos	copiaremos	copiaríamos	copiamos	copiáramos
copiais	copiáveis	copiareis	copiaríeis	copiastes	copiáreis
copiam	copiavam	copiarão	copiariam	copiaram	copiaram

SUBJUNTIVO			IMPERATIVO AFIRMATIVO	FORMAS NOMINAIS	
Presente	**Pretérito imperfeito**	**Futuro**	—	**Infinitivo pessoal**	**Gerúndio**
copie	copiasse	copiar	copia	copiar	copiando
copies	copiasses	copiares	copie	copiares	
copie	copiasse	copiar	copiemos	copiar	**Particípio**
copiemos	copiássemos	copiarmos	copiai	copiarmos	
copieis	copiásseis	copiardes	copiem	copiardes	copiado
copiem	copiassem	copiarem		copiarem	

CORRER

INDICATIVO					
Presente	Pretérito imperfeito	Futuro do presente	Futuro do pretérito	Pretérito perfeito	Pretérito mais-que-perfeito
corro	corria	correrei	correria	corri	correra
corres	corrias	correrás	correrias	correste	correras
corre	corria	correrá	correria	correu	correra
corremos	corríamos	correremos	correríamos	corremos	corrêramos
correis	corríeis	correreis	correríeis	correstes	corrêreis
correm	corriam	correrão	correriam	correram	correram

SUBJUNTIVO			IMPERATIVO AFIRMATIVO	FORMAS NOMINAIS	
Presente	Pretérito imperfeito	Futuro	—	Infinitivo pessoal	Gerúndio
corra	corresse	correr	corre	correr	
corras	corresses	correres	corra	correres	correndo
corra	corresse	correr	corramos	correr	Particípio
corramos	corrêssemos	corrermos	correi	corrermos	
corrais	corrêsseis	correrdes	corram	correrdes	corrido
corram	corressem	correrem		correrem	

Manual de Estudos

CORTAR

INDICATIVO					
Presente	Pretérito imperfeito	Futuro do presente	Futuro do pretérito	Pretérito perfeito	Pretérito mais-que-perfeito
corto	cortava	cortarei	cortaria	cortei	cortara
cortas	cortavas	cortarás	cortarias	cortaste	cortaras
corta	cortava	cortará	cortaria	cortou	cortara
cortamos	cortávamos	cortaremos	cortaríamos	cortamos	cortáramos
cortais	cortáveis	cortareis	cortaríeis	cortastes	cortáreis
cortam	cortavam	cortarão	cortariam	cortaram	cortaram

SUBJUNTIVO			IMPERATIVO AFIRMATIVO	FORMAS NOMINAIS	
Presente	Pretérito imperfeito	Futuro		Infinitivo pessoal	Gerúndio
corte	cortasse	cortar	—	cortar	cortando
cortes	cortasses	cortares	corta	cortares	
corte	cortasse	cortar	corte	cortar	Particípio
cortemos	cortássemos	cortarmos	cortemos	cortarmos	
corteis	cortásseis	cortardes	cortai	cortardes	cortado
cortem	cortassem	cortarem	cortem	cortarem	

CRESCER

INDICATIVO					
Presente	Pretérito imperfeito	Futuro do presente	Futuro do pretérito	Pretérito perfeito	Pretérito mais-que-perfeito
cresço	crescia	crescerei	cresceria	cresci	crescera
cresces	crescias	crescerás	crescerias	cresceste	cresceras
cresce	crescia	crescerá	cresceria	cresceu	crescera
crescemos	crescíamos	cresceremos	cresceríamos	crescemos	crescêramos
cresceis	crescíeis	crescereis	cresceríeis	crescestes	crescêreis
crescem	cresciam	crescerão	cresceriam	cresceram	cresceram

SUBJUNTIVO			IMPERATIVO AFIRMATIVO	FORMAS NOMINAIS	
Presente	Pretérito imperfeito	Futuro	—	Infinitivo pessoal	Gerúndio
cresça	crescesse	crescer	cresce	crescer	crescendo
cresças	crescesses	cresceres	cresça	cresceres	
cresça	crescesse	crescer	cresçamos	crescer	Particípio
cresçamos	crescêssemos	crescermos	crescei	crescermos	
cresçais	crescêsseis	crescerdes	cresçam	crescerdes	crescido
cresçam	crescessem	crescerem		crescerem	

CRIAR

INDICATIVO					
Presente	Pretérito imperfeito	Futuro do presente	Futuro do pretérito	Pretérito perfeito	Pretérito mais-que-perfeito
crio	criava	criarei	criaria	criei	criara
crias	criavas	criarás	criarias	criaste	criaras
cria	criava	criará	criaria	criou	criara
criamos	criávamos	criaremos	criaríamos	criamos	criáramos
criais	criáveis	criareis	criaríeis	criastes	criáreis
criam	criavam	criarão	criariam	criaram	criaram

SUBJUNTIVO			IMPERATIVO AFIRMATIVO	FORMAS NOMINAIS	
Presente	Pretérito imperfeito	Futuro		Infinitivo pessoal	Gerúndio
crie	criasse	criar	—	criar	criando
cries	criasses	criares	cria	criares	
crie	criasse	criar	crie	criar	Particípio
criemos	criássemos	criarmos	criemos	criarmos	
crieis	criásseis	criardes	criai	criardes	criado
criem	criassem	criarem	criem	criarem	

DANÇAR

INDICATIVO					
Presente	Pretérito imperfeito	Futuro do presente	Futuro do pretérito	Pretérito perfeito	Pretérito mais-que-perfeito
danço	dançava	dançarei	dançaria	dancei	dançara
danças	dançavas	dançarás	dançarias	dançaste	dançaras
dança	dançava	dançará	dançaria	dançou	dançara
dançamos	dançávamos	dançaremos	dançaríamos	dançamos	dançáramos
dançais	dançáveis	dançareis	dançaríeis	dançastes	dançáreis
dançam	dançavam	dançarão	dançariam	dançaram	dançaram

SUBJUNTIVO			IMPERATIVO AFIRMATIVO	FORMAS NOMINAIS	
Presente	Pretérito imperfeito	Futuro		Infinitivo pessoal	Gerúndio
dance	dançasse	dançar	—	dançar	dançando
dances	dançasses	dançares	dança	dançares	
dance	dançasse	dançar	dance	dançar	Particípio
dancemos	dançássemos	dançarmos	dancemos	dançarmos	
danceis	dançásseis	dançardes	dançai	dançardes	dançado
dancem	dançassem	dançarem	dancem	dançarem	

DEVER

INDICATIVO					
Presente	Pretérito imperfeito	Futuro do presente	Futuro do pretérito	Pretérito perfeito	Pretérito mais-que-perfeito
devo	devia	deverei	deveria	devi	devera
deves	devias	deverás	deverias	deveste	deveras
deve	devia	deverá	deveria	deveu	devera
devemos	devíamos	deveremos	deveríamos	devemos	devêramos
deveis	devíeis	devereis	deveríeis	devestes	devêreis
devem	deviam	deverão	deveriam	deveram	deveram

SUBJUNTIVO			IMPERATIVO AFIRMATIVO	FORMAS NOMINAIS	
Presente	Pretérito imperfeito	Futuro		Infinitivo pessoal	Gerúndio
deva	devesse	dever	—	dever	devendo
devas	devesses	deveres	deve	deveres	
deva	devesse	dever	deva	dever	Particípio
devamos	devêssemos	devermos	devamos	devermos	
devais	devêsseis	deverdes	devei	deverdes	devido
devam	devessem	deverem	devam	deverem	

DOAR

INDICATIVO					
Presente	Pretérito imperfeito	Futuro do presente	Futuro do pretérito	Pretérito perfeito	Pretérito mais-que-perfeito
doo	doava	doarei	doaria	doei	doara
doas	doavas	doarás	doarias	doaste	doaras
doa	doava	doará	doaria	doou	doara
doamos	doávamos	doaremos	doaríamos	doamos	doáramos
doais	doáveis	doareis	doaríeis	doastes	doáreis
doam	doavam	doarão	doariam	doaram	doaram

SUBJUNTIVO			IMPERATIVO AFIRMATIVO	FORMAS NOMINAIS	
Presente	Pretérito imperfeito	Futuro	—	Infinitivo pessoal	Gerúndio
doe	doasse	doar	doa	doar	doando
does	doasses	doares	doe	doares	
doe	doasse	doar	doemos	doar	Particípio
doemos	doássemos	doarmos	doai	doarmos	
doeis	doásseis	doardes	doem	doardes	doado
doem	doassem	doarem		doarem	

ESCOLHER

INDICATIVO					
Presente	Pretérito imperfeito	Futuro do presente	Futuro do pretérito	Pretérito perfeito	Pretérito mais-que-perfeito
escolho	escolhia	escolherei	escolheria	escolhi	escolhera
escolhes	escolhias	escolherás	escolherias	escolheste	escolheras
escolhe	escolhia	escolherá	escolheria	escolheu	escolhera
escolhemos	escolhíamos	escolheremos	escolheríamos	escolhemos	escolhêramos
escolheis	escolhíeis	escolhereis	escolheríeis	escolhestes	escolhêreis
escolhem	escolhiam	escolherão	escolheriam	escolheram	escolheram

SUBJUNTIVO			IMPERATIVO AFIRMATIVO	FORMAS NOMINAIS	
Presente	Pretérito imperfeito	Futuro		Infinitivo pessoal	Gerúndio
escolha	escolhesse	escolher	escolhe	escolher	escolhendo
escolhas	escolhesses	escolheres	escolha	escolheres	
escolha	escolhesse	escolher	escolhamos	escolher	Particípio
escolhamos	escolhêssemos	escolhermos	escolhei	escolhermos	
escolhais	escolhêsseis	escolherdes	escolham	escolherdes	escolhido
escolham	escolhessem	escolherem		escolherem	

EVITAR

INDICATIVO					
Presente	Pretérito imperfeito	Futuro do presente	Futuro do pretérito	Pretérito perfeito	Pretérito mais-que-perfeito
evito	evitava	evitarei	evitaria	evitei	evitara
evitas	evitavas	evitarás	evitarias	evitaste	evitaras
evita	evitava	evitará	evitaria	evitou	evitara
evitamos	evitávamos	evitaremos	evitaríamos	evitamos	evitáramos
evitais	evitáveis	evitareis	evitaríeis	evitastes	evitáreis
evitam	evitavam	evitarão	evitariam	evitaram	evitaram

SUBJUNTIVO			IMPERATIVO AFIRMATIVO	FORMAS NOMINAIS	
Presente	Pretérito imperfeito	Futuro		Infinitivo pessoal	Gerúndio
evite	evitasse	evitar	—	evitar	evitando
evites	evitasses	evitares	evita	evitares	
evite	evitasse	evitar	evite	evitar	Particípio
evitemos	evitássemos	evitarmos	evitemos	evitarmos	
eviteis	evitásseis	evitardes	evitai	evitardes	evitado
evitem	evitassem	evitarem	evitem	evitarem	

EXIGIR

INDICATIVO					
Presente	Pretérito imperfeito	Futuro do presente	Futuro do pretérito	Pretérito perfeito	Pretérito mais-que-perfeito
exijo	exigia	exigirei	exigiria	exigi	exigira
exiges	exigias	exigirás	exigirias	exigiste	exigiras
exige	exigia	exigirá	exigiria	exigiu	exigira
exigimos	exigíamos	exigiremos	exigiríamos	exigimos	exigíramos
exigis	exigíeis	exigireis	exigiríeis	exigistes	exigíreis
exigem	exigiam	exigirão	exigiriam	exigiram	exigiram

SUBJUNTIVO			IMPERATIVO AFIRMATIVO	FORMAS NOMINAIS	
Presente	Pretérito imperfeito	Futuro		Infinitivo pessoal	Gerúndio
exija	exigisse	exigir	—	exigir	
exijas	exigisses	exigires	exige	exigires	exigindo
exija	exigisse	exigir	exija	exigir	
exijamos	exigíssemos	exigirmos	exijamos	exigirmos	Particípio
exijais	exigísseis	exigirdes	exigi	exigirdes	
exijam	exigissem	exigirem	exijam	exigirem	exigido

EXISTIR

INDICATIVO					
Presente	Pretérito imperfeito	Futuro do presente	Futuro do pretérito	Pretérito perfeito	Pretérito mais-que-perfeito
existo	existia	existirei	existiria	existi	existira
existes	existias	existirás	existirias	showed exististe	existiras
existe	existia	existirá	existiria	existiu	existira
existimos	existíamos	existiremos	existiríamos	existimos	existíramos
existis	existíeis	existireis	existiríeis	exististes	existíreis
existem	existiam	existirão	existiriam	existiram	existiram

SUBJUNTIVO			IMPERATIVO AFIRMATIVO	FORMAS NOMINAIS	
Presente	Pretérito imperfeito	Futuro		Infinitivo pessoal	Gerúndio
exista	existisse	existir	—	existir	existindo
existas	existisses	existires	existe	existires	
exista	existisse	existir	exista	existir	Particípio
existamos	existíssemos	existirmos	existamos	existirmos	
existais	existísseis	existirdes	existi	existirdes	existido
existam	existissem	existirem	existam	existirem	

FALAR

INDICATIVO					
Presente	**Pretérito imperfeito**	**Futuro do presente**	**Futuro do pretérito**	**Pretérito perfeito**	**Pretérito mais-que-perfeito**
falo	falava	falarei	falaria	falei	falara
falas	falavas	falarás	falarias	falaste	falaras
fala	falava	falará	falaria	falou	falara
falamos	falávamos	falaremos	falaríamos	falamos	faláramos
falais	faláveis	falareis	falaríeis	falastes	faláreis
falam	falavam	falarão	falariam	falaram	falaram

SUBJUNTIVO			IMPERATIVO AFIRMATIVO	FORMAS NOMINAIS	
Presente	**Pretérito imperfeito**	**Futuro**	—	**Infinitivo pessoal**	**Gerúndio**
fale	falasse	falar	fala	falar	
fales	falasses	falares	fale	falares	falando
fale	falasse	falar	falemos	falar	**Particípio**
falemos	falássemos	falarmos	falai	falarmos	
faleis	falásseis	falardes	falem	falardes	falado
falem	falassem	falarem		falarem	

FECHAR

INDICATIVO					
Presente	Pretérito imperfeito	Futuro do presente	Futuro do pretérito	Pretérito perfeito	Pretérito mais-que-perfeito
fecho	fechava	fecharei	fecharia	fechei	fechara
fechas	fechavas	fecharás	fecharias	fechaste	fecharas
fecha	fechava	fechará	fecharia	fechou	fechara
fechamos	fechávamos	fecharemos	fecharíamos	fechamos	fecháramos
fechais	fecháveis	fechareis	fecharíeis	fechastes	fecháreis
fecham	fechavam	fecharão	fechariam	fecharam	fecharam

SUBJUNTIVO			IMPERATIVO AFIRMATIVO	FORMAS NOMINAIS	
Presente	Pretérito imperfeito	Futuro		Infinitivo pessoal	Gerúndio
feche	fechasse	fechar	—	fechar	fechando
feches	fechasses	fechares	fecha	fechares	
feche	fechasse	fechar	feche	fechar	Particípio
fechemos	fechássemos	fecharmos	fechemos	fecharmos	
fecheis	fechásseis	fechardes	fechai	fechardes	fechado
fechem	fechassem	fecharem	fechem	fecharem	

FICAR

INDICATIVO					
Presente	Pretérito imperfeito	Futuro do presente	Futuro do pretérito	Pretérito perfeito	Pretérito mais-que-perfeito
fico	ficava	ficarei	ficaria	fiquei	ficara
ficas	ficavas	ficarás	ficarias	ficaste	ficaras
fica	ficava	ficará	ficaria	ficou	ficara
ficamos	ficávamos	ficaremos	ficaríamos	ficamos	ficáramos
ficais	ficáveis	ficareis	ficaríeis	ficastes	ficáreis
ficam	ficavam	ficarão	ficariam	ficaram	ficaram

SUBJUNTIVO			IMPERATIVO AFIRMATIVO	FORMAS NOMINAIS	
Presente	Pretérito imperfeito	Futuro		Infinitivo pessoal	Gerúndio
fique	ficasse	ficar	—	ficar	
fiques	ficasses	ficares	fica	ficares	ficando
fique	ficasse	ficar	fique	ficar	
fiquemos	ficássemos	ficarmos	fiquemos	ficarmos	Particípio
fiqueis	ficásseis	ficardes	ficai	ficardes	
fiquem	ficassem	ficarem	fiquem	ficarem	ficado

GANHAR

INDICATIVO					
Presente	Pretérito imperfeito	Futuro do presente	Futuro do pretérito	Pretérito perfeito	Pretérito mais-que-perfeito
ganho	ganhava	ganharei	ganharia	ganhei	ganhara
ganhas	ganhavas	ganharás	ganharias	ganhaste	ganharas
ganha	ganhava	ganhará	ganharia	ganhou	ganhara
ganhamos	ganhávamos	ganharemos	ganharíamos	ganhamos	ganháramos
ganhais	ganháveis	ganhareis	ganharíeis	ganhastes	ganháreis
ganham	ganhavam	ganharão	ganhariam	ganharam	ganharam

SUBJUNTIVO			IMPERATIVO AFIRMATIVO	FORMAS NOMINAIS	
Presente	Pretérito imperfeito	Futuro		Infinitivo pessoal	Gerúndio
ganhe	ganhasse	ganhar	—	ganhar	ganhando
ganhes	ganhasses	ganhares	ganha	ganhares	
ganhe	ganhasse	ganhar	ganhe	ganhar	**Particípio**
ganhemos	ganhássemos	ganharmos	ganhemos	ganharmos	
ganheis	ganhásseis	ganhardes	ganhai	ganhardes	ganhado
ganhem	ganhassem	ganharem	ganhem	ganharem	ganho

GARANTIR

INDICATIVO					
Presente	Pretérito imperfeito	Futuro do presente	Futuro do pretérito	Pretérito perfeito	Pretérito mais-que-perfeito
garanto	garantia	garantirei	garantiria	garanti	garantira
garantes	garantias	garantirás	garantirias	garantiste	garantiras
garante	garantia	garantirá	garantiria	garantiu	garantira
garantimos	garantíamos	garantiremos	garantiríamos	garantimos	garantíramos
garantis	garantíeis	garantireis	garantiríeis	garantistes	garantíreis
garantem	garantiam	garantirão	garantiriam	garantiram	garantiram

SUBJUNTIVO			IMPERATIVO AFIRMATIVO	FORMAS NOMINAIS	
Presente	Pretérito imperfeito	Futuro		Infinitivo pessoal	Gerúndio
garanta	garantisse	garantir	—	garantir	
garantas	garantisses	garantires	garante	garantires	garantindo
garanta	garantisse	garantir	garanta	garantir	
garantamos	garantíssemos	garantirmos	garantamos	garantirmos	Particípio
garantais	garantísseis	garantirdes	garanti	garantirdes	
garantam	garantissem	garantirem	garantam	garantirem	garantido

GOSTAR

INDICATIVO					
Presente	Pretérito imperfeito	Futuro do presente	Futuro do pretérito	Pretérito perfeito	Pretérito mais-que-perfeito
gosto	gostava	gostarei	gostaria	gostei	gostara
gostas	gostavas	gostarás	gostarias	gostaste	gostaras
gosta	gostava	gostará	gostaria	gostou	gostara
gostamos	gostávamos	gostaremos	gostaríamos	gostamos	gostáramos
gostais	gostáveis	gostareis	gostaríeis	gostastes	gostáreis
gostam	gostavam	gostarão	gostariam	gostaram	gostaram

SUBJUNTIVO			IMPERATIVO AFIRMATIVO	FORMAS NOMINAIS	
Presente	Pretérito imperfeito	Futuro	—	Infinitivo pessoal	Gerúndio
goste	gostasse	gostar	gosta	gostar	gostando
gostes	gostasses	gostares	goste	gostares	
goste	gostasse	gostar	gostemos	gostar	Particípio
gostemos	gostássemos	gostarmos	gostai	gostarmos	
gosteis	gostásseis	gostardes	gostem	gostardes	gostado
gostem	gostassem	gostarem		gostarem	

HONRAR

INDICATIVO					
Presente	Pretérito imperfeito	Futuro do presente	Futuro do pretérito	Pretérito perfeito	Pretérito mais-que-perfeito
honro	honrava	honrarei	honraria	honrei	honrara
honras	honravas	honrarás	honrarias	honraste	honraras
honra	honrava	honrará	honraria	honrou	honrara
honramos	honrávamos	honraremos	honraríamos	honramos	honráramos
honrais	honráveis	honrareis	honraríeis	honrastes	honráreis
honram	honravam	honrarão	honrariam	honraram	honraram

SUBJUNTIVO			IMPERATIVO AFIRMATIVO	FORMAS NOMINAIS	
Presente	Pretérito imperfeito	Futuro		Infinitivo pessoal	Gerúndio
honre	honrasse	honrar	—	honrar	
honres	honrasses	honrares	honra	honrares	honrando
honre	honrasse	honrar	honre	honrar	
honremos	honrássemos	honrarmos	honremos	honrarmos	Particípio
honreis	honrásseis	honrardes	honrai	honrardes	
honrem	honrassem	honrarem	honrem	honrarem	honrado

JANTAR

INDICATIVO					
Presente	Pretérito imperfeito	Futuro do presente	Futuro do pretérito	Pretérito perfeito	Pretérito mais-que-perfeito
janto	jantava	jantarei	jantaria	jantei	jantara
jantas	jantavas	jantarás	jantarias	jantaste	jantaras
janta	jantava	jantará	jantaria	jantou	jantara
jantamos	jantávamos	jantaremos	jantaríamos	jantamos	jantáramos
jantais	jantáveis	jantareis	jantaríeis	jantastes	jantáreis
jantam	jantavam	jantarão	jantariam	jantaram	jantaram

SUBJUNTIVO			IMPERATIVO AFIRMATIVO	FORMAS NOMINAIS	
Presente	Pretérito imperfeito	Futuro	—	Infinitivo pessoal	Gerúndio
jante	jantasse	jantar	janta	jantar	jantando
jantes	jantasses	jantares	jante	jantares	
jante	jantasse	jantar	jantemos	jantar	Particípio
jantemos	jantássemos	jantarmos	jantai	jantarmos	
janteis	jantásseis	jantardes	jantem	jantardes	jantado
jantem	jantassem	jantarem		jantarem	

JOGAR

INDICATIVO					
Presente	Pretérito imperfeito	Futuro do presente	Futuro do pretérito	Pretérito perfeito	Pretérito mais-que-perfeito
jogo	jogava	jogarei	jogaria	joguei	jogara
jogas	jogavas	jogarás	jogarias	jogaste	jogaras
joga	jogava	jogará	jogaria	jogou	jogara
jogamos	jogávamos	jogaremos	jogaríamos	jogamos	jogáramos
jogais	jogáveis	jogareis	jogaríeis	jogastes	jogáreis
jogam	jogavam	jogarão	jogariam	jogaram	jogaram

SUBJUNTIVO			IMPERATIVO AFIRMATIVO	FORMAS NOMINAIS	
Presente	Pretérito imperfeito	Futuro		Infinitivo pessoal	Gerúndio
jogue	jogasse	jogar		jogar	
jogues	jogasses	jogares	joga	jogares	jogando
jogue	jogasse	jogar	jogue	jogar	
joguemos	jogássemos	jogarmos	joguemos	jogarmos	Particípio
jogueis	jogásseis	jogardes	jogai	jogardes	
joguem	jogassem	jogarem	joguem	jogarem	jogado

LARGAR

INDICATIVO					
Presente	Pretérito imperfeito	Futuro do presente	Futuro do pretérito	Pretérito perfeito	Pretérito mais-que-perfeito
largo	largava	largarei	largaria	larguei	largara
largas	largavas	largarás	largarias	largaste	largaras
larga	largava	largará	largaria	largou	largara
largamos	largávamos	largaremos	largaríamos	largamos	largáramos
largais	largáveis	largareis	largaríeis	largastes	largáreis
largam	largavam	largarão	largariam	largaram	largaram

SUBJUNTIVO			IMPERATIVO AFIRMATIVO	FORMAS NOMINAIS	
Presente	Pretérito imperfeito	Futuro		Infinitivo pessoal	Gerúndio
largue	largasse	largar	—	largar	largando
largues	largasses	largares	larga	largares	
largue	largasse	largar	largue	largar	Particípio
larguemos	largássemos	largarmos	larguemos	largarmos	
largueis	largásseis	largardes	largai	largardes	largado
larguem	largassem	largarem	larguem	largarem	

LAVAR

INDICATIVO					
Presente	Pretérito imperfeito	Futuro do presente	Futuro do pretérito	Pretérito perfeito	Pretérito mais-que-perfeito
lavo	lavava	lavarei	lavaria	lavei	lavara
lavas	lavavas	lavarás	lavarias	lavaste	lavaras
lava	lavava	lavará	lavaria	lavou	lavara
lavamos	lavávamos	lavaremos	lavaríamos	lavamos	laváramos
lavais	laváveis	lavareis	lavaríeis	lavastes	laváreis
lavam	lavavam	lavarão	lavariam	lavaram	lavaram

SUBJUNTIVO			IMPERATIVO AFIRMATIVO	FORMAS NOMINAIS	
Presente	Pretérito imperfeito	Futuro	—	Infinitivo pessoal	Gerúndio
lave	lavasse	lavar	lava	lavar	lavando
laves	lavasses	lavares	lave	lavares	
lave	lavasse	lavar	lavemos	lavar	Particípio
lavemos	lavássemos	lavarmos	lavai	lavarmos	
laveis	lavásseis	lavardes	lavem	lavardes	lavado
lavem	lavassem	lavarem		lavarem	

MARCAR

INDICATIVO					
Presente	Pretérito imperfeito	Futuro do presente	Futuro do pretérito	Pretérito perfeito	Pretérito mais-que-perfeito
marco	marcava	marcarei	marcaria	marquei	marcara
marcas	marcavas	marcarás	marcarias	marcaste	marcaras
marca	marcava	marcará	marcaria	marcou	marcara
marcamos	marcávamos	marcaremos	marcaríamos	marcamos	marcáramos
marcais	marcáveis	marcareis	marcaríeis	marcastes	marcáreis
marcam	marcavam	marcarão	marcariam	marcaram	marcaram

SUBJUNTIVO			IMPERATIVO AFIRMATIVO	FORMAS NOMINAIS	
Presente	Pretérito imperfeito	Futuro		Infinitivo pessoal	Gerúndio
marque	marcasse	marcar	—	marcar	marcando
marques	marcasses	marcares	marca	marcares	
marque	marcasse	marcar	marque	marcar	Particípio
marquemos	marcássemos	marcarmos	marquemos	marcarmos	
marqueis	marcásseis	marcardes	marcai	marcardes	marcado
marquem	marcassem	marcarem	marquem	marcarem	

MEXER

INDICATIVO					
Presente	Pretérito imperfeito	Futuro do presente	Futuro do pretérito	Pretérito perfeito	Pretérito mais-que-perfeito
mexo	mexia	mexerei	mexeria	mexi	mexera
mexes	mexias	mexerás	mexerias	mexeste	mexeras
mexe	mexia	mexerá	mexeria	mexeu	mexera
mexemos	mexíamos	mexeremos	mexeríamos	mexemos	mexêramos
mexeis	mexíeis	mexereis	mexeríeis	mexestes	mexêreis
mexem	mexiam	mexerão	mexeriam	mexeram	mexeram

SUBJUNTIVO			IMPERATIVO AFIRMATIVO	FORMAS NOMINAIS	
Presente	Pretérito imperfeito	Futuro	—	Infinitivo pessoal	Gerúndio
mexa	mexesse	mexer	mexe	mexer	mexendo
mexas	mexesses	mexeres	mexa	mexeres	
mexa	mexesse	mexer	mexamos	mexer	Particípio
mexamos	mexêssemos	mexermos	mexei	mexermos	
mexais	mexêsseis	mexerdes	mexam	mexerdes	mexido
mexam	mexessem	mexerem		mexerem	

MISTURAR

INDICATIVO					
Presente	Pretérito imperfeito	Futuro do presente	Futuro do pretérito	Pretérito perfeito	Pretérito mais-que-perfeito
misturo	misturava	misturarei	misturaria	misturei	misturara
misturas	misturavas	misturarás	misturarias	misturaste	misturaras
mistura	misturava	misturará	misturaria	misturou	misturara
misturamos	misturávamos	misturaremos	misturaríamos	misturamos	misturáramos
misturais	misturáveis	misturareis	misturaríeis	misturastes	misturáreis
misturam	misturavam	misturarão	misturariam	misturaram	misturaram

SUBJUNTIVO			IMPERATIVO AFIRMATIVO	FORMAS NOMINAIS	
Presente	Pretérito imperfeito	Futuro		Infinitivo pessoal	Gerúndio
misture	misturasse	misturar	—	misturar	misturando
mistures	misturasses	misturares	mistura	misturares	
misture	misturasse	misturar	misture	misturar	Particípio
misturemos	misturássemos	misturarmos	misturemos	misturarmos	
mistureis	misturásseis	misturardes	misturai	misturardes	misturado
misturem	misturassem	misturarem	misturem	misturarem	

MOLHAR

INDICATIVO					
Presente	Pretérito imperfeito	Futuro do presente	Futuro do pretérito	Pretérito perfeito	Pretérito mais-que-perfeito
molho	molhava	molharei	molharia	molhei	molhara
molhas	molhavas	molharás	molharias	molhaste	molharas
molha	molhava	molhará	molharia	molhou	molhara
molhamos	molhávamos	molharemos	molharíamos	molhamos	molháramos
molhais	molháveis	molhareis	molharíeis	molhastes	molháreis
molham	molhavam	molharão	molhariam	molharam	molharam

SUBJUNTIVO			IMPERATIVO AFIRMATIVO	FORMAS NOMINAIS	
Presente	Pretérito imperfeito	Futuro	—	Infinitivo pessoal	Gerúndio
molhe	molhasse	molhar	molha	molhar	
molhes	molhasses	molhares	molhe	molhares	molhando
molhe	molhasse	molhar	molhemos	molhar	
molhemos	molhássemos	molharmos	molhai	molharmos	Particípio
molheis	molhásseis	molhardes	molhem	molhardes	
molhem	molhassem	molharem		molharem	molhado

MORAR

INDICATIVO					
Presente	Pretérito imperfeito	Futuro do presente	Futuro do pretérito	Pretérito perfeito	Pretérito mais-que-perfeito
moro	morava	morarei	moraria	morei	morara
moras	moravas	morarás	morarias	moraste	moraras
mora	morava	morará	moraria	morou	morara
moramos	morávamos	moraremos	moraríamos	moramos	moráramos
morais	moráveis	morareis	moraríeis	morastes	moráreis
moram	moravam	morarão	morariam	moraram	moraram

SUBJUNTIVO			IMPERATIVO AFIRMATIVO	FORMAS NOMINAIS	
Presente	Pretérito imperfeito	Futuro	—	Infinitivo pessoal	Gerúndio
more	morasse	morar	mora	morar	morando
mores	morasses	morares	more	morares	
more	morasse	morar	moremos	morar	Particípio
moremos	morássemos	morarmos	morai	morarmos	
moreis	morásseis	morardes	morem	morardes	morado
morem	morassem	morarem		morarem	

MUDAR

INDICATIVO					
Presente	Pretérito imperfeito	Futuro do presente	Futuro do pretérito	Pretérito perfeito	Pretérito mais-que-perfeito
mudo	mudava	mudarei	mudaria	mudei	mudara
mudas	mudavas	mudarás	mudarias	mudaste	mudaras
muda	mudava	mudará	mudaria	mudou	mudara
mudamos	mudávamos	mudaremos	mudaríamos	mudamos	mudáramos
mudais	mudáveis	mudareis	mudaríeis	mudastes	mudáreis
mudam	mudavam	mudarão	mudariam	mudaram	mudaram

SUBJUNTIVO			IMPERATIVO AFIRMATIVO	FORMAS NOMINAIS	
Presente	Pretérito imperfeito	Futuro		Infinitivo pessoal	Gerúndio
mude	mudasse	mudar	—	mudar	
mudes	mudasses	mudares	muda	mudares	mudando
mude	mudasse	mudar	mude	mudar	**Particípio**
mudemos	mudássemos	mudarmos	mudemos	mudarmos	
mudeis	mudásseis	mudardes	mudai	mudardes	mudado
mudem	mudassem	mudarem	mudem	mudarem	

NADAR

INDICATIVO					
Presente	Pretérito imperfeito	Futuro do presente	Futuro do pretérito	Pretérito perfeito	Pretérito mais-que-perfeito
nado	nadava	nadarei	nadaria	nadei	nadara
nadas	nadavas	nadarás	nadarias	nadaste	nadaras
nada	nadava	nadará	nadaria	nadou	nadara
nadamos	nadávamos	nadaremos	nadaríamos	nadamos	nadáramos
nadais	nadáveis	nadareis	nadaríeis	nadastes	nadáreis
nadam	nadavam	nadarão	nadariam	nadaram	nadaram

SUBJUNTIVO			IMPERATIVO AFIRMATIVO	FORMAS NOMINAIS	
Presente	Pretérito imperfeito	Futuro		Infinitivo pessoal	Gerúndio
nade	nadasse	nadar	—	nadar	nadando
nades	nadasses	nadares	nada	nadares	
nade	nadasse	nadar	nade	nadar	Particípio
nademos	nadássemos	nadarmos	nademos	nadarmos	
nadeis	nadásseis	nadardes	nadai	nadardes	nadado
nadem	nadassem	nadarem	nadem	nadarem	

NASCER

		INDICATIVO			
Presente	Pretérito imperfeito	Futuro do presente	Futuro do pretérito	Pretérito perfeito	Pretérito mais-que-perfeito
nasço	nascia	nascerei	nasceria	nasci	nascera
nasces	nascias	nascerás	nascerias	nasceste	nasceras
nasce	nascia	nascerá	nasceria	nasceu	nascera
nascemos	nascíamos	nasceremos	nasceríamos	nascemos	nascêramos
nasceis	nascíeis	nascereis	nasceríeis	nascestes	nascêreis
nascem	nasciam	nascerão	nasceriam	nasceram	nasceram

SUBJUNTIVO			IMPERATIVO AFIRMATIVO	FORMAS NOMINAIS	
Presente	Pretérito imperfeito	Futuro		Infinitivo pessoal	Gerúndio
nasça	nascesse	nascer	—	nascer	nascendo
nasças	nascesses	nasceres	nasce	nasceres	
nasça	nascesse	nascer	nasça	nascer	Particípio
nasçamos	nascêssemos	nascermos	nasçamos	nascermos	
nasçais	nascêsseis	nascerdes	nascei	nascerdes	nascido
nasçam	nascessem	nascerem	nasçam	nascerem	

OLHAR

INDICATIVO					
Presente	Pretérito imperfeito	Futuro do presente	Futuro do pretérito	Pretérito perfeito	Pretérito mais-que-perfeito
olho	olhava	olharei	olharia	olhei	olhara
olhas	olhavas	olharás	olharias	olhaste	olharas
olha	olhava	olhará	olharia	olhou	olhara
olhamos	olhávamos	olharemos	olharíamos	olhamos	olháramos
olhais	olháveis	olhareis	olharíeis	olhastes	olháreis
olham	olhavam	olharão	olhariam	olharam	olharam

SUBJUNTIVO			IMPERATIVO AFIRMATIVO	FORMAS NOMINAIS	
Presente	Pretérito imperfeito	Futuro	—	Infinitivo pessoal	Gerúndio
olhe	olhasse	olhar	olha	olhar	olhando
olhes	olhasses	olhares	olhe	olhares	
olhe	olhasse	olhar	olhemos	olhar	Particípio
olhemos	olhássemos	olharmos	olhai	olharmos	
olheis	olhásseis	olhardes	olhem	olhardes	olhado
olhem	olhassem	olharem		olharem	

ORAR

INDICATIVO					
Presente	Pretérito imperfeito	Futuro do presente	Futuro do pretérito	Pretérito perfeito	Pretérito mais-que-perfeito
oro	orava	orarei	oraria	orei	orara
oras	oravas	orarás	orarias	oraste	oraras
ora	orava	orará	oraria	orou	orara
oramos	orávamos	oraremos	oraríamos	oramos	oráramos
orais	oráveis	orareis	oraríeis	orastes	oráreis
oram	oravam	orarão	orariam	oraram	oraram

SUBJUNTIVO			IMPERATIVO AFIRMATIVO	FORMAS NOMINAIS	
Presente	Pretérito imperfeito	Futuro		Infinitivo pessoal	Gerúndio
ore	orasse	orar	—	orar	
ores	orasses	orares	ora	orares	orando
ore	orasse	orar	ore	orar	Particípio
oremos	orássemos	orarmos	oremos	orarmos	
oreis	orásseis	orardes	orai	orardes	orado
orem	orassem	orarem	orem	orarem	

PAGAR

INDICATIVO					
Presente	Pretérito imperfeito	Futuro do presente	Futuro do pretérito	Pretérito perfeito	Pretérito mais-que-perfeito
pago	pagava	pagarei	pagaria	paguei	pagara
pagas	pagavas	pagarás	pagarias	pagaste	pagaras
paga	pagava	pagará	pagaria	pagou	pagara
pagamos	pagávamos	pagaremos	pagaríamos	pagamos	pagáramos
pagais	pagáveis	pagareis	pagaríeis	pagastes	pagáreis
pagam	pagavam	pagarão	pagariam	pagaram	pagaram

SUBJUNTIVO			IMPERATIVO AFIRMATIVO	FORMAS NOMINAIS	
Presente	Pretérito imperfeito	Futuro	—	Infinitivo pessoal	Gerúndio
pague	pagasse	pagar	paga	pagar	pagando
pagues	pagasses	pagares	pague	pagares	
pague	pagasse	pagar	paguemos	pagar	Particípio
paguemos	pagássemos	pagarmos	pagai	pagarmos	
pagueis	pagásseis	pagardes	paguem	pagardes	pagado
paguem	pagassem	pagarem		pagarem	pago

PARAR

INDICATIVO					
Presente	Pretérito imperfeito	Futuro do presente	Futuro do pretérito	Pretérito perfeito	Pretérito mais-que-perfeito
paro	parava	pararei	pararia	parei	parara
paras	paravas	pararás	pararias	paraste	pararas
para	parava	parará	pararia	parou	parara
paramos	parávamos	pararemos	pararíamos	paramos	paráramos
parais	paráveis	parareis	pararíeis	parastes	paráreis
param	paravam	pararão	parariam	pararam	pararam

SUBJUNTIVO			IMPERATIVO AFIRMATIVO	FORMAS NOMINAIS	
Presente	Pretérito imperfeito	Futuro	—	Infinitivo pessoal	Gerúndio
pare	parasse	parar	para	parar	parando
pares	parasses	parares	pare	parares	
pare	parasse	parar	paremos	parar	Particípio
paremos	parássemos	pararmos	parai	pararmos	
pareis	parásseis	parardes	parem	parardes	parado
parem	parassem	pararem		pararem	

PASSAR

INDICATIVO					
Presente	Pretérito imperfeito	Futuro do presente	Futuro do pretérito	Pretérito perfeito	Pretérito mais-que-perfeito
passo	passava	passarei	passaria	passei	passara
passas	passavas	passarás	passarias	passaste	passaras
passa	passava	passará	passaria	passou	passara
passamos	passávamos	passaremos	passaríamos	passamos	passáramos
passais	passáveis	passareis	passaríeis	passastes	passáreis
passam	passavam	passarão	passariam	passaram	passaram

SUBJUNTIVO			IMPERATIVO AFIRMATIVO	FORMAS NOMINAIS	
Presente	Pretérito imperfeito	Futuro	—	Infinitivo pessoal	Gerúndio
passe	passasse	passar	passa	passar	passando
passes	passasses	passares	passe	passares	
passe	passasse	passar	passemos	passar	Particípio
passemos	passássemos	passarmos	passai	passarmos	
passeis	passásseis	passardes	passem	passardes	passado
passem	passassem	passarem		passarem	

Manual de Estudos

PEGAR

INDICATIVO					
Presente	Pretérito imperfeito	Futuro do presente	Futuro do pretérito	Pretérito perfeito	Pretérito mais-que-perfeito
pego	pegava	pegarei	pegaria	peguei	pegara
pegas	pegavas	pegarás	pegarias	pegaste	pegaras
pega	pegava	pegará	pegaria	pegou	pegara
pegamos	pegávamos	pegaremos	pegaríamos	pegamos	pegáramos
pegais	pegáveis	pegareis	pegaríeis	pegastes	pegáreis
pegam	pegavam	pegarão	pegariam	pegaram	pegaram

SUBJUNTIVO			IMPERATIVO AFIRMATIVO	FORMAS NOMINAIS	
Presente	Pretérito imperfeito	Futuro	—	Infinitivo pessoal	Gerúndio
pegue	pegasse	pegar	pega	pegar	pegando
pegues	pegasses	pegares	pegue	pegares	
pegue	pegasse	pegar	peguemos	pegar	Particípio
peguemos	pegássemos	pegarmos	pegai	pegarmos	
pegueis	pegásseis	pegardes	peguem	pegardes	pegado
peguem	pegassem	pegarem		pegarem	pego

QUEBRAR

INDICATIVO

Presente	Pretérito imperfeito	Futuro do presente	Futuro do pretérito	Pretérito perfeito	Pretérito mais-que-perfeito
quebro	quebrava	quebrarei	quebraria	quebrei	quebrara
quebras	quebravas	quebrarás	quebrarias	quebraste	quebraras
quebra	quebrava	quebrará	quebraria	quebrou	quebrara
quebramos	quebrávamos	quebraremos	quebraríamos	quebramos	quebráramos
quebrais	quebráveis	quebrareis	quebraríeis	quebrastes	quebráreis
quebram	quebravam	quebrarão	quebrariam	quebraram	quebraram

SUBJUNTIVO | IMPERATIVO AFIRMATIVO | FORMAS NOMINAIS

Presente	Pretérito imperfeito	Futuro	Imperativo Afirmativo	Infinitivo pessoal	Gerúndio
quebre	quebrasse	quebrar	—	quebrar	quebrando
quebres	quebrasses	quebrares	quebra	quebrares	
quebre	quebrasse	quebrar	quebre	quebrar	**Particípio**
quebremos	quebrássemos	quebrarmos	quebremos	quebrarmos	
quebreis	quebrásseis	quebrardes	quebrai	quebrardes	quebrado
quebrem	quebrassem	quebrarem	quebrem	quebrarem	

REUNIR

INDICATIVO					
Presente	Pretérito imperfeito	Futuro do presente	Futuro do pretérito	Pretérito perfeito	Pretérito mais-que-perfeito
reúno	reunia	reunirei	reuniria	reuni	reunira
reúnes	reunias	reunirás	reunirias	reuniste	reuniras
reúne	reunia	reunirá	reuniria	reuniu	reunira
reunimos	reuníamos	reuniremos	reuniríamos	reunimos	reuníramos
reunis	reuníeis	reunireis	reuniríeis	reunistes	reuníreis
reúnem	reuniam	reunirão	reuniriam	reuniram	reuniram

SUBJUNTIVO			IMPERATIVO AFIRMATIVO	FORMAS NOMINAIS	
Presente	Pretérito imperfeito	Futuro		Infinitivo pessoal	Gerúndio
reúna	reunisse	reunir	—	reunir	reunindo
reúnas	reunisses	reunires	reúne	reunires	
reúna	reunisse	reunir	reúna	reunir	Particípio
reunamos	reuníssemos	reunirmos	reunamos	reunirmos	
reunais	reunísseis	reunirdes	reuni	reunirdes	reunido
reúnam	reunissem	reunirem	reúnam	reunirem	

SAIR

INDICATIVO					
Presente	Pretérito imperfeito	Futuro do presente	Futuro do pretérito	Pretérito perfeito	Pretérito mais-que-perfeito
saio	saía	sairei	sairia	saí	saíra
sais	saías	sairás	sairias	saíste	saíras
sai	saía	sairá	sairia	saiu	saíra
saímos	saíamos	sairemos	sairíamos	saímos	saíramos
saís	saíeis	saireis	sairíeis	saístes	saíreis
saem	saíam	sairão	sairiam	saíram	saíram

SUBJUNTIVO			IMPERATIVO AFIRMATIVO	FORMAS NOMINAIS	
Presente	Pretérito imperfeito	Futuro	—	Infinitivo pessoal	Gerúndio
saia	saísse	sair	sai	sair	saindo
saias	saísses	saíres	saia	saíres	
saia	saísse	sair	saiamos	sair	Particípio
saiamos	saíssemos	sairmos	saí	sairmos	
saiais	saísseis	sairdes	saiam	sairdes	saído
saiam	saíssem	saírem		saírem	

SALVAR

INDICATIVO					
Presente	Pretérito imperfeito	Futuro do presente	Futuro do pretérito	Pretérito perfeito	Pretérito mais-que-perfeito
salvo	salvava	salvarei	salvaria	salvei	salvara
salvas	salvavas	salvarás	salvarias	salvaste	salvaras
salva	salvava	salvará	salvaria	salvou	salvara
salvamos	salvávamos	salvaremos	salvaríamos	salvamos	salváramos
salvais	salváveis	salvareis	salvaríeis	salvastes	salváreis
salvam	salvavam	salvarão	salvariam	salvaram	salvaram

SUBJUNTIVO			IMPERATIVO AFIRMATIVO	FORMAS NOMINAIS	
Presente	Pretérito imperfeito	Futuro		Infinitivo pessoal	Gerúndio
salve	salvasse	salvar	—	salvar	salvando
salves	salvasses	salvares	salva	salvares	
salve	salvasse	salvar	salve	salvar	Particípio
salvemos	salvássemos	salvarmos	salvemos	salvarmos	
salveis	salvásseis	salvardes	salvai	salvardes	salvado
salvem	salvassem	salvarem	salvem	salvarem	salvo

SUAR

INDICATIVO					
Presente	Pretérito imperfeito	Futuro do presente	Futuro do pretérito	Pretérito perfeito	Pretérito mais-que-perfeito
suo	suava	suarei	suaria	suei	suara
suas	suavas	suarás	suarias	suaste	suaras
sua	suava	suará	suaria	suou	suara
suamos	suávamos	suaremos	suaríamos	suamos	suáramos
suais	suáveis	suareis	suaríeis	suastes	suáreis
suam	suavam	suarão	suariam	suaram	suaram

SUBJUNTIVO			IMPERATIVO AFIRMATIVO	FORMAS NOMINAIS	
Presente	Pretérito imperfeito	Futuro		Infinitivo pessoal	Gerúndio
sue	suasse	suar	—	suar	suando
sues	suasses	suares	sua	suares	
sue	suasse	suar	sue	suar	Particípio
suemos	suássemos	suarmos	suemos	suarmos	
sueis	suásseis	suardes	suai	suardes	suado
suem	suassem	suarem	suem	suarem	

SUJAR

INDICATIVO					
Presente	Pretérito imperfeito	Futuro do presente	Futuro do pretérito	Pretérito perfeito	Pretérito mais-que-perfeito
sujo	sujava	sujarei	sujaria	sujei	sujara
sujas	sujavas	sujarás	sujarias	sujaste	sujaras
suja	sujava	sujará	sujaria	sujou	sujara
sujamos	sujávamos	sujaremos	sujaríamos	sujamos	sujáramos
sujais	sujáveis	sujareis	sujaríeis	sujastes	sujáreis
sujam	sujavam	sujarão	sujariam	sujaram	sujaram

SUBJUNTIVO			IMPERATIVO AFIRMATIVO	FORMAS NOMINAIS	
Presente	Pretérito imperfeito	Futuro		Infinitivo pessoal	Gerúndio
suje	sujasse	sujar	—	sujar	sujando
sujes	sujasses	sujares	suja	sujares	
suje	sujasse	sujar	suje	sujar	Particípio
sujemos	sujássemos	sujarmos	sujemos	sujarmos	
sujeis	sujásseis	sujardes	sujai	sujardes	sujado
sujem	sujassem	sujarem	sujem	sujarem	sujo

TECER

INDICATIVO					
Presente	Pretérito imperfeito	Futuro do presente	Futuro do pretérito	Pretérito perfeito	Pretérito mais-que-perfeito
teço	tecia	tecerei	teceria	teci	tecera
teces	tecias	tecerás	tecerias	teceste	teceras
tece	tecia	tecerá	teceria	teceu	tecera
tecemos	tecíamos	teceremos	teceríamos	tecemos	tecêramos
teceis	tecíeis	tecereis	teceríeis	tecestes	tecêreis
tecem	teciam	tecerão	teceriam	teceram	teceram

SUBJUNTIVO			IMPERATIVO AFIRMATIVO	FORMAS NOMINAIS	
Presente	Pretérito imperfeito	Futuro		Infinitivo pessoal	Gerúndio
teça	tecesse	tecer	—	tecer	tecendo
teças	tecesses	teceres	tece	teceres	
teça	tecesse	tecer	teça	tecer	Particípio
teçamos	tecêssemos	tecermos	teçamos	tecermos	
teçais	tecêsseis	tecerdes	tecei	tecerdes	tecido
teçam	tecessem	tecerem	teçam	tecerem	

TENTAR

INDICATIVO					
Presente	Pretérito imperfeito	Futuro do presente	Futuro do pretérito	Pretérito perfeito	Pretérito mais-que-perfeito
tento	tentava	tentarei	tentaria	tentei	tentara
tentas	tentavas	tentarás	tentarias	tentaste	tentaras
tenta	tentava	tentará	tentaria	tentou	tentara
tentamos	tentávamos	tentaremos	tentaríamos	tentamos	tentáramos
tentais	tentáveis	tentareis	tentaríeis	tentastes	tentáreis
tentam	tentavam	tentarão	tentariam	tentaram	tentaram

SUBJUNTIVO			IMPERATIVO AFIRMATIVO	FORMAS NOMINAIS	
Presente	Pretérito imperfeito	Futuro	—	Infinitivo pessoal	Gerúndio
tente	tentasse	tentar	tenta	tentar	tentando
tentes	tentasses	tentares	tente	tentares	
tente	tentasse	tentar	tentemos	tentar	Particípio
tentemos	tentássemos	tentarmos	tentai	tentarmos	
tenteis	tentásseis	tentardes	tentem	tentardes	tentado
tentem	tentassem	tentarem		tentarem	

TIRAR

INDICATIVO

Presente	Pretérito imperfeito	Futuro do presente	Futuro do pretérito	Pretérito perfeito	Pretérito mais-que-perfeito
tiro	tirava	tirarei	tiraria	tirei	tirara
tiras	tiravas	tirarás	tirarias	tiraste	tiraras
tira	tirava	tirará	tiraria	tirou	tirara
tiramos	tirávamos	tiraremos	tiraríamos	tiramos	tiráramos
tirais	tiráveis	tirareis	tiraríeis	tirastes	tiráreis
tiram	tiravam	tirarão	tirariam	tiraram	tiraram

SUBJUNTIVO | IMPERATIVO AFIRMATIVO | FORMAS NOMINAIS

Presente	Pretérito imperfeito	Futuro	Imperativo Afirmativo	Infinitivo pessoal	Gerúndio
tire	tirasse	tirar	—	tirar	tirando
tires	tirasses	tirares	tira	tirares	
tire	tirasse	tirar	tire	tirar	**Particípio**
tiremos	tirássemos	tirarmos	tiremos	tirarmos	
tireis	tirásseis	tirardes	tirai	tirardes	tirado
tirem	tirassem	tirarem	tirem	tirarem	

TOCAR

INDICATIVO					
Presente	Pretérito imperfeito	Futuro do presente	Futuro do pretérito	Pretérito perfeito	Pretérito mais-que-perfeito
toco	tocava	tocarei	tocaria	toquei	tocara
tocas	tocavas	tocarás	tocarias	tocaste	tocaras
toca	tocava	tocará	tocaria	tocou	tocara
tocamos	tocávamos	tocaremos	tocaríamos	tocamos	tocáramos
tocais	tocáveis	tocareis	tocaríeis	tocastes	tocáreis
tocam	tocavam	tocarão	tocariam	tocaram	tocaram

SUBJUNTIVO			IMPERATIVO AFIRMATIVO	FORMAS NOMINAIS	
Presente	Pretérito imperfeito	Futuro		Infinitivo pessoal	Gerúndio
toque	tocasse	tocar	—	tocar	tocando
toques	tocasses	tocares	toca	tocares	
toque	tocasse	tocar	toque	tocar	Particípio
toquemos	tocássemos	tocarmos	toquemos	tocarmos	
toqueis	tocásseis	tocardes	tocai	tocardes	tocado
toquem	tocassem	tocarem	toquem	tocarem	

TOMAR

INDICATIVO

Presente	Pretérito imperfeito	Futuro do presente	Futuro do pretérito	Pretérito perfeito	Pretérito mais-que-perfeito
tomo	tomava	tomarei	tomaria	tomei	tomara
tomas	tomavas	tomarás	tomarias	tomaste	tomaras
toma	tomava	tomará	tomaria	tomou	tomara
tomamos	tomávamos	tomaremos	tomaríamos	tomamos	tomáramos
tomais	tomáveis	tomareis	tomaríeis	tomastes	tomáreis
tomam	tomavam	tomarão	tomariam	tomaram	tomaram

SUBJUNTIVO			IMPERATIVO AFIRMATIVO	FORMAS NOMINAIS	
Presente	Pretérito imperfeito	Futuro	—	Infinitivo pessoal	Gerúndio
tome	tomasse	tomar	toma	tomar	tomando
tomes	tomasses	tomares	tome	tomares	
tome	tomasse	tomar	tomemos	tomar	Particípio
tomemos	tomássemos	tomarmos	tomai	tomarmos	
tomeis	tomásseis	tomardes	tomem	tomardes	tomado
tomem	tomassem	tomarem		tomarem	

Manual de Estudos

TRABALHAR

INDICATIVO					
Presente	Pretérito imperfeito	Futuro do presente	Futuro do pretérito	Pretérito perfeito	Pretérito mais-que-perfeito
trabalho	trabalhava	trabalharei	trabalharia	trabalhei	trabalhara
trabalhas	trabalhavas	trabalharás	trabalharias	trabalhaste	trabalharas
trabalha	trabalhava	trabalhará	trabalharia	trabalhou	trabalhara
trabalhamos	trabalhávamos	trabalharemos	trabalharíamos	trabalhamos	trabalháramos
trabalhais	trabalháveis	trabalhareis	trabalharíeis	trabalhastes	trabalháreis
trabalham	trabalhavam	trabalharão	trabalhariam	trabalharam	trabalharam

SUBJUNTIVO			IMPERATIVO AFIRMATIVO	FORMAS NOMINAIS	
Presente	Pretérito imperfeito	Futuro		Infinitivo pessoal	Gerúndio
trabalhe	trabalhasse	trabalhar	—	trabalhar	trabalhando
trabalhes	trabalhasses	trabalhares	trabalha	trabalhares	
trabalhe	trabalhasse	trabalhar	trabalhe	trabalhar	Particípio
trabalhemos	trabalhássemos	trabalharmos	trabalhemos	trabalharmos	
trabalhais	trabalhásseis	trabalhardes	trabalhai	trabalhardes	trabalhado
trabalhem	trabalhassem	trabalharem	trabalhem	trabalharem	

UNIR

INDICATIVO					
Presente	Pretérito imperfeito	Futuro do presente	Futuro do pretérito	Pretérito perfeito	Pretérito mais-que-perfeito
uno	unia	unirei	uniria	uni	unira
unes	unias	unirás	unirias	uniste	uniras
une	unia	unirá	uniria	uniu	unira
unimos	uníamos	uniremos	uniríamos	unimos	uníramos
unis	uníeis	unireis	uniríeis	unistes	uníreis
unem	uniam	unirão	uniriam	uniram	uniram

SUBJUNTIVO			IMPERATIVO AFIRMATIVO	FORMAS NOMINAIS	
Presente	Pretérito imperfeito	Futuro	—	Infinitivo pessoal	Gerúndio
una	unisse	unir	une	unir	unindo
unas	unisses	unires	una	unires	
una	unisse	unir	unamos	unir	Particípio
unamos	uníssemos	unirmos	uni	unirmos	
unais	unísseis	unirdes	unam	unirdes	unido
unam	unissem	unirem		unirem	

USAR

INDICATIVO					
Presente	Pretérito imperfeito	Futuro do presente	Futuro do pretérito	Pretérito perfeito	Pretérito mais-que-perfeito
uso	usava	usarei	usaria	usei	usara
usas	usavas	usarás	usarias	usaste	usaras
usa	usava	usará	usaria	usou	usara
usamos	usávamos	usaremos	usaríamos	usamos	usáramos
usais	usáveis	usareis	usaríeis	usastes	usáreis
usam	usavam	usarão	usariam	usaram	usaram

SUBJUNTIVO			IMPERATIVO AFIRMATIVO	FORMAS NOMINAIS	
Presente	Pretérito imperfeito	Futuro	—	Infinitivo pessoal	Gerúndio
use	usasse	usar	usa	usar	usando
uses	usasses	usares	use	usares	usando
use	usasse	usar	usemos	usar	**Particípio**
usemos	usássemos	usarmos	usai	usarmos	usado
useis	usásseis	usardes	usem	usardes	usado
usem	usassem	usarem		usarem	usado

VENDER

INDICATIVO					
Presente	Pretérito imperfeito	Futuro do presente	Futuro do pretérito	Pretérito perfeito	Pretérito mais-que-perfeito
vendo	vendia	venderei	venderia	vendi	vendera
vendes	vendias	venderás	venderias	vendeste	venderas
vende	vendia	venderá	venderia	vendeu	vendera
vendemos	vendíamos	venderemos	venderíamos	vendemos	vendêramos
vendeis	vendíeis	vendereis	venderíeis	vendestes	vendêreis
vendem	vendiam	venderão	venderiam	venderam	venderam

SUBJUNTIVO			IMPERATIVO AFIRMATIVO	FORMAS NOMINAIS	
Presente	Pretérito imperfeito	Futuro		Infinitivo pessoal	Gerúndio
venda	vendesse	vender	—	vender	vendendo
vendas	vendesses	venderes	vende	venderes	
venda	vendesse	vender	venda	vender	Particípio
vendamos	vendêssemos	vendermos	vendamos	vendermos	
vendais	vendêsseis	venderdes	vendei	venderdes	vendido
vendam	vendessem	venderem	vendam	venderem	

VIAJAR

INDICATIVO					
Presente	Pretérito imperfeito	Futuro do presente	Futuro do pretérito	Pretérito perfeito	Pretérito mais-que-perfeito
viajo	viajava	viajarei	viajaria	viajei	viajara
viajas	viajavas	viajarás	viajarias	viajaste	viajaras
viaja	viajava	viajará	viajaria	viajou	viajara
viajamos	viajávamos	viajaremos	viajaríamos	viajamos	viajáramos
viajais	viajáveis	viajareis	viajaríeis	viajastes	viajáreis
viajam	viajavam	viajarão	viajariam	viajaram	viajaram

SUBJUNTIVO			IMPERATIVO AFIRMATIVO	FORMAS NOMINAIS	
Presente	Pretérito imperfeito	Futuro		Infinitivo pessoal	Gerúndio
viaje	viajasse	viajar	—	viajar	viajando
viajes	viajasses	viajares	viaja	viajares	
viaje	viajasse	viajar	viaje	viajar	Particípio
viajemos	viajássemos	viajarmos	viajemos	viajarmos	
viajeis	viajásseis	viajardes	viajai	viajardes	viajado
viajem	viajassem	viajarem	viajem	viajarem	

VIVER

INDICATIVO

Presente	Pretérito imperfeito	Futuro do presente	Futuro do pretérito	Pretérito perfeito	Pretérito mais-que-perfeito
vivo	vivia	viverei	viveria	vivi	vivera
vives	vivias	viverás	viverias	viveste	viveras
vive	vivia	viverá	viveria	viveu	vivera
vivemos	vivíamos	viveremos	viveríamos	vivemos	vivêramos
viveis	vivíeis	vivereis	viveríeis	vivestes	vivêreis
vivem	viviam	viverão	viveriam	viveram	viveram

SUBJUNTIVO

Presente	Pretérito imperfeito	Futuro
viva	vivesse	viver
vivas	vivesses	viveres
viva	vivesse	viver
vivamos	vivêssemos	vivermos
vivais	vivêsseis	viverdes
vivam	vivessem	viverem

IMPERATIVO AFIRMATIVO

—
vive
viva
vivamos
vivei
vivam

FORMAS NOMINAIS

Infinitivo pessoal	Gerúndio
viver	vivendo
viveres	
viver	**Particípio**
vivermos	
viverdes	vivido
viverem	

VOLTAR

INDICATIVO					
Presente	**Pretérito imperfeito**	**Futuro do presente**	**Futuro do pretérito**	**Pretérito perfeito**	**Pretérito mais-que-perfeito**
volto	voltava	voltarei	voltaria	voltei	voltara
voltas	voltavas	voltarás	voltarias	voltaste	voltaras
volta	voltava	voltará	voltaria	voltou	voltara
voltamos	voltávamos	voltaremos	voltaríamos	voltamos	voltáramos
voltais	voltáveis	voltareis	voltaríeis	voltastes	voltáreis
voltam	voltavam	voltarão	voltariam	voltaram	voltaram

SUBJUNTIVO			IMPERATIVO AFIRMATIVO	FORMAS NOMINAIS	
Presente	**Pretérito imperfeito**	**Futuro**		**Infinitivo pessoal**	**Gerúndio**
volte	voltasse	voltar	—	voltar	voltando
voltes	voltasses	voltares	volta	voltares	
volte	voltasse	voltar	volte	voltar	**Particípio**
voltemos	voltássemos	voltarmos	voltemos	voltarmos	
volteis	voltásseis	voltardes	voltai	voltardes	voltado
voltem	voltassem	voltarem	voltem	voltarem	

XERETAR

INDICATIVO					
Presente	Pretérito imperfeito	Futuro do presente	Futuro do pretérito	Pretérito perfeito	Pretérito mais-que-perfeito
xereto	xeretava	xeretarei	xeretaria	xeretei	xeretara
xeretas	xeretavas	xeretarás	xeretarias	xeretaste	xeretaras
xereta	xeretava	xeretará	xeretaria	xeretou	xeretara
xeretamos	xeretávamos	xeretaremos	xeretaríamos	xeretamos	xeretáramos
xeretais	xeretáveis	xeretareis	xeretaríeis	xeretastes	xeretáreis
xeretam	xeretavam	xeretarão	xeretariam	xeretaram	xeretaram

SUBJUNTIVO			IMPERATIVO AFIRMATIVO	FORMAS NOMINAIS	
Presente	Pretérito imperfeito	Futuro		Infinitivo pessoal	Gerúndio
xerete	xeretasse	xeretar	—	xeretar	xeretando
xeretes	xeretasses	xeretares	xereta	xeretares	
xerete	xeretasse	xeretar	xerete	xeretar	Particípio
xeretemos	xeretássemos	xeretarmos	xeretemos	xeretarmos	
xereteis	xeretásseis	xeretardes	xeretai	xeretardes	xeretado
xeretem	xeretassem	xeretarem	xeretem	xeretarem	

ZELAR

INDICATIVO					
Presente	Pretérito imperfeito	Futuro do presente	Futuro do pretérito	Pretérito perfeito	Pretérito mais-que-perfeito
zelo	zelava	zelarei	zelaria	zelei	zelara
zelas	zelavas	zelarás	zelarias	zelaste	zelaras
zela	zelava	zelará	zelaria	zelou	zelara
zelamos	zelávamos	zelaremos	zelaríamos	zelamos	zeláramos
zelais	zeláveis	zelareis	zelaríeis	zelastes	zeláreis
zelam	zelavam	zelarão	zelariam	zelaram	zelaram

SUBJUNTIVO			IMPERATIVO AFIRMATIVO	FORMAS NOMINAIS	
Presente	Pretérito imperfeito	Futuro	—	Infinitivo pessoal	Gerúndio
zele	zelasse	zelar	zela	zelar	zelando
zeles	zelasses	zelares	zele	zelares	
zele	zelasse	zelar	zelemos	zelar	Particípio
zelemos	zelássemos	zelarmos	zelai	zelarmos	
zeleis	zelásseis	zelardes	zelem	zelardes	zelado
zelem	zelassem	zelarem		zelarem	

Conjugações Verbais

Verbos Irregulares

ACUDIR

INDICATIVO					
Presente	Pretérito imperfeito	Futuro do presente	Futuro do pretérito	Pretérito perfeito	Pretérito mais-que-perfeito
acudo	acudia	acudirei	acudiria	acudi	acudira
acodes	acudias	acudirás	acudirias	acudiste	acudiras
acode	acudia	acudirá	acudiria	acudiu	acudira
acudimos	acudíamos	acudiremos	acudiríamos	acudimos	acudíramos
acudis	acudíeis	acudireis	acudiríeis	acudistes	acudíreis
acodem	acudiam	acudirão	acudiriam	acudiram	acudiram

SUBJUNTIVO			IMPERATIVO AFIRMATIVO	FORMAS NOMINAIS	
Presente	Pretérito imperfeito	Futuro	—	Infinitivo pessoal	Gerúndio
acuda	acudisse	acudir	acode	acudir	acudindo
acudas	acudisses	acudires	acuda	acudires	
acuda	acudisse	acudir	acudamos	acudir	Particípio
acudamos	acudíssemos	acudirmos	acudi	acudirmos	
acudais	acudísseis	acudirdes	acudam	acudirdes	acudido
acudam	acudissem	acudirem		acudirem	

COBRIR

INDICATIVO					
Presente	Pretérito imperfeito	Futuro do presente	Futuro do pretérito	Pretérito perfeito	Pretérito mais-que-perfeito
cubro	cobria	cobrirei	cobriria	cobri	cobrira
cobres	cobrias	cobrirás	cobririas	cobriste	cobriras
cobre	cobria	cobrirá	cobriria	cobriu	cobrira
cobrimos	cobríamos	cobriremos	cobriríamos	cobrimos	cobríramos
cobris	cobríeis	cobrireis	cobriríeis	cobristes	cobríreis
cobrem	cobriam	cobrirão	cobririam	cobriram	cobriram

SUBJUNTIVO			IMPERATIVO AFIRMATIVO	FORMAS NOMINAIS	
Presente	Pretérito imperfeito	Futuro	—	Infinitivo pessoal	Gerúndio
cubra	cobrisse	cobrir	cobre	cobrir	cobrindo
cubras	cobrisses	cobrires	cubra	cobrires	
cubra	cobrisse	cobrir	cubramos	cobrir	Particípio
cubramos	cobríssemos	cobrirmos	cobri	cobrirmos	
cubrais	cobrísseis	cobrirdes	cubram	cobrirdes	coberto
cubram	cobrissem	cobrirem		cobrirem	

CRER

INDICATIVO					
Presente	Pretérito imperfeito	Futuro do presente	Futuro do pretérito	Pretérito perfeito	Pretérito mais-que-perfeito
creio	cria	crerei	creria	cri	crera
crês	crias	crerás	crerias	creste	creras
crê	cria	crerá	creria	creu	crera
cremos	críamos	creremos	creríamos	cremos	crêramos
credes	críeis	crereis	creríeis	crestes	crêreis
creem	criam	crerão	creriam	creram	creram

SUBJUNTIVO			IMPERATIVO AFIRMATIVO	FORMAS NOMINAIS	
Presente	Pretérito imperfeito	Futuro	—	Infinitivo pessoal	Gerúndio
creia	cresse	crer	crê	crer	crendo
creias	cresses	creres	creia	creres	
creia	cresse	crer	creiamos	crer	Particípio
creiamos	crêssemos	crermos	crede	crermos	crido
creiais	crêsseis	crerdes	creiam	crerdes	
creiam	cressem	crerem		crerem	

DAR

INDICATIVO					
Presente	Pretérito imperfeito	Futuro do presente	Futuro do pretérito	Pretérito perfeito	Pretérito mais-que-perfeito
dou	dava	darei	daria	dei	dera
dás	davas	darás	darias	deste	deras
dá	dava	dará	daria	deu	dera
damos	dávamos	daremos	daríamos	demos	déramos
dais	dáveis	dareis	daríeis	destes	déreis
dão	davam	darão	dariam	deram	deram

SUBJUNTIVO			IMPERATIVO AFIRMATIVO	FORMAS NOMINAIS	
Presente	Pretérito imperfeito	Futuro	—	Infinitivo pessoal	Gerúndio
dê	desse	der	dá	dar	dando
dês	desses	deres	dê	dares	
dê	desse	der	demos	dar	Particípio
demos	déssemos	dermos	dai	darmos	
deis	désseis	derdes	deem	dardes	dado
deem	dessem	derem		darem	

DIZER

INDICATIVO					
Presente	Pretérito imperfeito	Futuro do presente	Futuro do pretérito	Pretérito perfeito	Pretérito mais-que-perfeito
digo	dizia	direi	diria	disse	dissera
dizes	dizias	dirás	dirias	disseste	disseras
diz	dizia	dirá	diria	disse	dissera
dizemos	dizíamos	diremos	diríamos	dissemos	disséramos
dizeis	dizíeis	direis	diríeis	dissestes	disséreis
dizem	diziam	dirão	diriam	disseram	disseram

SUBJUNTIVO			IMPERATIVO AFIRMATIVO	FORMAS NOMINAIS	
Presente	Pretérito imperfeito	Futuro		Infinitivo pessoal	Gerúndio
diga	dissesse	disser	—	dizer	dizendo
digas	dissesses	disseres	diz/dize	dizeres	
diga	dissesse	disser	diga	dizer	Particípio
digamos	disséssemos	dissermos	digamos	dizermos	
digais	dissésseis	disserdes	dizei	dizerdes	dito
digam	dissessem	disserem	digam	dizerem	

DORMIR

INDICATIVO					
Presente	**Pretérito imperfeito**	**Futuro do presente**	**Futuro do pretérito**	**Pretérito perfeito**	**Pretérito mais-que-perfeito**
durmo	dormia	dormirei	dormiria	dormi	dormira
dormes	dormias	dormirás	dormirias	dormiste	dormiras
dorme	dormia	dormirá	dormiria	dormiu	dormira
dormimos	dormíamos	dormiremos	dormiríamos	dormimos	dormíramos
dormis	dormíeis	dormireis	dormiríeis	dormistes	dormíreis
dormem	dormiam	dormirão	dormiriam	dormiram	dormiram

SUBJUNTIVO			IMPERATIVO AFIRMATIVO	FORMAS NOMINAIS	
Presente	**Pretérito imperfeito**	**Futuro**		**Infinitivo pessoal**	**Gerúndio**
durma	dormisse	dormir	—	dormir	
durmas	dormisses	dormires	dorme	dormires	dormindo
durma	dormisse	dormir	durma	dormir	
durmamos	dormíssemos	dormirmos	durmamos	dormirmos	**Particípio**
durmais	dormísseis	dormirdes	dormi	dormirdes	
durmam	dormissem	dormirem	durmam	dormirem	dormido

ENGOLIR

INDICATIVO					
Presente	Pretérito imperfeito	Futuro do presente	Futuro do pretérito	Pretérito perfeito	Pretérito mais-que-perfeito
engulo	engolia	engolirei	engoliria	engoli	engolira
engoles	engolias	engolirás	engolirias	engoliste	engoliras
engole	engolia	engolirá	engoliria	engoliu	engolira
engolimos	engolíamos	engoliremos	engoliríamos	engolimos	engolíramos
engolis	engolíeis	engolireis	engoliríeis	engolistes	engolíreis
engolem	engoliam	engolirão	engoliriam	engoliram	engoliram

SUBJUNTIVO			IMPERATIVO AFIRMATIVO	FORMAS NOMINAIS	
Presente	Pretérito imperfeito	Futuro		Infinitivo pessoal	Gerúndio
engula	engolisse	engolir	engole	engolir	engolindo
engulas	engolisses	engolires	engula	engolires	
engula	engolisse	engolir	engulamos	engolir	Particípio
engulamos	engolíssemos	engolirmos	engoli	engolirmos	
engulais	engolísseis	engolirdes	engulam	engolirdes	engolido
engulam	engolissem	engolirem		engolirem	

FAZER

INDICATIVO					
Presente	Pretérito imperfeito	Futuro do presente	Futuro do pretérito	Pretérito perfeito	Pretérito mais-que-perfeito
faço	fazia	farei	faria	fiz	fizera
fazes	fazias	farás	farias	fizeste	fizeras
faz	fazia	fará	faria	fez	fizera
fazemos	fazíamos	faremos	faríamos	fizemos	fizéramos
fazeis	fazíeis	fareis	faríeis	fizestes	fizéreis
fazem	faziam	farão	fariam	fizeram	fizeram

SUBJUNTIVO			IMPERATIVO AFIRMATIVO	FORMAS NOMINAIS	
Presente	Pretérito imperfeito	Futuro		Infinitivo pessoal	Gerúndio
faça	fizesse	fizer	—	fazer	fazendo
faças	fizesses	fizeres	faz / faze	fazeres	
faça	fizesse	fizer	faça	fazer	**Particípio**
façamos	fizéssemos	fizermos	façamos	fazermos	
façais	fizésseis	fizerdes	fazei	fazerdes	feito
façam	fizessem	fizerem	façam	fazerem	

FUGIR

INDICATIVO					
Presente	Pretérito imperfeito	Futuro do presente	Futuro do pretérito	Pretérito perfeito	Pretérito mais-que-perfeito
fujo	fugia	fugirei	fugiria	fugi	fugira
foges	fugias	fugirás	fugirias	fugiste	fugiras
foge	fugia	fugirá	fugiria	fugiu	fugira
fugimos	fugíamos	fugiremos	fugiríamos	fugimos	fugíramos
fugis	fugíeis	fugireis	fugiríeis	fugistes	fugíreis
fogem	fugiam	fugirão	fugiriam	fugiram	fugiram

SUBJUNTIVO			IMPERATIVO AFIRMATIVO	FORMAS NOMINAIS	
Presente	Pretérito imperfeito	Futuro		Infinitivo pessoal	Gerúndio
fuja	fugisse	fugir	foge	fugir	fugindo
fujas	fugisses	fugires	fuja	fugires	
fuja	fugisse	fugir	fujamos	fugir	Particípio
fujamos	fugíssemos	fugirmos	fugi	fugirmos	
fujais	fugísseis	fugirdes	fujam	fugirdes	fugido
fujam	fugissem	fugirem		fugirem	

HAVER

INDICATIVO					
Presente	**Pretérito imperfeito**	**Futuro do presente**	**Futuro do pretérito**	**Pretérito perfeito**	**Pretérito mais-que-perfeito**
hei	havia	haverei	haveria	houve	houvera
hás	havias	haverás	haverias	houveste	houveras
há	havia	haverá	haveria	houve	houvera
havemos	havíamos	haveremos	haveríamos	houvemos	houvéramos
haveis	havíeis	havereis	haveríeis	houvestes	houvéreis
hão	haviam	haverão	haveriam	houveram	houveram

SUBJUNTIVO			IMPERATIVO AFIRMATIVO	FORMAS NOMINAIS	
Presente	**Pretérito imperfeito**	**Futuro**	—	**Infinitivo pessoal**	**Gerúndio**
haja	houvesse	houver		haver	havendo
hajas	houvesses	houveres	há	haveres	
haja	houvesse	houver	haja	haver	**Particípio**
hajamos	houvéssemos	houvermos	hajamos	havermos	
hajais	houvésseis	houverdes	havei	haverdes	havido
hajam	houvessem	houverem	hajam	haverem	

IR

INDICATIVO					
Presente	Pretérito imperfeito	Futuro do presente	Futuro do pretérito	Pretérito perfeito	Pretérito mais-que-perfeito
vou	ia	irei	iria	fui	fora
vais	ias	irás	irias	foste	foras
vai	ia	irá	iria	foi	fora
vamos	íamos	iremos	iríamos	fomos	fôramos
ides	íeis	ireis	iríeis	fostes	fôreis
vão	iam	irão	iriam	foram	foram

SUBJUNTIVO			IMPERATIVO AFIRMATIVO	FORMAS NOMINAIS	
Presente	Pretérito imperfeito	Futuro		Infinitivo pessoal	Gerúndio
vá	fosse	for	—	ir	indo
vás	fosses	fores	vai	ires	
vá	fosse	for	vá	ir	Particípio
vamos	fôssemos	formos	vamos	irmos	
vades	fôsseis	fordes	ide	irdes	ido
vão	fossem	forem	vão	irem	

LER

		INDICATIVO			
Presente	Pretérito imperfeito	Futuro do presente	Futuro do pretérito	Pretérito perfeito	Pretérito mais-que-perfeito
leio	lia	lerei	leria	li	lera
lês	lias	lerás	lerias	leste	leras
lê	lia	lerá	leria	leu	lera
lemos	líamos	leremos	leríamos	lemos	lêramos
ledes	líeis	lereis	leríeis	lestes	lêreis
leem	liam	lerão	leriam	leram	leram

SUBJUNTIVO			IMPERATIVO AFIRMATIVO	FORMAS NOMINAIS	
Presente	Pretérito imperfeito	Futuro		Infinitivo pessoal	Gerúndio
leia	lesse	ler	—	ler	lendo
leias	lesses	leres	lê	leres	
leia	lesse	ler	leia	ler	Particípio
leiamos	lêssemos	lermos	leiamos	lermos	
leiais	lêsseis	lerdes	lede	lerdes	lido
leiam	lessem	lerem	leiam	lerem	

MANTER

INDICATIVO					
Presente	Pretérito imperfeito	Futuro do presente	Futuro do pretérito	Pretérito perfeito	Pretérito mais-que-perfeito
mantenho	mantinha	manterei	manteria	mantive	mantivera
manténs	mantinhas	manterás	manterias	mantiveste	mantiveras
mantém	mantinha	manterá	manteria	manteve	mantivera
mantemos	mantínhamos	manteremos	manteríamos	mantivemos	mantivéramos
mantendes	mantínheis	mantereis	manteríeis	mantivestes	mantivéreis
mantêm	mantinham	manterão	manteriam	mantiveram	mantiveram

SUBJUNTIVO			IMPERATIVO AFIRMATIVO	FORMAS NOMINAIS	
Presente	Pretérito imperfeito	Futuro		Infinitivo pessoal	Gerúndio
mantenha	mantivesse	mantiver	—	manter	mantendo
mantenhas	mantivesses	mantiveres	mantém	manteres	
mantenha	mantivesse	mantiver	mantenha	manter	Particípio
mantenhamos	mantivéssemos	mantivermos	mantenhamos	mantermos	
mantenhais	mantivésseis	mantiverdes	mantende	manterdes	mantido
mantenham	mantivessem	mantiverem	mantenham	manterem	

MEDIR

INDICATIVO					
Presente	Pretérito imperfeito	Futuro do presente	Futuro do pretérito	Pretérito perfeito	Pretérito mais-que-perfeito
meço	media	medirei	mediria	medi	medira
medes	medias	medirás	medirias	mediste	mediras
mede	media	medirá	mediria	mediu	medira
medimos	medíamos	mediremos	mediríamos	medimos	medíramos
medis	medíeis	medireis	mediríeis	medistes	medíreis
medem	mediam	medirão	mediriam	mediram	mediram

SUBJUNTIVO			IMPERATIVO AFIRMATIVO	FORMAS NOMINAIS	
Presente	Pretérito imperfeito	Futuro		Infinitivo pessoal	Gerúndio
meça	medisse	medir	—	medir	medindo
meças	medisses	medires	mede	medires	
meça	medisse	medir	meça	medir	Particípio
meçamos	medíssemos	medirmos	meçamos	medirmos	
meçais	medísseis	medirdes	medi	medirdes	medido
meçam	medissem	medirem	meçam	medirem	

OUVIR

INDICATIVO					
Presente	Pretérito imperfeito	Futuro do presente	Futuro do pretérito	Pretérito perfeito	Pretérito mais-que-perfeito
ouço	ouvia	ouvirei	ouviria	ouvi	ouvira
ouves	ouvias	ouvirás	ouvirias	ouviste	ouviras
ouve	ouvia	ouvirá	ouviria	ouviu	ouvira
ouvimos	ouvíamos	ouviremos	ouviríamos	ouvimos	ouvíramos
ouvis	ouvíeis	ouvireis	ouviríeis	ouvistes	ouvíreis
ouvem	ouviam	ouvirão	ouviriam	ouviram	ouviram

SUBJUNTIVO			IMPERATIVO AFIRMATIVO	FORMAS NOMINAIS	
Presente	Pretérito imperfeito	Futuro		Infinitivo pessoal	Gerúndio
ouça	ouvisse	ouvir	—	ouvir	
ouças	ouvisses	ouvires	ouve	ouvires	ouvindo
ouça	ouvisse	ouvir	ouça	ouvir	Particípio
ouçamos	ouvíssemos	ouvirmos	ouçamos	ouvirmos	
ouçais	ouvísseis	ouvirdes	ouvi	ouvirdes	ouvido
ouçam	ouvissem	ouvirem	ouçam	ouvirem	

PEDIR

INDICATIVO					
Presente	Pretérito imperfeito	Futuro do presente	Futuro do pretérito	Pretérito perfeito	Pretérito mais-que-perfeito
peço	pedia	pedirei	pediria	pedi	pedira
pedes	pedias	pedirás	pedirias	pediste	pediras
pede	pedia	pedirá	pediria	pediu	pedira
pedimos	pedíamos	pediremos	pediríamos	pedimos	pedíramos
pedis	pedíeis	pedireis	pediríeis	pedistes	pedíreis
pedem	pediam	pedirão	pediriam	pediram	pediram

SUBJUNTIVO			IMPERATIVO AFIRMATIVO	FORMAS NOMINAIS	
Presente	Pretérito imperfeito	Futuro	—	Infinitivo pessoal	Gerúndio
peça	pedisse	pedir	pede	pedir	pedindo
peças	pedisses	pedires	peça	pedires	
peça	pedisse	pedir	peçamos	pedir	Particípio
peçamos	pedíssemos	pedimos	pedi	pedirmos	
peçais	pedísseis	pedirdes	peçam	pedirdes	pedido
peçam	pedissem	pedirem		pedirem	

QUERER

INDICATIVO					
Presente	Pretérito imperfeito	Futuro do presente	Futuro do pretérito	Pretérito perfeito	Pretérito mais-que-perfeito
quero	queria	quererei	quereria	quis	quisera
queres	querias	quererás	quererias	quiseste	quiseras
quer	queria	quererá	quereria	quis	quisera
queremos	queríamos	quereremos	quereríamos	quisemos	quiséramos
quereis	queríeis	querereis	quereríeis	quisestes	quiséreis
querem	queriam	quererão	quereriam	quiseram	quiseram

SUBJUNTIVO			IMPERATIVO AFIRMATIVO	FORMAS NOMINAIS	
Presente	Pretérito imperfeito	Futuro	—	Infinitivo pessoal	Gerúndio
queira	quisesse	quiser	quer/quere	querer	querendo
queiras	quisesses	quiseres	queira	quereres	
queira	quisesse	quiser	queiramos	querer	Particípio
queiramos	quiséssemos	quisermos	querei	querermos	
queirais	quisésseis	quiserdes	queiram	quererdes	querido
queiram	quisessem	quiserem		quererem	

RIR

INDICATIVO					
Presente	Pretérito imperfeito	Futuro do presente	Futuro do pretérito	Pretérito perfeito	Pretérito mais-que-perfeito
rio	ria	rirei	riria	ri	rira
ris	rias	rirás	ririas	riste	riras
ri	ria	rirá	riria	riu	rira
rimos	ríamos	riremos	riríamos	rimos	ríramos
rides	ríeis	rireis	riríeis	ristes	ríreis
riem	riam	rirão	ririam	riram	riram

SUBJUNTIVO			IMPERATIVO AFIRMATIVO	FORMAS NOMINAIS	
Presente	Pretérito imperfeito	Futuro	—	Infinitivo pessoal	Gerúndio
ria	risse	rir	ri	rir	rindo
rias	risses	rires	ria	rires	
ria	risse	rir	riamos	rir	Particípio
riamos	ríssemos	rirmos	ride	rirmos	
riais	rísseis	rirdes	riam	rirdes	rido
riam	rissem	rirem		rirem	

SABER

INDICATIVO					
Presente	Pretérito imperfeito	Futuro do presente	Futuro do pretérito	Pretérito perfeito	Pretérito mais-que-perfeito
sei	sabia	saberei	saberia	soube	soubera
sabes	sabias	saberás	saberias	soubeste	souberas
sabe	sabia	saberá	saberia	soube	soubera
sabemos	sabíamos	saberemos	saberíamos	soubemos	soubéramos
sabeis	sabíeis	sabereis	saberíeis	soubestes	soubéreis
sabem	sabiam	saberão	saberiam	souberam	souberam

SUBJUNTIVO			IMPERATIVO AFIRMATIVO	FORMAS NOMINAIS	
Presente	Pretérito imperfeito	Futuro	—	Infinitivo pessoal	Gerúndio
saiba	soubesse	souber	sabe	saber	sabendo
saibas	soubesses	souberes	saiba	saberes	
saiba	soubesse	souber	saibamos	saber	Particípio
saibamos	soubéssemos	soubermos	sabei	sabermos	
saibais	soubésseis	souberdes	saibam	saberdes	sabido
saibam	soubessem	souberem		saberem	

SEGUIR

INDICATIVO					
Presente	Pretérito imperfeito	Futuro do presente	Futuro do pretérito	Pretérito perfeito	Pretérito mais-que-perfeito
sigo	seguia	seguirei	seguiria	segui	seguira
segues	seguias	seguirás	seguirias	seguiste	seguiras
segue	seguia	seguirá	seguiria	seguiu	seguira
seguimos	seguíamos	seguiremos	seguiríamos	seguimos	seguíramos
seguis	seguíeis	seguireis	seguiríeis	seguistes	seguíreis
seguem	seguiam	seguirão	seguiriam	seguiram	seguiram

SUBJUNTIVO			IMPERATIVO AFIRMATIVO	FORMAS NOMINAIS	
Presente	Pretérito imperfeito	Futuro		Infinitivo pessoal	Gerúndio
siga	seguisse	seguir	—	seguir	
sigas	seguisses	seguires	segue	seguires	seguindo
siga	seguisse	seguir	siga	seguir	
sigamos	seguíssemos	seguirmos	sigamos	seguirmos	Particípio
sigais	seguísseis	seguirdes	segui	seguirdes	
sigam	seguissem	seguirem	sigam	seguirem	seguido

SER

INDICATIVO					
Presente	Pretérito imperfeito	Futuro do presente	Futuro do pretérito	Pretérito perfeito	Pretérito mais-que-perfeito
sou	era	serei	seria	fui	fora
és	eras	serás	serias	foste	foras
é	era	será	seria	foi	fora
somos	éramos	seremos	seríamos	fomos	fôramos
sois	éreis	sereis	seríeis	fostes	fôreis
são	eram	serão	seriam	foram	foram

SUBJUNTIVO			IMPERATIVO AFIRMATIVO	FORMAS NOMINAIS	
Presente	Pretérito imperfeito	Futuro		Infinitivo pessoal	Gerúndio
seja	fosse	for	—	ser	sendo
sejas	fosses	fores	sê	seres	
seja	fosse	for	seja	ser	Particípio
sejamos	fôssemos	formos	sejamos	sermos	
sejais	fôsseis	fordes	sede	serdes	sido
sejam	fossem	forem	sejam	serem	

SORRIR

INDICATIVO					
Presente	Pretérito imperfeito	Futuro do presente	Futuro do pretérito	Pretérito perfeito	Pretérito mais-que-perfeito
sorrio	sorria	sorrirei	sorriria	sorri	sorrira
sorris	sorrias	sorrirás	sorririas	sorriste	sorriras
sorri	sorria	sorrirá	sorriria	sorriu	sorrira
sorrimos	sorríamos	sorriremos	sorriríamos	sorrimos	sorríramos
sorrides	sorríeis	sorrireis	sorriríeis	sorristes	sorríreis
sorriem	sorriam	sorrirão	sorririam	sorriram	sorriram

SUBJUNTIVO			IMPERATIVO AFIRMATIVO	FORMAS NOMINAIS	
Presente	Pretérito imperfeito	Futuro		Infinitivo pessoal	Gerúndio
sorria	sorrisse	sorrir	—	sorrir	
sorrias	sorrisses	sorrires	sorri	sorrires	sorrindo
sorria	sorrisse	sorrir	sorria	sorrir	Particípio
sorriamos	sorríssemos	sorrirmos	sorriamos	sorrirmos	
sorriais	sorrísseis	sorrirdes	sorride	sorrirdes	sorrido
sorriam	sorrissem	sorrirem	sorriam	sorrirem	

SUBIR

INDICATIVO

Presente	Pretérito imperfeito	Futuro do presente	Futuro do pretérito	Pretérito perfeito	Pretérito mais-que-perfeito
subo	subia	subirei	subiria	subi	subira
sobes	subias	subirás	subirias	subiste	subiras
sobe	subia	subirá	subiria	subiu	subira
subimos	subíamos	subiremos	subiríamos	subimos	subíramos
subis	subíeis	subireis	subiríeis	subistes	subíreis
sobem	subiam	subirão	subiriam	subiram	subiram

SUBJUNTIVO

Presente	Pretérito imperfeito	Futuro
suba	subisse	subir
subas	subisses	subires
suba	subisse	subir
subamos	subíssemos	subirmos
subais	subísseis	subirdes
subam	subissem	subirem

IMPERATIVO AFIRMATIVO

—

sobe
suba
subamos
subi
subam

FORMAS NOMINAIS

Infinitivo pessoal	Gerúndio
subir	subindo
subires	
subir	**Particípio**
subirmos	
subirdes	subido
subirem	

TER

INDICATIVO					
Presente	Pretérito imperfeito	Futuro do presente	Futuro do pretérito	Pretérito perfeito	Pretérito mais-que-perfeito
tenho	tinha	terei	teria	tive	tivera
tens	tinhas	terás	terias	tiveste	tiveras
tem	tinha	terá	teria	teve	tivera
temos	tínhamos	teremos	teríamos	tivemos	tivéramos
tendes	tínheis	tereis	teríeis	tivestes	tivéreis
têm	tinham	terão	teriam	tiveram	tiveram

SUBJUNTIVO			IMPERATIVO AFIRMATIVO	FORMAS NOMINAIS	
Presente	Pretérito imperfeito	Futuro	—	Infinitivo pessoal	Gerúndio
tenha	tivesse	tiver	tem	ter	tendo
tenhas	tivesses	tiveres	tenha	teres	
tenha	tivesse	tiver	tenhamos	ter	Particípio
tenhamos	tivéssemos	tivermos	tende	termos	
tenhais	tivésseis	tiverdes	tenham	terdes	tido
tenham	tivessem	tiverem		terem	

TOSSIR

INDICATIVO					
Presente	Pretérito imperfeito	Futuro do presente	Futuro do pretérito	Pretérito perfeito	Pretérito mais-que-perfeito
tusso	tossia	tossirei	tossiria	tossi	tossira
tosses	tossias	tossirás	tossirias	tossiste	tossiras
tosse	tossia	tossirá	tossiria	tossiu	tossira
tossimos	tossíamos	tossiremos	tossiríamos	tossimos	tossíramos
tossis	tossíeis	tossireis	tossiríeis	tossistes	tossíreis
tossem	tossiam	tossirão	tossiriam	tossiram	tossiram

SUBJUNTIVO			IMPERATIVO AFIRMATIVO	FORMAS NOMINAIS	
Presente	Pretérito imperfeito	Futuro		Infinitivo pessoal	Gerúndio
tussa	tossisse	tossir	—	tossir	tossindo
tussas	tossisses	tossires	tosse	tossires	
tussa	tossisse	tossir	tussa	tossir	Particípio
tussamos	tossíssemos	tossirmos	tussamos	tossirmos	
tussais	tossísseis	tossirdes	tossi	tossirdes	tossido
tussam	tossissem	tossirem	tussam	tossirem	

TRAZER

INDICATIVO					
Presente	**Pretérito imperfeito**	**Futuro do presente**	**Futuro do pretérito**	**Pretérito perfeito**	**Pretérito mais-que-perfeito**
trago	trazia	trarei	traria	trouxe	trouxera
trazes	trazias	trarás	trarias	trouxeste	trouxeras
traz	trazia	trará	traria	trouxe	trouxera
trazemos	trazíamos	traremos	traríamos	trouxemos	trouxéramos
trazeis	trazíeis	trareis	traríeis	trouxestes	trouxéreis
trazem	traziam	trarão	trariam	trouxeram	trouxeram

SUBJUNTIVO			IMPERATIVO AFIRMATIVO	FORMAS NOMINAIS	
Presente	**Pretérito imperfeito**	**Futuro**	—	**Infinitivo pessoal**	**Gerúndio**
traga	trouxesse	trouxer	traz / traze	trazer	trazendo
tragas	trouxesses	trouxeres	traga	trazeres	
traga	trouxesse	trouxer	tragamos	trazer	**Particípio**
tragamos	trouxéssemos	trouxermos	trazei	trazermos	
tragais	trouxésseis	trouxerdes	tragam	trazerdes	trazido
tragam	trouxessem	trouxerem		trazerem	

VALER

INDICATIVO					
Presente	Pretérito imperfeito	Futuro do presente	Futuro do pretérito	Pretérito perfeito	Pretérito mais-que-perfeito
valho	valia	valerei	valeria	vali	valera
vales	valias	valerás	valerias	valeste	valeras
vale	valia	valerá	valeria	valeu	valera
valemos	valíamos	valeremos	valeríamos	valemos	valêramos
valeis	valíeis	valereis	valeríeis	valestes	valêreis
valem	valiam	valerão	valeriam	valeram	valeram

SUBJUNTIVO			IMPERATIVO AFIRMATIVO	FORMAS NOMINAIS	
Presente	Pretérito imperfeito	Futuro	—	Infinitivo pessoal	Gerúndio
valha	valesse	valer	vale	valer	valendo
valhas	valesses	valeres	valha	valeres	
valha	valesse	valer	valhamos	valer	Particípio
valhamos	valêssemos	valermos	valei	valermos	
valhais	valêsseis	valerdes	valham	valerdes	valido
valham	valessem	valerem		valerem	

VER

INDICATIVO					
Presente	Pretérito imperfeito	Futuro do presente	Futuro do pretérito	Pretérito perfeito	Pretérito mais-que-perfeito
vejo	via	verei	veria	vi	vira
vês	vias	verás	verias	viste	viras
vê	via	verá	veria	viu	vira
vemos	víamos	veremos	veríamos	vimos	víramos
vedes	víeis	vereis	veríeis	vistes	víreis
veem	viam	verão	veriam	viram	viram

SUBJUNTIVO			IMPERATIVO AFIRMATIVO	FORMAS NOMINAIS	
Presente	Pretérito imperfeito	Futuro	—	Infinitivo pessoal	Gerúndio
veja	visse	vir	vê	ver	vendo
vejas	visses	vires	veja	veres	
veja	visse	vir	vejamos	ver	**Particípio**
vejamos	víssemos	virmos	vede	vermos	
vejais	vísseis	virdes	vejam	verdes	visto
vejam	vissem	virem		verem	

VESTIR

INDICATIVO					
Presente	Pretérito imperfeito	Futuro do presente	Futuro do pretérito	Pretérito perfeito	Pretérito mais-que-perfeito
visto	vestia	vestirei	vestiria	vesti	vestira
vestes	vestias	vestirás	vestirias	vestiste	vestiras
veste	vestia	vestirá	vestiria	vestiu	vestira
vestimos	vestíamos	vestiremos	vestiríamos	vestimos	vestíramos
vestis	vestíeis	vestireis	vestiríeis	vestistes	vestíreis
vestem	vestiam	vestirão	vestiriam	vestiram	vestiram

SUBJUNTIVO			IMPERATIVO AFIRMATIVO	FORMAS NOMINAIS	
Presente	Pretérito imperfeito	Futuro		Infinitivo pessoal	Gerúndio
vista	vestisse	vestir	—	vestir	vestindo
vistas	vestisses	vestires	veste	vestires	
vista	vestisse	vestir	vista	vestir	Particípio
vistamos	vestíssemos	vestirmos	vistamos	vestirmos	
vistais	vestísseis	vestirdes	vesti	vestirdes	vestido
vistam	vestissem	vestirem	vistam	vestirem	

VIR

INDICATIVO					
Presente	Pretérito imperfeito	Futuro do presente	Futuro do pretérito	Pretérito perfeito	Pretérito mais-que-perfeito
venho	vinha	virei	viria	vim	viera
vens	vinhas	virás	virias	vieste	vieras
vem	vinha	virá	viria	veio	viera
vimos	vínhamos	viremos	viríamos	viemos	viéramos
vindes	vínheis	vireis	viríeis	viestes	viéreis
vêm	vinham	virão	viriam	vieram	vieram

SUBJUNTIVO			IMPERATIVO AFIRMATIVO	FORMAS NOMINAIS	
Presente	Pretérito imperfeito	Futuro		Infinitivo pessoal	Gerúndio
venha	viesse	vier	—	vir	vindo
venhas	viesses	vieres	vem	vires	
venha	viesse	vier	venha	vir	Particípio
venhamos	viéssemos	viermos	venhamos	virmos	
venhais	viésseis	vierdes	vinde	virdes	visto
venham	viessem	vierem	venham	virem	

Atividades Dirigidas

A COMUNICAÇÃO HUMANA

O homem não vive solitariamente, é fundamental para ele **socializar-se** com seus semelhantes; consequentemente precisa **comunicar-se** de alguma maneira; na comunicação, o homem se utiliza de sinais devidamente organizados, emitindo-os a uma outra pessoa. Há, assim, na comunicação, um **emissor** e um **receptor** da **mensagem**. Durante toda a vida, o homem emite uma série de mensagens e também as recebe, seja por meio de palavras, de gestos, de sons, de desenhos, de cores, enfim, usa diversos códigos de comunicação, e o mais importante deles é a língua que falamos. Qualquer mensagem precisa de um meio transmissor, o que chamamos de **canal de comunicação**, e refere-se a um **contexto**, a uma situação.

Para facilitar o entendimento dos elementos que constituem uma situação comunicativa, sistematizamos da seguinte maneira:

EMISSOR – O que emite a mensagem;

RECEPTOR – O que recebe a mensagem;

MENSAGEM – O conjunto de informações transmitidas;

CÓDIGO – A combinação de signos utilizados na transmissão de uma mensagem. (A comunicação só se concretizará se o receptor souber decodificar a mensagem);

CANAL DE COMUNICAÇÃO – Por onde a mensagem é transmitida: TV, rádio, jornal, revista, voz...;

CONTEXTO – A situação a que a mensagem se refere, também chamado de **referente**.

Gramática

Leia o seguinte texto do teórico Gabriel Cohn:

A teoria da Matemática da Comunicação

Como os homens se comunicam uns com os outros? Utilizando-se da palavra falada, diretamente, ou pelo telefone ou pelo rádio, e da palavra escrita ou impressa, transmitida pessoalmente, pelo correio, pelo telégrafo ou por qualquer outro meio – são formas óbvias e comuns de comunicação. Há, porém, muitas outras. Um aceno de cabeça, uma piscadela, a batida de tambor na selva, um gesto reproduzido em uma tela de televisão, o piscar de um farol, um trecho de música que lembra algum fato passado, sinais de fumaça no deserto, os movimentos e a postura em um balé – são, todos eles, meios de que o homem se utiliza para transmitir ideias.

Parece haver três níveis de problemas em comunicação: técnico, semântico e de influência.

Os problemas técnicos referem-se à precisão na transferência de informações do emissor para o receptor. São inerentes a todas as formas de comunicação, seja por conjuntos de símbolos discretos (palavra escrita), por um sinal variável (transmissão de voz ou de música, por telefone ou rádio) ou por um padrão bidimensional variável (televisão).

Os problemas semânticos referem-se à interpretação do significado pelo receptor, comparada ao significado pretendido pelo emissor. Por exemplo: se suspeita que uma pessoa X não está entendendo o que Y diz, não é possível esclarecer-se completamente a situação se Y não fizer nada além de falar mais.

Os problemas de influência ou eficácia referem-se ao êxito de, através do significado transmitido ao receptor, provocar a conduta desejada da sua parte. À primeira vista, pode parecer limitado sugerir que o objetivo de toda comunicação seja influenciar a conduta do receptor, mas, com qualquer definição ampla de conduta, fica claro que a comunicação ou influencia a conduta ou não tem qualquer efeito receptível e comprovável.

Gabriel Conh, *Comunicação e indústria cultural*

Manual de Estudos

1. A partir da leitura do texto, como você definiria "comunicação"?

2. Quais são, segundo o autor, os três níveis de problemas em comunicação?

3. Explique, com suas palavras, o que são os problemas técnicos na comunicação.

4. Explique, com suas palavras, o que são os problemas semânticos na comunicação.

5. Explique, com suas palavras, o que são os problemas de influência na comunicação.

6. Cite três atos de comunicação que você praticou hoje.

7. Um beijo é um ato de comunicação? Justifique a sua resposta.

8. Qual a importância da comunicação para a vida em sociedade?

9. Por que a comunicação é uma das necessidades básicas do ser humano?

LINGUAGEM

1. Reescreva as frases a seguir como no modelo.

> Maria é uma menina muito **observadora**.
> Maria é uma menina **que observa** muito.

a) Todas as pessoas **trabalhadoras** merecem ser valorizadas.
b) O velho enfermeiro nos contou histórias **comoventes**.
c) O velho fez uma proposta **inaceitável**.
d) No Brasil, ainda há muitas terras **improdutivas**.
e) O marinheiro experiente nos narrou fatos **impressionantes**.

Gramática

2. Reescreva as frases a seguir conforme o modelo.

> Naquela repartição não aceitavam pessoas **que não tinham experiência**.
> Naquela repartição não aceitavam pessoas **inexperientes**.

a) Diante do juiz, concordou em pagar a dívida **que restava**.
b) Antigamente todos os rios tinham água **que se podia beber**.
c) Apresentou-nos um caso que **não tinha solução**.
d) Tinha boas ideias, mas as expressava numa letra **que não se podia ler**.

3. Reescreva as frases a seguir conforme o modelo.

> Os alunos não vieram à aula hoje. / Que visitaram o museu.
> Os alunos que visitaram o museu não vieram à aula hoje.

a) Todos os alunos visitaram a exposição. / Que homenageava os 200 anos da República brasileira.
b) O jogador entregou a bola ao treinador. / Que estava rasgada.
c) A faxineira guardou na estante a lata. / Que acabara de fechar.
d) Todos viram o martelo cair na cabeça do pedreiro. / Que era de madeira.

4. Complete com adjetivos derivados dos verbos entre parênteses conforme o modelo.

> Num futebol de rua, as chuteiras são **dispensáveis**. (dispensar)

a) Sua opinião é bastante _____. (discutir)
b) Visitar uma caverna daquelas foi _____. (emocionar)
c) Certas atitudes não são _____. (tolerar)
d) Surfar causa uma sensação _____. (agradar)
e) Saíram para uma viagem _____. (empolgar)

5. Faça conforme o modelo.

> Ele quer saber o conteúdo da prova.
> Se ele souber, eu também saberei.

a) Ele quer deixar o assunto por isso mesmo.

b) Ele quer trazer a sogra junto.

c) Ele quer pôr as coisas no armário.

d) Ele quer fazer a prova novamente.

e) Ele quer revisar a prova final.

6. Complete com afim (semelhante) ou a fim de (com a finalidade de).

a) Nosso professor distribuiu bombons _____ parecer simpático à turma.

b) Li dois livros com histórias _____.

c) Todos devem estar atentos à destruição da natureza, _____ evitar a extinção de várias espécies da fauna e da flora.

d) – Nossos gastos são _____ – disse Marisa a Antônio.

e) A professora marcou prova _____ avaliar o quanto os alunos aprenderam.

7. Complete com **a**, **à** ou **há** conforme os exemplos abaixo.

> Mora a 5 quilômetros do centro da cidade.
> Fui à praia bem cedo.
> Há dez anos não viajo.

a) A última vez que me visitou foi _____ dois anos.

b) Referiu-se _____ mãe do artista com carinho.

c) Daqui _____ três dias, iremos conhecer Manaus.

d) A torre estava localizada _____ vários quarteirões da sua casa.

e) Entregou _____ princesa tudo o que conseguira amealhar.

f) O Brasil é um país jovem: sua colonização iniciou _____ 500 anos.

Gramática

8. Transmita a mensagem de outra maneira, conforme o modelo.

> A professora afirmou:
> – A vida futura depende do equilíbrio da natureza.
> A professora afirmou que a vida futura dependia do equilíbrio da natureza.

a) O guarda disse:
   – Siga pela direita, em silêncio.
b) O médico declarou:
   – Deve ser uma contusão sem importância.
c) A mãe gritou:
   – Entre logo!
d) Eles falaram:
   – Não acreditamos em novas teorias.

GRAMÁTICA

1. Conjugue os verbos a seguir conforme o modelo:

> Eu abracei minha amiga, e você também a abraçou.

a) Eu a beijei, e você a _____.
b) Eu me acostumei à situação, e você _____.
c) Eu cheguei, e você _____.
d) Eu chamei por meu amigo, e você _____.
e) Eu tirei uma boa nota, e você _____.
f) Eu me penteei, e você _____.

2. Complete as lacunas, prestando atenção à forma dos verbos.

> Se Carlinhos estiver, Ricardo também há de **estar**.

a) Se José vier, Antônio também há de _____.
b) Se a menina fizer, o menino também _____.
c) Se José trouxer, Pedro _____.
d) Se Antônio _____, Márcio também há de vir.
e) Se vocês _____ a verdade, ele também há de dizer.

Manual de Estudos

3. Só mais um treino.

   > Quando eu passeio e você passeia, ambos passeamos.

   a) Quando eu _____ e você receia, ambos receamos.
   b) Quando eu barateio e você _____, ambos _____.
   c) Quando eu estreio e você _____, ambos _____.
   d) Quando eu cabeceio e você _____, ambos _____.
   e) Quando eu _____ e você _____, ambos semeamos.
   f) Quando eu _____ e você _____, ambos arreamos.

4. Passe as frases a seguir para o plural.
   a) Aquele moleque é terrível. Aqueles _____.
   b) Seu gesto era infalível. Seus _____.
   c) O inspetor levou o moleque. Os _____.
   d) A rua principal estava impedida. As _____.
   e) O micróbio é invisível. Os _____.
   f) Aquele animal é um roedor. Aqueles _____.

5. Use o pretérito imperfeito do indicativo para completar as lacunas conforme o modelo que segue:

   > Os motoristas **confiam** em João.
   > Contaram que os motoristas **confiavam** em João.

   a) João paralisa todo o trânsito.
      Contaram que _____.
   b) Os carros sinalizam para João, mas não andam.
      Contaram que _____.
   c) O policial vai prender João.
      Contaram que _____.

6. Complete as lacunas conforme o exemplo a seguir:

   > Já que queriam passar, que **passassem**!

   a) Já que queriam falar, que _____!
   b) Já que queriam parar, que _____!
   c) Já que queria _____, que voltasse!
   d) Já que queria seguir, que _____!
   e) Já que queria _____, que descesse!

Gramática

7. Use a forma correta dos verbos para completar as lacunas.
   a) – Eu posso orientar o tráfego?
      – Sim, você _____.
   b) – Eu pude _____ o tráfego?
      – Sim, você pôde.
   c) – Eu vou orientar o tráfego?
      – Sim, você _____.
   d) – Eu fui orientar o tráfego?
      – Sim você _____.
   e) – Quem _____ o tráfego?
      – Fui eu.
   f) – Eu sei orientar o tráfego?
      – Sim, você _____.
   g) – Eu soube orientar o tráfego?
      – Sim, você _____.

GRAMÁTICA

1. Observe a transformação:

   > Entrei no quarto. Ela estava **no quarto**.
   > Entrei no quarto **onde** ela estava.

   Constatamos que:
   no quarto: locução indicativa de lugar;
   onde: palavra indicativa de lugar que relaciona dois fatos.

   Use a palavra **onde** para transformar as frases abaixo em uma só.
   a) Chutou no canto. O goleiro estava **no canto**.
   b) Todos foram para a biblioteca. Haveria uma reunião **na biblioteca**.
   c) Passei minhas férias na cidadezinha do interior. Nasci **na cidadezinha do interior**.
   d) Ficavam conversando num banco daquela praça. Conheceram-se **num banco daquela praça**.

Manual de Estudos

2. Compare:

> Nunca estava **com nós** nas brincadeiras.
> Nunca estava **conosco** nas brincadeiras.

A primeira frase constitui uma forma da linguagem popular; a segunda frase, uma forma da linguagem culta. Transforme linguagem popular em linguagem culta.

a) Ficou envergonhado de sair com nós.
b) Ela não concorda com nós de forma alguma.
c) Você poderia ter feito a pesquisa com nós.
d) É possível que venha mais alguém com nós.

3. Escreva os graus diminutivo, normal e aumentativo de cada palavra, conforme o modelo:

> gatinho - gato - gatão

a) _____ - fumaça - _____.
b) _____ - _____ - bandejona.
c) _____ - irmão - _____.
d) _____ - _____ - mesona.
e) _____ - quieta - _____.
f) _____ - _____ - blusão.
g) bracinho - _____ - _____.
h) _____ - carro - _____.
i) casebre - _____ - _____.

4. O adjetivo pode vir antes ou depois do substantivo. Conforme sua colocação, ele pode modificar o sentido da frase.
Qual o significado que o adjetivo dá às seguintes frases?

a) Charlie Chaplin foi um **grande** artista.
b) Zequinha é um jogador **grande**.
c) Aquele rapaz é um **bom** cantor.
d) Jorge é um professor **bom**.
e) Aquele homem é um **falso** médico.
f) Márcia tem se revelado uma amiga **falsa**.
g) Você escolheu um **mau** momento para falar comigo.
h) Não confio em Paulinho porque ele é um menino **mau**.

Gramática

5. Leia a canção:

Aquarela

Numa folha qualquer eu desenho um sol amarelo
E com cinco ou seis retas é fácil fazer um castelo.
Corro o lápis em torno da mão e me dou uma luva
E se faço chover com dois riscos tenho um guarda-chuva.
Se um pinguinho de tinta cai num pedacinho azul do papel
Num instante imagino uma linda gaivota a voar no céu...
Vai voando, contornando a imensa curva norte-sul
Vou com ela, viajando Havaí, Pequim ou Istambul.
Pinto um barco a vela, branco, navegando,
é tanto céu e mar num beijo azul.
Entre as nuvens vem surgindo um lindo avião rosa-grená
Tudo em volta colorido, com suas luzes a piscar
Basta imaginar e ele está partindo, sereno e lindo
E se a gente quiser, ele vai pousar. (...)

(Vinicius de Moraes e Toquinho)

Faça o que se pede:

a) plural de guarda-chuva = _____
b) plural de barco a vela = _____
c) quem nasce no Havaí é _____.
d) quem nasce em Pequim é _____.
e) locução adjetiva de gaivota celeste = gaivota _____.

6. Substitua os substantivos próprios pelos adjetivos pátrios compostos.

a) No candomblé baiano, cada orixá da **África** e do **Brasil** tem suas cores características.
   Orixá _____

b) Escritores da **Inglaterra** e da **Austrália** nos contam as regras criadas para o jogo de futebol.
   Escritores _____

Manual de Estudos

c) Os elefantes da **Ásia** e da **África** são os maiores animais terrestres, que chegam a comer 300 quilos de folhas e frutos.

Elefantes _____

7. Substitua a locução adjetiva por um adjetivo correspondente.
   a) O Brasil é pentacampeão _____ (do mundo) de futebol.
   b) O elefante utiliza a tromba para sugar a água através das fossas _____. (do nariz)
   c) O mel deve seu perfume ao aroma _____ (das flores) liberado pela abelha.
   d) As caravelas eram feitas sob orientação de arquitetos especialistas em construção _____. (de navio)
   e) Batendo contra um *iceberg*, grande bloco _____ (de gelo), o grande transatlântico Titanic afundou, em 1912.

8. Complete os espaços com os substantivos diminutivos sintéticos:
   a) O sangue que corre nas diversas partes do corpo mantém a vida, pois carrega nutrientes e oxigênio às _____ (diminutivo de cela) do organismo.
   b) No homem sadio, todas as características do sangue são mantidas, como concentração de _____ (diminutivo de mole), número de _____ (diminutivo de globo) de diversos tipos, pressão, teor de açúcar, temperatura, etc.

LINGUAGEM

1. Em certos casos, é possível descobrir o significado de uma palavra relacionando-a com outras e com o sentido geral da frase. Veja este trecho.

   "[...] bandos de urubus, frequentadores assíduos de um depósito de lixo [...]".

Gramática

a) Baseando-se na frase anterior, assinale o significado de **assíduos**.
   ( ) Que às vezes aparecem; ocasionais.
   ( ) Que aparecem sempre; habituais.

b) Preencha o espaço com a palavra **assíduas** ou **ocasionais**.
   De vez em quando, algumas gaivotas vêm se alimentar no depósito de lixo. Elas são frequentadoras _____ do lugar.

2. Observe alguns significados do verbo **engolir** e associe-os às frases abaixo.
   *Passar da boca ao estômago
   *Aceitar sem protestar
   *Fazer desaparecer

   a) "[...] os detritos produzidos pelo homem [...] ameaçam *engolir* as grandes cidades."
   b) "[...] albatrozes mergulham no mar do Japão em busca de alimento, mas o que *engolem* são colheres de plástico [...]."
   c) Ele não *engoliu* a acusação que lhe fizeram.

   Agora, indique em qual das frases anteriores o verbo em destaque tem sentido próprio e em quais tem sentido figurado.

3. As palavras em destaque nas passagens a seguir estão empregadas em sentido figurado?
   "Os avanços tecnológicos mais expressivos vêm correndo exatamente com o maior vilão da temida **quadrilha** do lixo [...]"
   "[...] albatrozes **mergulham** no mar do Japão [...]"

4. Compare.
   "[...] albatrozes mergulham no mar do Japão em busca de alimento, **mas** o que engolem são colheres de plástico [...]"
   "O lixo. Um dos **mais** graves problemas ecológicos [...]"

Complete as frases com **mas** ou **mais**.

a) Há muita coisa reaproveitável no lixo, _____ o alumínio é o produto _____ valioso.
b) Havia dificuldades para reciclar o vidro, _____ a tecnologia solucionou os problemas.
c) O plástico permanece no ambiente por _____ de 50 anos, _____ já é possível transformá-lo em "madeira plástica".
d) Com os lingotes de alumínio são produzidas _____ latas.

5. De acordo com o exemplo, transforme cada par em uma só frase.

> 1. O vidro é uma embalagem muito antiga.
> 2. O vidro é um material reciclável.
>   O vidro é uma embalagem muito antiga e também reciclável.

a) O lixo é um dos responsáveis pela poluição ambiental.
   O lixo é um problema de difícil solução.
b) O plástico é um dos principais componentes do lixo.
   O plástico é o material que permanece por mais tempo na natureza.

6. Observe a alteração que ocorre da frase **1** para a frase **2**.

> 1. Como o mundo produz muito lixo, o problema aumenta.
> 2. O mundo produz muito lixo, consequentemente o problema aumenta.

Seguindo esse exemplo, reescreva as frases.
a) Como a tecnologia evoluiu, muitos materiais podem ser reaproveitados.
b) Como o alumínio tem bom preço, a latinha é o produto com mais frequência recuperado do lixo.

Gramática

LINGUAGEM

1. Não só palavras e expressões podem ter sentido conotativo. Às vezes, frases ou textos inteiros têm sentido figurado, como os provérbios e as fábulas. Veja:

   Água mole em pedra dura, tanto bate até que fura.
   Esse provérbio significa que, de tanto insistir, as pessoas podem vencer grandes obstáculos.

   Explique o significado dos provérbios e das expressões abaixo usando a linguagem denotativa:
   a) Fazer tempestade em copo de água.
   b) De cavalo dado não se olha os dentes.
   c) Chover no molhado.
   d) Com a faca e o queijo na mão.
   e) Matar a cobra e mostrar o pau.
   f) Prometer mundos e fundos.
   g) Suar a camisa.

2. Escreva substantivos correspondentes aos adjetivos a seguir. Observe o modelo:
   atmosférico - atmosfera
   digno -   convicto -   excessivo -   capaz -
   livre -   rebelde -   agitado -   ficcional -
   atrasado -   feroz -   ansioso -

3. Complete as lacunas com o adjetivo que corresponde à definição. Observe o modelo.

   Algo que não se pode tolerar é intolerável.

   a) Algo que não se pode suportar é _____.
   b) Algo que não se pode questionar é _____.
   c) Algo que não se pode aceitar é _____.
   d) Algo que não se pode perdoar é _____.
   e) Algo que não se pode destruir é _____.
   f) Algo que não se pode repreender é _____.
   g) Algo que não se pode adiar é _____.

Manual de Estudos

4. Relacione o adjetivo à locução adjetiva e à oração correspondente, numerando-as conforme o exemplo:

> Capilar – dos cabelos – que está relacionado aos cabelos.

(1) didático
(2) anular
(3) junino
(4) térmico
(5) ofídico
(6) viril
(7) renal
(8) austral, meridional
(9) senil
(10) vocal, fônico

( ) de junho   ( ) que se relaciona ao calor.
( ) de cobra   ( ) que se localiza no sul.
( ) do ensino   ( ) que está relacionado a cobras ou serpentes.
( ) do homem   ( ) que tem forma de anel.
( ) de velho   ( ) que é próprio do homem.
( ) da voz   ( ) que está relacionado à voz.
( ) do calor   ( ) que se aplica ao ensino.
( ) de anel   ( ) que se realiza em junho.
( ) do sul   ( ) que está relacionado aos rins.
( ) dos rins   ( ) que é próprio de velho.

5. Indique o advérbio correspondente às locuções adverbiais destacadas.
   a) Saiu **às pressas**. – _____
   b) Falou **de improviso**. – _____
   c) Apareceu **de súbito**. – _____
   d) É isso **sem dúvida**. – _____
   e) Caiu **de repente**. – _____
   f) Vencerá **com certeza**. – _____
   g) Fez aquilo **de propósito**. – _____
   h) Voltará **em breve**. – _____

Gramática

6. Reescreva as seguintes frases, substituindo as palavras em destaque pelos pronomes oblíquos.

   Obs.: A posição dos pronomes não é rígida. Por isso, pode haver mais de uma possibilidade.

   a) O professor vai devolver as provas **a nós**.

   b) O jornaleiro vai vender a revista **a mim**.

   c) O professor explicou o regulamento **aos alunos**.

   d) Os alunos querem dar um presente **a ti**.

   e) Os pais deram um brinquedo **à filha**.

   f) Ele disse o resultado **para mim**.

   g) Ela emprestou o livro **a nós**.

GRAMÁTICA

1. Escreva **mau** ou **mal**, de acordo com o sentido.

   > Mau = adjetivo: refere-se a um substantivo.
   > Mal = advérbio: refere-se a um verbo ou adjetivo.
   > Mal = substantivo: quando precedido de artigo.

   a) _____ posso acreditar no que estou vendo.

   b) Que _____ há nisso?

   c) Não faças _____ aos outros.

   d) O _____ tempo impediu-nos de sair.

   e) O _____ aluno sempre apresenta alguma desculpa.

   f) Não faça _____ juízo dos outros.

   g) Era um _____ elemento, por isso não o aceitamos.

   h) O _____ precisa ser cortado pela raiz.

   i) Este poema foi _____ analisado.

Manual de Estudos

2. Preencha as lacunas com as palavras **mais** ou **mas**.

   > Mais = advérbio de intensidade: refere-se a um verbo ou adjetivo.
   > Mais = pronome adjetivo indefinido: refere-se a um substantivo.
   > Mas = conjunção: une duas orações.

   a) _____ vale um pássaro na mão do que dois voando.
   b) Receberá o prêmio quem conseguir _____ pontos.
   c) Vou, _____ volto.
   d) Sabia, _____ não falou.
   e) Qual será a cidade _____ importante do seu Estado?
   f) Quem é o _____ alto da turma?

3. Substitua o substantivo em destaque e os seus determinantes pelo pronome que exerça a mesma função sintática. Siga o modelo:

   > Encontrei a chave na gaveta.
   > Encontrei-a na gaveta.

   a) Procurei **a agenda** em toda parte.
   b) Examinou **as provas** com cuidado.
   c) Vendeu **os peixes** no mercado.
   d) Visitei **meus parentes** nas férias.
   e) Avisei **seu colega** a tempo.

4. Observe o modelo e reescreva as frases, substituindo as expressões por um dos seguintes verbos:

   reclamar – acompanhar – adormecer – disparar

   > Quando **chegou a manhã**, partiram.
   > Quando amanheceu, partiram.

   a) Quando a noite caiu, os trabalhadores **começaram a dormir.**
   b) Elas me **fizeram companhia.**
   c) O caçador preparou a arma e **deu um disparo.**
   d) Os populares **fizeram reclamações** contra os abusos das autoridades.

Gramática

GABARITO ATIVIDADES DIRIGIDAS

A comunicação humana

1. A comunicação é, de acordo com o texto, o ato de receber e transmitir ideias por meio de mensagens verbais e não verbais.
2. Os problemas de comunicação dividem-se, de acordo com o autor, em três níveis: técnico, semântico e de influência.
3. Problemas técnicos são os que ocorrem na transmissão de informações do emissor para o receptor.
4. Os problemas semânticos concernem à interpretação do significado pelo receptor.
5. Os problemas de influência referem-se ao êxito de provocar, no receptor, a conduta desejada pelo emissor.
6. Resposta pessoal.
7. O beijo é um ato de comunicação, pois demonstra afeto.
8. Para viver em sociedade, o homem precisa se comunicar em todas as situações, em casa, no trabalho, no lazer.
9. Comunicar-se é indispensável às pessoas porque nenhum ser humano pode viver sozinho, e a comunicação faz que a vida seja satisfatória.

Linguagem

1. a) Todas as pessoas que trabalham merecem ser valorizadas.
   b) O velho enfermeiro nos contou histórias que comovem.
   c) O velho fez uma proposta que não que não pode ser aceita.
   d) No Brasil, ainda há muitas terras que não produzem.
   e) O marinheiro experiente nos narrou fatos que impressionam.
2. a) Diante do juiz, concordou em pagar a dívida restante.
   b) Antigamente todos os rios tinham água potável.
   c) Apresentou-nos um caso insolúvel.
   d) Tinha boas ideias, mas as expressava numa letra ilegível.
3. a) Todos os alunos visitaram a exposição que homenageava os 200 anos da República brasileira.
   b) O jogador entregou a bola que estava rasgada ao treinador.
   c) A faxineira guardou na estante a lata que acabara de fechar.
   d) Todos viram o martelo que era de madeira cair na cabeça do pedreiro.
4. a) discutível
   b) emocionante
   c) toleráveis
   d) agradável
   e) empolgante
5. a) Se ele deixar, eu também deixarei.
   b) Se ele trouxer, eu também trarei.
   c) Se ele puser, eu também porei.
   d) Se ele fizer, eu também farei.
   e) Se ele revisar, eu também revisarei.
6. a) a fim de
   b) afins
   c) a fim de
   d) afins
   e) a fim de

7. a) há
   b) à
   c) a
   d) a
   e) à
   f) há
8. a) O guarda disse que seguisse pela direita, em silêncio.
   b) O médico declarou que devia ser uma contusão sem importância.
   c) A mãe gritou que entrasse logo.
   d) Eles falaram que não acreditavam em novas teorias.

Gramática

1. a) beijou
   b) acostumou
   c) chegou
   d) chamou
   e) tirou
   f) penteou
2. a) vir
   b) fará
   c) trará
   d) vier
   e) disserem
3. a) receio
   b) barateia barateamos
   c) estreia estreamos
   d) cabeceia cabeceamos
   e) semeio semeia
   f) arreio arreia
4. a) moleques são terríveis
   b) gestos eram infalíveis
   c) inspetores levaram os moleques
   d) ruas principais estavam impedidas
   e) micróbios são invisíveis
   f) animais são uns roedores

5. a) que João paralisava todo o trânsito.
   b) os carros sinalizavam para João, mas não andavam.
   c) o inspetor iria prender João.
6. a) falassem
   b) parassem
   c) voltar
   d) seguisse
   e) descer
7. a) pode orientar o tráfego
   b) orientar
   c) vai orientar o tráfego
   d) foi orientar o tráfego
   e) eu quem orientou o tráfego
   f) sabe orientar o tráfego
   g) soube orientar o tráfego

Gramática

1. a) Chutou no canto onde estava o goleiro.
   b) Todos foram para a biblioteca onde haveria uma reunião.
   c) Passei minhas férias na cidadezinha do interior onde nasci.
   d) Ficaram conversando num banco daquela praça onde se conheceram.
2. a) Ficou envergonhado de sair conosco.
   b) Ela não concorda conosco de forma alguma.
   c) Você poderia ter feito a pesquisa conosco.
   d) É possível que venha mais alguém conosco.
3. a) fumacinha fumaça fumação
   b) bandejinha bandeja bandejona

Gramática

  c) irmãozinho irmão irmãozão
  d) mesinha mesa mesona
  e) quietinha quieta quietona
  f) blusinha blusa blusão
  g) bracinho braço bração
  h) carrinho carro carrão
  i) casebre casa casarão
4. a) Um artista fenomenal.
  b) Um jogador alto e corpulento.
  c) Um cantor de qualidade satisfatória.
  d) Um professor bondoso.
  e) Uma pessoa que finge ser um médico.
  f) Uma amiga em que não se pode confiar.
  g) Um momento difícil.
  h) Um menino ruim, de má índole.
5. a) guarda-chuvas
  b) barcos a vela
  c) havaiano
  d) pequinês
  e) do céu
6. a) afro-brasileiro
  b) anglo-australianos
  c) ásio-africanos / afro-asiáticos
7. a) mundial
  b) nasais
  c) floral
  d) náutica
  e) glacial
8. células / moléculas / glóbulos

Linguagem

1 a) Que aparecem sempre; habituais.
  b) Ocasionais
2. a) Fazer desaparecer.
  b) Passar da boca ao estômago.
  c) Aceitar sem protestar.
  Sentido próprio – b
  Sentido figurado – a / c
3. quadrilha – sentido figurado
  mergulham – sentido próprio
4. a) mas / mais
  b) mas
  c) mais / mas
  d) mais
5. a) O lixo é um dos responsáveis pela poluição ambiental e também um problema de difícil solução.
  b) O plástico é um dos principais componentes do lixo e também o material que permanece por mais tempo na natureza.
6. a) A tecnologia evoluiu, consequentemente muitos materiais podem ser reaproveitados.
  b) O alumínio tem bom preço, consequentemente a latinha é o produto com mais frequência recuperado do lixo.

Linguagem

1. a) Fazer confusão por um motivo pouco importante.
  b) Não se deve reclamar dos presentes recebidos.
  c) Insistir em fazer ou discutir algo que já foi resolvido.
  d) Ter a oportunidade.
  e) Fazer algo e mostrar como foi feito.
  f) Prometer muita coisa e não poder cumprir.
  g) Trabalhar arduamente.
2. dignidade
  convicção
  excesso

Manual de Estudos

capacidade
liberdade
rebeldia
agitação
ficção
atraso
ferocidade
ansiedade

3. a) insuportável
   b) inquestionável
   c) inaceitável
   d) imperdoável
   e) indestrutível
   f) irrepreensível
   g) inadiável

4. Coluna da esquerda:
   3-5-1-6-9-10-4-2-8-7
   Coluna da direita:
   4-8-5-2-6-10-1-3-7-9

5. a) apressadamente
   b) improvisadamente
   c) subitamente
   d) indubitavelmente
   e) repentinamente
   f) certamente
   g) propositalmente
   h) brevemente

6. a) O professor vai devolver-nos as provas.
   b) O jornaleiro vai vender-me a revista.
   c) O professor explicou-lhes o regulamento.
   d) Os alunos querem dar-te um presente.
   e) Os pais deram-lhe um brinquedo.
   f) Ele me disse o resultado.
   g) Ela nos emprestou o livro.

Gramática

1. a) mal
   b) mal
   c) mal
   d) mal
   e) mau
   f) mau
   g) mau
   h) mal
   i) mal

2. a) Mais
   b) mais
   c) mas
   d) mas
   e) mais
   f) mais

3. a) Procurei-a em toda parte.
   b) Examinou-as com cuidado.
   c) Vendeu-os no mercado.
   d) Visitei-os nas férias.
   e) Avisei-o a tempo.

4. a) Quando anoiteceu, adormeceram.
   b) Elas me acompanharam.
   c) Preparou a arma e disparou.
   d) Os populares reclamaram contra os abusos.

Questões de vestibulares resolvidas e comentadas

Gramática

1. (CESGRANRIO) Assinale a alternativa em que o termo "cego" é um adjetivo.
a) "Os cegos, habitantes de um mundo esquemático, sabem aonde ir..."
b) "O cego de Ipanema representava naquele momento todas as alegorias da noite escura da alma..."
c) "Todos os cálculos do cego se desfaziam na turbulência do álcool."
d) "Naquele instante era só um pobre cego."
e) "... da Terra que é um globo cego girando no caos."

Resposta   E

Com exceção da alternativa E, o termo "cego(s)" aparece determinado por um artigo que lhe confere a classificação morfológica de substantivo. Já em E, o termo "cego" está colocado como caracterizador do substantivo "globo", daí ser um adjetivo.

2. (PUCCamp) "O desagradável era vê-lo de mau humor depois da troca de turma."
Na frase acima, as palavras sublinhadas comportam-se, respectivamente, como:
a) substantivo, adjetivo, substantivo.
b) adjetivo, advérbio, verbo.
c) substantivo, adjetivo, verbo.
d) substantivo, advérbio, substantivo.
e) adjetivo, adjetivo, verbo.

Resposta   A

A anteposição do artigo definido ao termo "desagradável" torna-o substantivo; o termo "mau" é adjetivo porque está colocado como caracterizador do substantivo "humor"; e o termo "troca" comporta-se como substantivo, visto que está antecedido pelo artigo definido "a" (de + a).

Manual de Estudos

3. (FATEC) Indique o erro quanto ao emprego do artigo.

a) Em certos momentos, as pessoas as mais corajosas se acovardam.

b) Em certos momentos, as pessoas mais corajosas se acovardam.

c) Em certos momentos, pessoas as mais corajosas se acovardam.

d) Em certos momentos, as mais corajosas pessoas se acovardam.

Resposta | A

Segundo as normas da língua culta, é incorreto repetir o artigo em expressões como "... as pessoas as mais corajosas...". As demais frases exemplificam as várias possibilidades do uso correto do artigo em expressões desse tipo.

4. (FUVEST) "Ele é o homem
eu sou apenas
uma mulher."

Nesses versos, reforça-se a oposição entre os termos "homem" e "mulher".

a) Identifique os recursos linguísticos utilizados para provocar esse reforço.

b) Explique por que esses recursos causam tal efeito.

Respostas

a) Para reforçar a oposição entre os termos "homem" e "mulher", usou-se o contraste entre o artigo definido e o indefinido.

b) Tal efeito é causado pelo emprego do artigo definido "o", o qual confere superioridade ao homem: "o homem", um ser autêntico, único. Por sua vez, o artigo indefinido "uma" marca a inferioridade da mulher: "apenas uma mulher", no texto, equivale a qualquer mulher, uma mulher qualquer.

Gramática

5. (UFMG) As expressões destacadas correspondem a um adjetivo, exceto em:
a) João Fanhoso anda amanhecendo <u>sem entusiasmo</u>.
b) Demorava-se <u>de propósito</u> naquele complicado banho.
c) Os bichos <u>da terra</u> fugiam em desabalada carreira.
d) Noite fechada sobre aqueles ermos perdidos da caatinga <u>sem fim</u>.
e) E ainda me vem com essa conversa de homem <u>da roça</u>.

Resposta B

Em A, "sem entusiasmo" é uma locução adjetiva que caracteriza o substantivo "João Fanhoso" e corresponde à expressão "desanimado"; em C, "da terra" também é locução adjetiva, correspondente a "terrestre" (bichos terrestres); em D, "sem fim" é locução adjetiva porque caracteriza o termo "caatinga" e corresponde a "infindável"; em E, "da roça" caracteriza o termo "homem", corresponde ao adjetivo "roceiro". Já em B, a expressão "de propósito" é locução adverbial de modo, corresponde ao advérbio "propositalmente".

6. (UFV) Em todas as alternativas há dois advérbios, exceto em:
a) Ele permaneceu muito calado.
b) Amanhã não iremos ao cinema.
c) O menino, ontem, cantou desafinadamente.
d) Tranquilamente, realizou-se, hoje, o jogo.
e) Ela falou calma e sabiamente.

Resposta A

Em B, há os advérbios "amanhã" (tempo) e "não" (negação); em C, há o advérbio "ontem" (tempo) e "desafinadamente" (modo); em D, há os advérbios "tranquilamente" (modo) e "hoje" (tempo); em E há os advérbios "calma(mente)" e "sabiamente" (ambos de modo); já em A, há o advérbio de intensidade "muito", e o termo "calado" é um adjetivo, predicativo do sujeito.

7. (UFC) A opção em que há um advérbio exprimindo circunstância de tempo é:
a) Possivelmente viajarei para São Paulo.
b) Maria teria aproximadamente 15 anos.
c) As tarefas foram executadas concomitantemente.
d) Os resultados chegaram demasiadamente atrasados.

Resposta C

Em A, "possivelmente" é advérbio de dúvida; em B, "aproximadamente" indica cálculo aproximado; em D, "demasiadamente" é advérbio de intensidade. Já em C, "concomitantemente" é advérbio de tempo, pois significa "simultaneamente", "ao mesmo tempo".

8. (PUCCamp) "Os seus projetos são os ... elaborados, por isso garantem verbas ... para sua execução e evitam ... entendidos."
a) melhor – suficientes – mal
b) mais bem – suficientes – mal
c) mais bem – suficiente – mal
d) melhor – suficientes – mau
e) melhor – suficiente – mau

Resposta B

Segundo as normas da língua culta, emprega-se a expressão "mais bem" para modificar um termo provindo de particípio; portanto, está correto "mais bem elaborados". Quanto à concordância nominal, está correto "suficientes" porque o adjetivo deve concordar em gênero e número com o substantivo "verbas" (verbas suficientes). Também está correto o emprego de "mal", pois, como advérbio, deve ser grafado com "l".

Gramática

9. (FUVEST) Na frase "**Todo** homem é mortal, porém o homem **todo** não é mortal", o termo "todo" é empregado com significados diferentes.
a) Indique o sentido em cada uma das expressões.
b) Justifique sua resposta.

Respostas

a) Em "Todo homem", observa-se o significado de "qualquer homem", sem exceção; já em "o homem todo", o termo "todo" indica "o homem em sua totalidade, inteiro".
b) Essa diferença de significados foi possível graças à posição do termo "todo" em relação ao termo "homem". Anteposto, "todo" comporta-se como um pronome indefinido adjetivo e, posposto, torna-se um adjetivo.

10. (PUC) Nos trechos:
"... aquelas cores todas não existem na pena do pavão..."
"... este é o luxo do grande artista..." e
"Ele me cobre de glórias"
sob o ponto de vista morfológico, as palavras destacadas são, respectivamente:
a) pronome demonstrativo, pronome demonstrativo, pronome pessoal.
b) pronome indefinido, pronome indefinido, pronome pessoal.
c) pronome demonstrativo, pronome demonstrativo, pronome relativo.
d) pronome indefinido, pronome demonstrativo, pronome relativo.
e) pronome relativo, pronome demonstrativo, pronome possessivo.

Resposta   A

"Aquelas" e "este" são pronomes demonstrativos porque indicam a posição do termo a que se referem em relação aos falantes: "aquelas" indica que as cores estão distantes do emissor e do receptor; "este" indica proximidade do luxo em relação ao emissor; já o termo "me" é pronome pessoal do caso oblíquo porque, na frase, refere-se ao emissor, primeira pessoa do singular.

Manual de Estudos

11. (UNIMEP)
   I. Este é Renato.
   II. Eu posso contar com a ajuda de Renato.
   Se juntarmos as duas orações num só período, usando um pronome relativo, teremos:
   a) Este é Renato, com quem eu posso contar com a ajuda dele.
   b) Este é Renato, que eu posso contar com a ajuda dele.
   c) Este é Renato, o qual eu posso contar com sua ajuda.
   d) Este é Renato, com cuja ajuda eu posso contar.
   e) Este é Renato, cuja ajuda eu posso contar.

   Resposta   D

   O verbo "contar" rege a preposição "com", e o pronome relativo "cujo" indica "posse", isto é, refere-se a algo de alguém ou de alguma coisa. Portanto, ao juntar as duas frases, é correto usar a preposição "com", "posso contar com a ajuda de Renato", e "cuja" (ajuda de Renato); daí ser correta a alternativa D.

12. (UEL) Para _____ poder terminar a arrumação, guardem _____ material em outro lugar até que eu volte a falar ____ dizendo que já podem entrar.
   a) eu – seu – com vocês
   b) eu – vosso – convosco
   c) eu – vosso – consigo
   d) mim – seu – com você
   e) mim – vosso – consigo

   Resposta   A

   Empregou-se o pronome reto "eu" por se tratar de sujeito do verbo "poder" (infinitivo); "seu", pronome possessivo que indica a posse de um material pelos interlocutores a quem o emissor trata pelo pronome de tratamento "vocês"; finalmente, "com vocês" é correto porque o verbo "contar" rege a preposição "com".

Gramática

Texto para as questões **13** e **14**.

"Que me enganei ora o vejo;
Nadam-te os olhos em pranto.
Arfa-te o peito, e no entanto
Nem me podes encarar;
Erro foi, mas não foi crime,
Não te esqueci, eu to juro;
Sacrifiquei meu futuro,
Vida e glória por te amar!"

13. (FUVEST) Em dois versos do texto, um pronome substitui toda uma oração. Aponte os versos em que isso ocorre.

Resposta

Os versos são: "Que me enganei ora o vejo" e "Não te esqueci, eu to juro".
O pronome demonstrativo "o" substitui a oração "que me enganei"; "ora o vejo" (ora vejo que me enganei). O pronome "o" em "to juro" substitui a oração "Não te esqueci" (Eu te juro que não te esqueci).

14. (FUVEST) Indique os dois versos do texto em que um pronome pessoal substitui um possessivo.

Resposta

Em "Nadam-te os olhos em pranto", o pronome pessoal "te" substitui o possessivo "teu" (Os teus olhos nadam em pranto). Em "Arfa-te o peito, e no entanto", por sua vez, o pronome pessoal "te" substitui o possessivo "teu" (O teu peito arfa...).

15. (ITA) Dadas as sentenças:
 I. Ela comprou um livro para mim ler.
 II. Nada há entre mim e ti.
 III. Alvimar, gostaria de falar consigo.
 Verificamos que está (estão) correta(s):
 a) apenas a sentença I.
 b) apenas a sentença II.
 c) apenas a sentença III.
 d) apenas as sentenças I e II.
 e) todas as sentenças.

Resposta B

Segundo as normas da língua culta, o pronome pessoal reto "eu" é exclusivamente subjetivo; por isso, em se tratando da primeira pessoa, quando a função não for sujeito, usa-se "mim". Portanto, em I, seria correto colocar "Ela comprou um livro para eu ler". Em III, o correto seria "Alvimar, gostaria de falar com você", visto que "consigo" deve ser empregado apenas quando indicar reflexibilidade.

16. (UMESP) Há, na avenida Jabaquara, em São Paulo, uma loja de compra e venda de automóveis usados cujo nome é Auto Nível. Essa denominação apresenta um sentido conotativo de muito efeito. Explique por que esse efeito ocorre e de que forma ele se dá.

Resposta

A correlação entre "alto" (elevado) e "auto" (carro), presente no nome do estabelecimento, sugere que os produtos vendidos pela empresa (os automóveis) são de boa qualidade.

Gramática

17. (VUNESP) Em "... gordos irlandeses de rosto vermelho..." e "... deixa entrever o princípio de uma tatuagem", os termos destacados são formados, respectivamente, a partir do processo de:
a) derivação sufixal e derivação sufixal.
b) composição por aglutinação e derivação prefixal.
c) derivação sufixal e composição por justaposição.
d) derivação sufixal e derivação prefixal.
e) derivação parassintética e derivação sufixal.

Resposta D

Em "irlandeses" há o processo de derivação sufixal, visto que, após o radical irland-, encontra-se o sufixo -eses. Em "entrever", ocorre o processo de derivação prefixal, pois ao radical -ver antepõe-se o prefixo entre-.

18. (UNIFAL) Assinale a alternativa que contém, pela ordem, o nome do processo de formação das seguintes palavras: **ataque**, **tributária** e **expatriar**.
a) prefixação, sufixação, derivação imprópria.
b) derivação imprópria, sufixação, parassíntese.
c) prefixação, derivação imprópria, parassíntese.
d) derivação regressiva, sufixação, prefixação e sufixação.
e) derivação regressiva, sufixação, parassíntese.

Resposta E

Em "ataque", ocorre a derivação regressiva porque se trata de um substantivo derivado do verbo "atacar" e houve redução dos elementos da palavra primitiva. Em "tributária", ocorre o processo da derivação sufixal porque, após o radical tribut-, acrescentou-se o sufixo -ária; finalmente, em "expatriar" ocorre o processo da derivação parassintética, uma vez que se juntou simultaneamente ao radical o prefixo ex- e o sufixo -ar.

Manual de Estudos

19. (UFRJ) Assinale a alternativa cujo prefixo **sub-** tem o sentido de "posterioridade".
   a) sublinhar
   b) subsequente
   c) subdesenvolvido
   d) subjacente
   e) submisso

Resposta B

Em A, C, D, E, o prefixo sub- denota posição abaixo, inferior, ao passo que, em B, sub- significa posição posterior, que vem depois.

20. (FGV) De um modo _____, pode-se dizer que a _____ burocratização _____ a vida das empresas.
   a) suscinto / essessiva / paralisa
   b) suscinto / exessiva / paraliza
   c) sucinto / excessiva / paraliza
   d) sucinto / excessiva / paralisa
   e) suscinto / exceciva / paralisa

Resposta D

A ortografia deve sempre ser lembrada pelo estudante. Além da memorização das regras básicas, faz-se necessário o hábito de sempre recorrer ao dicionário toda vez que uma dúvida surgir. Lembre-se: ortografia aprende-se a vida toda.

21. (UEM) Assinale e some todo período em que o termo em destaque está registrado **incorretamente**.
   01 - Não meta o nariz aonde não deve.
   02 - Vestibulandos, benvindos à UEM!
   04 - Foi fruto de um mal-entendido ou de um mau-olhado?
   08 - Nesta cessão trabalham somente moças. Isto é descriminação.
   16 - Ignoro porque meu colega ainda não chegou.
   32 - Os cidadãos, guardiães da Pátria, tornaram-se os fiscais do Sarney.

Gramática

Resposta 27

Em 01, o correto seria "onde", visto que "aonde" emprega-se com verbos indicadores de movimento (ir, chegar, voltar); em 02, o correto seria "bem-vindo"; em 04, está correto o emprego de "mal", visto que na frase o termo denota modo; bem como está correto o emprego de "mau", por se tratar de adjetivo. Em 08, está incorreto o emprego de "cessão", visto que, na frase, o termo indica "repartição" (seção); ocorre também erro em "descriminação" uma vez que, na frase, o correto seria o parônimo "discriminação" (preconceito). Em 16, está incorreto o uso de "porque", o correto seria "por que" (forma que, no contexto, pode ser substituída por "o motivo pelo qual"). Em 32, ambos os termos destacados estão corretamente flexionados no plural. Portanto, estão incorretas: 01, 02, 08 e 16, cuja soma é 27.

22. (VUNESP) Assinale a alternativa em que o verbo auxiliar destacado estiver atuando na construção da voz passiva.
   a) Não <u>haviam</u> preparado a mínima homenagem.
   b) Os que lá se encontravam <u>tinham</u> respondido friamente à saudação dele.
   c) Apanhara aquela velha revista e <u>começara</u> a folheá-la.
   d) Esforçando-se para dar a entender que sua ausência não <u>seria</u> sentida.
   e) Nunca, porém, <u>haveria</u> de esquecer aquela frágil armação de lona e tabique.

Resposta D

Em A, "haviam" está colocado como verbo auxiliar na flexão do pretérito mais-que-perfeito composto do indicativo do verbo "preparar"; em B, o verbo "ter" também está como auxiliar de "responder" para formar o pretérito mais-que-perfeito composto do indicativo; em C, o verbo "começar" está na voz ativa, flexionado no pretérito mais-que-perfeito do indicativo; em E, o verbo "haver" está na voz ativa, como auxiliar de "esquecer", no futuro do pretérito composto do indicativo. Portanto, a alternativa D apresenta o verbo "ser" como auxiliar na voz passiva, pois denota que a "ausência da personagem" seria o sujeito paciente de "sentir", alguém sentiria sua ausência.

23. (FUVEST) "_____ em ti, mas nem sempre _____ dos outros."
a) creias, duvides
b) crê, duvidas
c) creias, duvide
d) creia, duvide
e) crê, duvides

Resposta E

Como imperativo afirmativo, a forma "crê" (2ª pessoa do singular) provém do presente do indicativo sem o *s* final; a forma "duvides" é a 2ª pessoa do singular do imperativo negativo, modo verbal derivado do presente do subjuntivo.

24. (FUVEST) Assinale a alternativa em que a forma verbal foi empregada **incorretamente.**
a) O superior interveio na discussão, evitando a briga.
b) Se a testemunha depor favoravelmente, o réu será absolvido.
c) Quando você reouver o dinheiro, pagarei a dívida.
d) Quando você vir Campinas, ficará extasiado.
e) Ele trará o filho, se vier a São Paulo.

Resposta B

Em A, está correta a forma "interveio", visto que o verbo "intervir" conjuga-se como "vir", e o pretérito perfeito é "veio", portanto, "interveio". Em B, há incorreção em "depor", já que esse verbo é conjugado como "pôr"; assim sendo, o futuro do subjuntivo é "depuser". Em C, está correta a forma verbal "reouver", visto que esse verbo conjuga-se como "haver"; portanto, o futuro do subjuntivo é "houver", então, "reouver". Em D, a forma verbal "vir" está correta porque se trata do verbo "ver" flexionado no futuro do subjuntivo (Quando vir Campinas = ao ver a cidade de Campinas). Em E, está correta a forma verbal "vier", futuro do subjuntivo do verbo "vir".

Gramática

25. (FEI) Na expressão "Deus te favoreça", substitua o verbo "favorecer" por:
   a) abençoar   b) ouvir   c) proteger

Respostas

a) abençoe
b) ouça
c) proteja

26. (FEI) Classifique a oração destacada "Todos perceberam que João Fanhoso dera rebate falso".

Resposta

A oração destacada complementa o sentido do verbo "perceber" (VTD); sintaticamente, é objeto direto desse verbo, portanto é oração subordinada substantiva objetiva direta.

27. (UFAC) Assinale a alternativa cuja oração é predicativa.
   a) É claro que eles não virão.
   b) Acontece que ela mentiu.
   c) Sabe-se que a notícia não é verdadeira.
   d) Parece que todo mundo mudou.
   e) O certo foi que tudo morreu.

Resposta | E

Em A, B, C, D, as orações são subjetivas, pois todas exercem a função sintática de sujeito do verbo da oração principal; já em E, verifica-se que a oração principal é formada pelo sujeito "O certo" e pelo verbo de ligação "foi", daí ser a oração grifada o predicativo do sujeito da oração principal.

28. (UFMA) A oração é adjetiva na opção:
   a) Cão que late não morde.
   b) Espere, que já estou cansado.
   c) O pescador disse que voltaria logo.
   d) É bom que saibas essas coisas.

Resposta A

A oração adjetiva é introduzida por um pronome relativo (que, o qual...) e tem valor de adjetivo, este é o caso da alternativa A (Cão o qual late não morde). Em B, a conjunção "que" é coordenativa explicativa. Em C e D, a conjunção "que" é integrante.

29. (FAAP) Classifique, sintaticamente, as orações destacadas:
   a) "A primeira operação da SOS foi a de chamar a atenção para a existência da Mata Atlântica, <u>que estava esquecida</u>."
   b) "A ideia da SOS é preservar o meio ambiente e usar o <u>que tem de bom</u>."

Respostas

a) Oração subordinada adjetiva explicativa.
b) Oração subordinada adjetiva restritiva.

30. (UFPB) A oração destacada no período
"... <u>mesmo que juntasse um por um, os cacos todos</u>, nunca mais o espelho seria como antes."

(Lygia Fagundes Telles)

Expressa um aspecto:
a) temporal
b) concessivo
c) causal
d) conformativo
e) condicional

Resposta B

Ocorre aspecto concessivo. Já que a oração grifada estabelece oposição em relação à oração principal, há nesta quebra de uma expectativa em relação à ideia sugerida naquela.

Gramática

31. (UNICAMP) No texto a seguir, substitua "embora" por outra palavra ou expressão, de forma que o texto resultante dessa substituição, com as mínimas alterações necessárias, mantenha o sentido original.

"(...) ergueu-se rapidamente, passou para o outro lado da sala e deu alguns passos, entre a janela da rua e a porta do gabinete do marido. Assim, com o desalinho honesto que trazia, dava-me uma impressão singular. Magra <u>embora</u>, tinha não sei que balanço no andar, como quem lhe custa levar o corpo."

(Machado de Assis, *Missa do Galo*)

Resposta

Apesar de magra... Ainda que magra... Mesmo magra... (Mesmo sendo magra...).

32. (UEL) Não gostava muito de novelas policiais; admirava, porém, a técnica de seus atores.

Comece com: Admirava a técnica...
a) visto como
b) enquanto
c) conquanto
d) porquanto
e) à medida que

Resposta C

A conjunção concessiva "conquanto" relaciona pensamentos opositivos no período composto por subordinação, bem como a conjunção "porém" no período composto por coordenação.

33. (ITA) Assinale a opção que corresponde ao texto com melhor redação.
a) Os peregrinos chegaram em Juazeiro, onde realizam-se romarias e costuma-se haver milagres, encontrando a referida cidade inundada pelas chuvas torrenciais.

b) Quando chegaram a Juazeiro, local onde se realizam romarias e muitos milagres, os peregrinos encontraram a cidade inundada pelas chuvas que desabaram copiosamente sobre ela.
c) Os peregrinos, quando chegaram a Juazeiro – cidade de romarias e de milagres –, encontraram-na inundada pelas chuvas.
d) Os peregrinos, quando chegaram a Juazeiro, que é onde se realizam romarias e costuma haver milagres, inundada por copiosas chuvas torrenciais.
e) Os peregrinos que chegaram a Juazeiro, cidade na qual costuma haver milagres e para onde se realizam romarias, encontraram-na inundada pelas chuvas torrenciais desabadas sobre ela.

Resposta: B

Ao ler atentamente as opções, percebe-se que há determinados deslizes quanto à norma culta da língua – quer em concordância, regência ou colocação. Apenas na alternativa B é possível observar a adequação da linguagem à estrutura frasal e a obediência às regras da norma culta.

34. (Mackenzie) Assinale a alternativa **incorreta** quanto à colocação pronominal.
a) Às vezes, o afasto dos insípidos conselhos da tia velha.
b) Pode ser arriscado, mas não é sem arriscar que se ganha.
c) Que mal lhe fizemos nós?
d) Não posso castigá-las, pois não desobedeceram às minhas ordens.
e) Garanto que há coerência no método que se lhe seguiu.

Resposta: A

Não é correta a próclise após o adjunto adverbial quando este é isolado por vírgula.

Gramática

35. (Fund. Carlos Chagas) No caso de não _____ as condições do tratado, _____ as relações diplomáticas entre os dois países.
a) se satisfizerem – romper-se-ão
b) se satisfazerem – romper-se-á
c) se satisfazerem – romper-se-ão
d) se satisfizer – se romperão
e) se satisfizerem – se romperá

Resposta   A

Há correlação do futuro do subjuntivo (satisfizerem) com o futuro do presente do indicativo (romperão), há concordância dos verbos com os respectivos sujeitos (condições/relações). Estão corretas: a próclise (se satisfizerem) por atração do advérbio "não", e a mesóclise (romper-se-ão) por verbo no futuro do presente do indicativo sem que haja palavra atrativa.

36. (Mackenzie) Assinale a alternativa em que a palavra "como" assume valor conformativo.
a) Indaguei-lhe apreensiva como papai tinha assumido aquela contínua postura de contemplação.
b) Como ele mesmo informou, viveu sempre tropeçando nos embrulhos da vida.
c) Como as leis eram taxativas naquele vilarejo, todos os moradores tentavam um meio de obediência às normas morais.
d) As frustrações caminhavam rápidas como as tempestades devastadoras.
e) Como não tivesse as condições necessárias para competir, participou com muita insegurança das atividades esportivas.

Resposta   B

Em A, "como" tem valor modal (o modo como papai...). Em C e E, tem valor causal. Em D, tem valor comparativo.

Manual de Estudos

37. (PUC-SP)

"A questão era conseguir o Engenho Vertente, com o seu riacho que poderia descer em nível para irrigação das terras que dariam flor-de-cuba para uma Catunda."

Podemos afirmar que:
a) há duas orações subordinadas adjetivas introduzidas pelo pronome relativo "que".
b) há: uma oração substantiva introduzida pela conjunção subordinativa integrante "que"; uma oração subordinada adjetiva, introduzida pelo pronome relativo "que".
c) a primeira oração é subordinada adverbial final.
d) a última oração é subordinada substantiva.

Resposta   A

Na frase, a palavra "que" é pronome relativo e refere-se, na primeira ocorrência, a "riacho": "... seu riacho que poderia..." (... seu riacho o qual poderia...); em "... que dariam...", a palavra "que" também é pronome relativo, pois se refere ao antecedente "terras" (... terras as quais dariam...). Portanto, há, na frase, duas orações subordinadas adjetivas.

38. (UFPR) Assinale a opção em que, mesmo alterando a pontuação, a frase permanece com o mesmo sentido.
a) Dinheiro vivo, não cheque, é isso que vim buscar.
   Dinheiro vivo não, cheque; é isso que vim buscar.
b) Foi à papelaria para comprar uma fita de máquina, preta.
   Foi à papelaria para comprar uma fita de máquina preta.
c) A sátira é a arte de pisar o pé de alguém de modo que ele sinta... mas não grite.
   A sátira é a arte de pisar o pé de alguém de modo que ele sinta, mas não grite.
d) Na juventude, acreditamos que a justiça seja o mínimo que podemos esperar do próximo na velhice, afinal descobrimos que é o máximo.

Gramática

Na juventude, acreditamos que a justiça seja o mínimo que podemos esperar do próximo; na velhice, afinal, descobrimos que é o máximo.
e) Eis o que lhe dei: champanhe francês, não cachaça.
Eis o que lhe dei: champanhe francês não, cachaça.

Resposta C

A substituição das reticências pela vírgula não alterou o sentido da frase, visto que não comprometeu a estrutura frasal, o que ocorreu nas demais alternativas.

39. (CESGRANRIO) Nos vocábulos **repatriar – acéfalo – pernilongo** verificaram-se os processos de formação descritos na alternativa:
a) derivação parassintética – derivação prefixal – composição por aglutinação
b) derivação sufixal – derivação prefixal – composição por aglutinação
c) derivação prefixal – derivação prefixal – composição por justaposição
d) derivação parassintética – derivação sufixal – composição por aglutinação
e) derivação prefixal – derivação prefixal – composição por justaposição

Resposta A

re- (prefixo) + patri (radical) + -ar (sufixo)
a- (prefixo) + céfalo (radical)
perna + longa = pernilongo (houve aglutinação)

40. (CESGRANRIO) Tendo em vista as regras de concordância, assinale a opção em que as duas formas entre parênteses podem completar corretamente a lacuna do enunciado.
a) Atitudes e hábitos geralmente _____. (questionados – questionadas)

b) Vocabulário e fraseologia restritamente _____. (utilizados – utilizadas)
c) Crítica e objeções inteiramente _____. (infundados – infundadas)
d) Grupos e pessoas linguisticamente _____. (diferenciados – diferenciadas)
e) Segredo e originalidade igualmente _____. (desejados – desejadas)

Resposta   D

As duas formas podem completar corretamente a lacuna, visto que o adjetivo adjunto adnominal posposto a dois ou mais substantivos, pode concordar com o substantivo mais próximo ou flexionar-se no plural, no gênero que prevalece – no caso, o masculino.

41. (UFSM) Considerando a concordância nominal, assinale a frase correta.
   a) Ela mesmo confirmou a realização do encontro.
   b) Foi muito criticado pelos jornais a reedição da obra.
   c) Ela ficou meia preocupada com a notícia.
   d) Muito obrigada, querido, falou-me emocionada.
   e) Anexo, remeto-lhes nossas últimas fotografias.

Resposta   D

Em A, "mesmo" é pronome indefinido e deve concordar em gênero e número com "ela" (Ela mesma); em B, "criticado" deve concordar com "reedição", núcleo do sujeito (A reedição foi criticada); em C, "meio" é advérbio, portanto é invariável; em D, "obrigada" concorda com o termo a que se refere, no caso, uma mulher; em E, "anexo", predicativo do sujeito, deve concordar com "fotografias", núcleo do sujeito; portanto, a forma correta seria "anexas".

Gramática

42. (UnB) Assinale a opção **incorreta**.
   a) A regra que orienta a acentuação gráfica de "saúde" é a mesma que justifica o acento de "diminuíram".
   b) A regra que orienta a acentuação gráfica de "dispôs" é a mesma que justifica o acento de "Canadá".
   c) A regra que orienta a acentuação gráfica de "países" é a mesma que justifica o acento de "mídia".
   d) A regra que orienta a acentuação gráfica de "hábito" é a mesma que justifica o acento de "genérica".
   e) Uma mesma regra orienta o uso do acento grave indicador de crase em "relacionava-se à descoberta" e "expõe-se à fumaça".

Resposta C

Em "países", ocorre acento gráfico porque o i é a segunda sílaba tônica do hiato. Em "mídia", ocorre acento por ser essa uma paroxítona terminada em ditongo.

43. (PUC-MG) Em "Ajeitou-lhe as cobertas", o pronome **lhe** exerce a mesma função que em:
   a) Cada vez que lhe negavam uma resposta, o bolo crescia.
   b) A luz sempre lhe afugenta o sono.
   c) O irmão dizia-lhe para ser coisa séria.
   d) Olhava para o irmão que lhe estava de costas.
   e) Vinha-lhe, então, a raiva e a vontade de sair correndo.

Resposta B

Em "Ajeitou-lhe as cobertas", o pronome "lhe" tem valor de posse, sendo, portanto, adjunto adnominal (ajeitou as suas cobertas, as cobertas dele). Essa mesma classificação cabe à alternativa B (... afugenta o seu sono, o sono dele).

44. (UFV) "O livro a cujo autor o conferencista fez referências está com edição esgotada." No texto, "autor" é:
   a) sujeito
   b) complemento nominal
   c) objeto direto
   d) objeto indireto
   e) adjunto adverbial

Resposta   B

O temo "autor" exerce, no contexto, a função de complemento nominal, pois refere-se ao substantivo "referências", é ligado a ele por preposição ("a") e completa-lhe o sentido.

45. (FUVEST) Não sei, quando eu tiro esses óculos, tão fortes, até meus olhos se enchem d'água...

O valor semântico de "até" coincide com o do texto em:
a) Me disseram que na casa dele até cachorro sabe padre-nosso.
b) Bebeu uma bagaceira, saiu para a rua, sob a chuva intensa, andou até a segunda esquina, atravessou a avenida...
c) Até então, ele não inquietava os investidores, uma vez que era utilizado para financiar investimentos.
d) Não sei se poderei esperar até a próxima semana.
e) Foi até a sala e retornou.

Resposta   A

Na frase do enunciado, "até" denota inclusão – como na alternativa A – e poderia ser substituído por "inclusive". Em B e E, a palavra "até" denota limite de espaço; em C e D, indica limite de tempo.

46. (Mackenzie) O amor é um sentimento tão delicado, <u>que, às vezes, a gente se satisfaz apenas com a ilusão</u> de que ele existe.

A oração em destaque expressa:
a) tempo
b) finalidade
c) condição
d) consequência
e) proporção

Resposta   D

O advérbio "tão" estabelece uma relação de causa e consequência com a conjunção "que"; por isso, é correto classificar a oração grifada como oração subordinada adverbial consecutiva.

Gramática

47. (ENEM) Leia o que disse João Cabral de Melo Neto, poeta pernambucano, sobre a função de seus textos:

"<u>Falo somente o que falo</u>: a linguagem enxuta, contato denso; <u>falo somente do que falo</u>: a vida seca, áspera e clara do sertão; <u>falo somente por quem falo</u>: o homem sertanejo sobrevivendo na adversidade e na míngua. <u>Falo somente para quem falo</u>: para os que precisam ser alertados para a situação da miséria do Nordeste."

Para João Cabral de Melo Neto, no texto literário:

a) a linguagem do texto deve refletir o tema, e a fala do autor deve denunciar o fato social para determinados leitores.

b) a linguagem do texto não deve ter relação com o tema, e o autor deve ser imparcial para que seu texto seja lido.

c) o escritor deve saber separar a linguagem do termo e a perspectiva pessoal da perspectiva do leitor.

d) a linguagem pode ser separada do tema, e o escritor deve ser o delator do fato social para todos os leitores.

e) a linguagem está além do tema, e o fato social deve ser a proposta do escritor para convencer o leitor.

Resposta A

As demais contradizem os pressupostos de linguagem expressos no texto.

48. (FUVEST) Orientação para uso deste medicamento: antes de você usar este medicamento, verifica se o rótulo consta as seguintes informações, seu nome, nome de seu médico, data de manipulação e validade e fórmula do medicamento solicitado:

a) Há no texto desvios em relação à norma culta. Reescreva-o, fazendo as correções necessárias.

b) A que se refere, no contexto, o pronome "seu" da expressão "seu nome"? Justifique sua resposta.

Manual de Estudos

Respostas

a) Orientação para uso deste medicamento: antes de usá-lo, verifique se constam no rótulo as seguintes informações: nome do usuário, nome do médico, data de manipulação e de validade e fórmula do medicamento solicitado.
b) O pronome "seu" refere-se ao usuário do remédio, a quem as orientações são dirigidas.

49. (FUVEST)

"Mandaram ler este livro... Se o tal do livro for fraquinho, o desprazer pode significar um precipitado mas decisivo adeus à literatura; se for estimulante, outros virão sem o peso da obrigação."

(Cláudio Ferraretti, inédito)

Mantém-se o sentido da frase "se for estimulante" em:
a) conquanto seja estimulante
b) desde que seja estimulante
c) ainda que seja estimulante
d) porquanto é estimulante
e) posto que é estimulante

Resposta   B

Em A e C, o sentido é de concessão; em D e E, é causal; já em B, "desde que" mantém o sentido de condição veiculado pela conjunção "se" no texto dado no início da questão.

50. (UEL) Assinale a alternativa em que a pontuação está correta.
a) Senhor diretor, há necessidade de explicitarmos uma questão muito séria: estas bactérias organismos não visíveis a olho nu, precisam imediatamente ser combatidas.
b) Senhor diretor, há necessidade de explicitarmos uma questão muito séria, estas bactérias, organismos não visíveis a olho nu precisam imediatamente ser combatidas.

Gramática

c) Senhor diretor, há necessidade de explicitarmos uma questão muito séria: estas bactérias, organismos não visíveis a olho nu, precisam, imediatamente, ser combatidas.

d) Senhor diretor, há necessidade de explicitarmos uma questão muito séria; estas bactérias, organismos não visíveis a olho nu, precisam imediatamente ser combatidas.

e) Senhor diretor há necessidade de explicitarmos uma questão muito séria: estas bactérias, organismos não visíveis a olho nu precisam imediatamente ser combatidas.

Resposta | C

A primeira vírgula separa o vocativo "Senhor diretor"; os dois-pontos introduzem um esclarecimento; a segunda e a terceira vírgula isolam o aposto "organismos não visíveis a olho nu"; a quarta e a quinta vírgula isolam o advérbio "imediatamente", deslocado na frase.

51. (FGV) Qual a diferença de sentido entre as duas frases a seguir?
– Deus, que é bom, é fiel.
– Deus que é bom é fiel.

Resposta

No primeiro período, devido à colocação da oração adjetiva explicativa (entre vírgulas), entende-se que ser bom é um atributo de Deus, portanto ele é bom e fiel. Já no segundo período, a oração subordinada adjetiva restritiva remete à ideia de que ser bom não é atributo inerente a Deus; isto é, Deus só é fiel quando tem, também, o dom de ser bom.

52. (ESPM) Observe as seguintes frases e verifique a justificativa entre parênteses sobre o uso de dois-pontos.

I. "O que mais penso, testo e explico: todo-o-mundo é louco." (Guimarães Rosa) (esclarecimento)

II. Em um de seus poemas, Cecília Meireles afirma: "A vida só é possível reinventada." (citação)

III. Eis os motivos pelos quais foram demitidos os diretores: traição, corrupção e desvio de verbas. (enumeração)

a) Todas estão corretas.
b) Somente I e II estão corretas.
c) Somente II e III estão corretas.
d) Somente I e III estão corretas.
e) Todas estão erradas.

Resposta   A

Em I, o autor usou dois-pontos (:) para introduzir o esclarecimento sobre o que mais pesa, testa e explica. Em II, o emissor utilizou o sinal de pontuação (:) para citar a afirmativa de Cecília Meireles. Em III, o emissor usou dois-pontos (:) para enumerar os motivos que levaram os diretores à demissão.

53. (UFSCar) Assinale a oração em que, alterando-se a posição do pronome, faz-se a sua adequação ao registro prescrito pela gramática normativa da língua portuguesa.
a) Ele tinha culpa? = Tinha a culpa ele?
b) Me Franzi. = Franzi-me.
c) Os olhos – vislumbre meu... = Os olhos – meu vislumbre.
d) ... como o de nenhum pasto. = ... como o de pasto nenhum.
e) De que jeito eu podia amar um homem... = De que jeito podia eu amar um homem.

Resposta   B

Em "Me franzi" há uma incorreção segundo a norma culta da língua, visto que a gramática normativa da língua portuguesa prescreve que não se inicia oração com pronome pessoal oblíquo átono. Ao alterar a posição do referido pronome, houve adequação às normas gramaticais.

Gramática

(UFSCar) Para responder às questões 54 e 55, leia os textos a seguir.

Psicografia

Ana Cristina César

Também eu saio à revelia
e procuro uma síntese nas demoras
cato obsessões com fria têmpera e digo
do coração: não soube e digo
da palavra: não digo (não posso ainda acreditar
na vida) e demito o verso como quem acena
e vivo como quem despede a raiva de ter visto.

Autopsicografia

Fernando Pessoa

O poeta é um fingidor
Finge tão completamente
Que chega a fingir que é dor
A dor que deveras sente.
E os que leem o que escreve,
Na dor lida sentem bem,
Não as dores que ele teve,
Mas só as que eles não têm.
E assim nas calhas de roda
Gira, a entrever a razão,
Esse comboio de corda
Que se chama coração.

Vocabulário:
- comboio: trem de ferro
- calhas de roda: trilhos sobre os quais corre o trem de ferro

Manual de Estudos

54. Compare os poemas de Fernando Pessoa e de Ana Cristina César e responda:
   a) Por que se pode dizer que em ambos os poemas está presente a função metalinguística?
   b) Explique a ambiguidade presente no poema de Fernando Pessoa, revelada pelo título e pelo adjetivo "fingidor" em contraste com o poema de Ana Cristina César.

Respostas

a) Em ambos os poemas, verifica-se a presença da função metalinguística porque a linguagem poética problematiza a poesia e a palavra no primeiro texto: "digo da palavra", "demito o verso" e, no segundo, há referências ao fazer poético "E os que leem o que ele escreve", "dor lida".

b) "Psicografia" sugere a grafia que se faz da alma do eu-lírico, e "Autopsicografia" revela a concepção do eu-lírico sobre o fazer poético e sobre a recepção da poesia pelo leitor. Daí haver propostas divergentes a partir dos títulos, visto que o pseudo-hermetismo do primeiro contrasta com a moderna e complexa *ars poetica* do segundo. Há um jogo verbal obtido pela articulação do adjetivo "fingidor" e de "finge" (verbo) e "dor" (substantivo) – a esse jogo pode-se chamar paronomásia. Portanto, a ambiguidade reside no fato de, por meio do jogo de palavras, o autor confundir o leitor com relação ao que é fingimento ou realidade: "chega a fingir que é dor a dor que deveras sente".

55. Na segunda estrofe do poema de Fernando Pessoa, há um jogo de sentido estabelecido entre os pronomes ele e eles.
   a) A quem se refere cada um desses pronomes?
   b) Como se pode entender a dor, referida nesta estrofe, em relação a ele e eles?

Gramática

> **Respostas**
>
> a) "Ele" e "eles" referem-se, respectivamente, ao poeta (o que escreve) e aos leitores do poema (os que leem).
> b) Há aí um paradoxo: para o poeta, a dor é fingida e sentida. Os leitores, com a leitura do texto, ampliam os horizontes porque concebem outras dores e passam por novas experiências.

56. (UFSC) Em relação às obras *Riacho Doce* e *Morte e Vida Severina*, a seus respectivos autores e aos excertos a seguir, é correto afirmar que:

Texto 1

"O vento norte gelara o seu Nô, secara o verde de suas folhas. Estava seco, frio, duro, ao abandono, acabado para sempre. Não havia primavera ou sol de primavera que fizesse brotar outra vez o Nô da beira do mar, o que cantava e amava como um filho de Deus."

(REGO, José Lins do. *Riacho Doce*. 15. ed. Rio de Janeiro: J. Olympio, 2000, p. 319.)

Texto 2

"O meu nome é Severino, / Não tenho outro de pia. / Como há muitos Severinos, / que é santo de romaria, / deram então de me chamar / Severino de Maria; / como há muitos Severinos / com mães chamadas Maria, / fiquei sendo o da Maria / do finado Zacarias."

(MELO NETO, João Cabral de. *Morte e Vida Severina*. 4. ed. Rio de Janeiro: Nova Fronteira, 2000, p. 45.)

(01) *Riacho Doce* e *Morte e Vida Severina* são obras de caráter regionalista ambientadas no Nordeste, que abordam, entre outros aspectos, desigualdades sociais e econômicas.

(02) O texto 1 faz alusão a características marcantes de Nô, identificando-o, metaforicamente, com a natureza e ressaltando, comparativamente, a pureza de seu canto e de seu amor.

(04) No texto 1, as palavras "verde" e "abandono" estão funcionando como substantivos.

Manual de Estudos

(08) No trecho "O vento norte gelara o seu Nô, secara o verde de suas folhas", as palavras sublinhadas podem ser substituídas por tinha gelado e tinha secado, respectivamente, sem alteração de seu valor temporal.

(16) O nome "Severino", no Texto 2, caracteriza o personagem narrador, que se identifica, em relação aos muitos Severinos, pela descrição definida encontrada nos versos "fiquei sendo o da Maria / do finado Zacarias".

Resposta   31

(01) Está correta a afirmação, visto que ambas as obras estão inseridas no contexto da literatura regionalista ambientada no Nordeste brasileiro.

(02) A alternativa está correta porque, por meio dos adjetivos "verde" e "seco", bem como dos substantivos "abandono", "primavera", e "sol", o autor consegue, metaforicamente, mostrar ao leitor os contrastes marcantes, isto é, as mudanças ocorridas no comportamento do personagem "seu Nô".

(04) As palavras "verde" e "abandono" funcionam, nesse contexto, como substantivo devido à anteposição do artigo definido "o", que as precede. Em ambos os casos ocorre o processo da derivação imprópria.

(08) Está correta a afirmação, uma vez que "gelara" e "secara" são formas do pretérito mais-que-perfeito simples do indicativo, as quais remetem a um tempo decorrido num momento passado anterior a outro passado, o mesmo que "tinha gelado" e "tinha secado" (tempos compostos das referidas formas verbais).

(16) A afirmativa é correta e justifica-se pelo fato de, na passagem "fiquei sendo o da Maria / do finado Zacarias", os termos "o da Maria" e "do finado Zacarias" restringirem a significação de Severino.

Gramática

(FUVEST) Texto para as questões de **57** a **59**.

Uma flor, o Quincas Borba. Nunca em minha infância, nunca em toda a minha vida, achei um menino mais gracioso, inventivo e travesso. Era a flor, e não já da escola, senão de toda a cidade. A mãe, viúva com alguma coisa de seu, adorava o filho e trazia-o amimado, asseado, enfeitado, com um vistoso pajem atrás, um pajem que nos deixava gazear a escola, ir caçar ninhos de pássaros, ou perseguir lagartixas nos morros do Livramento e da Conceição, ou simplesmente arruar, à toa, como dous peraltas sem emprego. E de imperador! Era um gosto ver o Quincas Borba fazer de imperador nas festas do Espírito Santo. De resto, nos nossos jogos pueris, ele escolhia sempre o papel de rei, ministro, general, uma supremacia, qualquer que fosse. Tinha garbo o traquinas, e gravidade, certa magnificência nas atitudes, nos meneios. Quem diria que... Suspendamos a pena; não adiantemos os sucessos. Vamos de um salto a 1822, data da nossa independência política, e do meu primeiro cativeiro pessoal.

(Machado de Assis, *Memórias póstumas de Brás Cubas*)

57. Embora pertença à modalidade escrita da língua, este texto apresenta marcas de oralidade, que têm finalidades estilísticas. Dos procedimentos verificados no texto e indicados a seguir, o único que constitui marca típica da modalidade escrita é:
a) uso de frase elíptica em "Uma flor, o Quincas Borba".
b) repetição de palavras como "nunca" e "pajem".
c) interrupção da frase em "Quem diria que...".
d) emprego da frase nominal, como em "E de imperador!".
e) uso das formas imperativas "suspendamos" e "não adiantemos".

Manual de Estudos

Resposta E

As alternativas anteriores apresentam marcas de oralidade; entretanto, as formas do imperativo "suspendamos" e "não adiantemos", apesar de ocorrerem frequentemente na linguagem oral, auxiliadas pelo verbo "ir" (vamos suspender), podem ser consideradas marcas da modalidade escrita, uma vez que as referidas formas raramente ocorrem na linguagem oral da língua portuguesa contemporânea.

58. A enumeração de substantivo expressa gradação ascendente em
   a) "... menino mais gracioso, inventivo e travesso."
   b) "... trazia-o amimado, asseado, enfeitado."
   c) "... gazear a escola, ir caçar ninhos de pássaros, ou perseguir lagartixas."
   d) "... papel de rei, ministro, general."
   e) "... tinha garbo (...), e gravidade, certa magnificência."

Resposta E

Em A e B, não há enumeração de substantivos, mas de adjetivos (gracioso, inventivo, travesso), não apresentam gradação ascendente, por isso não estão de acordo com o enunciado. Em C, não há gradação, ocorre apenas a simples enumeração de ações. Em D, há gradação, porém descendente. Portanto, a alternativa correta é a E, já que apresenta uma sequência em que os elementos enumerados indicam gradação de sentido intensificador, isto é, o significado de cada elemento cresce de forma ascendente, e isso constitui uma enumeração em clímax.

59. Em "Era a flor, e não já da escola, <u>senão</u> de toda a cidade", a palavra assinalada pode ser substituída, sem que haja alteração de sentido, por:
   a) mas sim
   b) de outro modo
   c) exceto
   d) portanto
   e) ou

Gramática

Resposta   A

No período apresentado, o termo "senão" apresenta, semanticamente, valor de "mas sim (mas também)", visto que infere adição enfática à expressão "e não já da escola", anteriormente citada. O sentido equivale a Era a flor, não só da escola, mas sim (mas também) de toda a cidade.

60. (FUVEST) Transpondo-se corretamente para a voz ativa a oração "para serem instruídos por um astrônomo (...)", obtém-se:
a) para que sejam instruídos por um astrônomo (...).
b) para um astrônomo os instruírem (...).
c) para que um astrônomo lhes instruíssem (...).
d) para um astrônomo instruí-los (...).
e) para que fossem instruídos por um astrônomo (...).

Resposta   D

A frase em questão apresenta: um agente da passiva "por um astrônomo" que é o sujeito da voz ativa, o agente da ação de "instruir", e um sujeito oculto (eles), que passa a exercer, na voz ativa, a função de objeto direto (os), alvo da ação de "instruir". Assim, a frase na voz ativa "... para um astrônomo instruí-los" manteria o significado inalterado em relação à frase original.

61. (FUVEST) Na frase "O Sol ainda produzirá energia (...)", o advérbio "ainda" tem o mesmo sentido em:
a) Ainda lutando, nada conseguirá.
b) Há ainda outras pessoas envolvidas no caso.
c) Ainda há 5 minutos ela estava aqui.
d) Um dia ele voltará, e ela estará ainda à sua espera.
e) Sei que ainda serás rico.

Resposta: D

Em "O Sol ainda produzirá energia (...)", o sentido do advérbio "ainda" é o mesmo em "... e ela estará ainda à sua espera", pois, em ambas as frases, há o sentido de "até lá", "até um determinado tempo no futuro". Em A, o sentido de "ainda" é de concessão (apesar de lutar); em B, de inclusão (Há mais pessoas...); em C, de tempo transcorrido (Há 5 minutos, ela estava aqui.); em E, "ainda" tem o sentido de tempo futuro, um dia qualquer, algum dia, um dia.

62. (FUVEST) Leia com atenção as seguintes frases, extraídas do termo de garantia de um produto para emagrecimento.
  I. Esta garantia ficará automaticamente cancelada <u>se o produto não for corretamente utilizado</u>.
  II. Não se aceitará a devolução do produto <u>caso ele contenha</u> menos de 60% de seu conteúdo.
  III. As despesas de transporte ou quaisquer ônus decorrente do envio do produto para troca correm por conta do usuário.
  a) Reescreva os trechos sublinhados nas frases I e II, substituindo as conjunções que os iniciam por outras equivalentes e fazendo as alterações necessárias.
  b) Reescreva a frase III, fazendo as correções necessárias.

Resposta

a) Reescrevendo-se os trechos sublinhados obtêm-se:
   I. "... uma vez que o produto não seja corretamente utilizado" (outras conjunções podem ser empregadas para expressar ideia de condição: caso, desde que, contanto que, a não ser que). É importante observar que determinadas conjunções condicionais estabelecem alterações quanto às formas verbais.
   II. "... se ele contiver", "... desde que ele contenha ...".
b) Dentre outras possibilidades, há: "As despesas de transporte ou qualquer ônus decorrente do envio do produto para troca correm por conta do usuário" ou "As despesas de transporte ou quaisquer ônus decorrentes do envio do produto para troca correm por conta do usuário".

Gramática

63. (UFSCar) Assinale a alternativa em que está empregado o mesmo modo verbal de "se admita a eutanásia".
a) que admitem.
b) para lhe abreviar.
c) sejam quais forem.
d) devem-se pôr os textos legais.
e) seria uma solução perigosíssima.

Resposta C

O verbo "admitir" está empregado no presente do subjuntivo ("que admita") e na voz passiva sintética (corresponde a "que seja admitida"); portanto, a alternativa C apresenta o mesmo modo verbal.

64. (UFSCar) Assinale a alternativa em que a construção sintática mantém o mesmo sentido de "como a dúvida normalmente intervém em favor do acusado, corre-se o risco de graves abusos".
a) Se a dúvida normalmente intervém em favor do acusado, corre-se o risco de graves abusos.
b) Corre-se o risco de graves abusos, uma vez que a dúvida normalmente intervém em favor do acusado.
c) Corre-se o risco de graves abusos, como a dúvida normalmente intervém em favor do acusado.
d) A fim de que a dúvida normalmente intervenha em favor do acusado, corre-se o risco de graves abusos.
e) Corre-se o risco de graves abusos, à proporção que a dúvida normalmente intervenha em favor do acusado.

Resposta B

No enunciado, a conjunção subordinativa "como" inicia uma oração subordinada adverbial causal, isto é, expressa circunstância de causa (corre-se o risco ... porque a dúvida normalmente intervém...); e a oração principal "corre-se o risco..." é a consequência do fato expresso na oração anterior. O mesmo ocorre em B, apesar de a inversão na ordem das orações (consequência / causa). Em A, o período inicia-se com a conjunção subordinativa "se" inserindo ideia de condição; em C, a conjunção "como" inicia a segunda oração com o sentido de comparação; em D, o período inicia-se com a locução conjuntiva "a fim de que" imprimindo o sentido de finalidade; em E, a conjunção "à proporção que" denota o sentido de proporcionalidade.

65. (UFSCar) Leia o texto e responda à questão seguinte.

"Se você quer construir um navio, não peça às pessoas que consigam madeira, não dê a elas tarefas e trabalhos. Fale, antes, a elas, longamente, sobre a grandeza e a imensidão do mar."

(Saint-Exupéry)

Uma outra versão do início do texto, mantendo seu sentido original é:
a) Querendo construir um navio...
b) Construído um navio...
c) À medida que construir um navio...
d) Por querer construir um navio...
e) Ainda que queira construir um navio...

Resposta A

Na oração "Querendo construir um navio...", está implícita a ideia de condição. Isso se explica devido ao emprego da forma verbal "querendo" no gerúndio, com o mesmo significado de "Se quiser construir...", oração subordinada adverbial condicional.

Gramática

66. (UNIFESP)

"Égua Pocotó morre em trágico acidente."

Tomando como referência os processos de formação de palavras, dada a relação com o som produzido pelos equinos quando em movimento, a palavra "Pocotó" é formada a partir de uma:
a) prefixação.
b) sufixação.
c) onomatopeia.
d) justaposição.
e) aglutinação.

Resposta C

Onomatopeia é o processo de formação de palavras cuja sonorização reproduza sons reais; no caso, "pocotó" lembra o som produzido pelo cavalgar dos equinos.

67. (UNIFESP) Assinale a alternativa em que, segundo os preceitos da norma culta, haverá alteração na posição do pronome oblíquo se a frase for transposta para a forma negativa.
a) Me declare tudo, franco...
b) Fosse lhe contar...
c) ... por estúrdio que me vejam...
d) Lhe agradeço...
e) ... é alta mercê que me faz...

Resposta B

Haverá alteração somente na alternativa B visto que se trata de uma locução verbal formada por um verbo auxiliar (fosse) e por uma forma no infinitivo (contar), a qual, na forma negativa, admite duas possibilidades de colocação do pronome: "Não lhe fosse contar" ou "Não fosse contar-lhe".

(UEPG-PR) Texto para as três questões seguintes.

Acaso marcado

Numa noite de dezembro de 1986, Lisa Belkin, repórter do jornal *The New York Times*, tentava curar um resfriado, quando o telefone tocou. Do outro lado da linha, uma amiga a convidou para irem ao cinema. Lisa hesitou, mas a amiga insistiu. O programa era apenas um pretexto para ela fisgar um colega e à jornalista caberia a tarefa de distrair um amigo que o rapaz levaria ao encontro. Lisa meteu-se num agasalho e foi ao encontro, mas ao chegar ficou sabendo que o seu par fora substituído por outro convidado, um médico residente que acabara de sair do plantão. Durante a sessão, a jornalista e o médico, exausto após 36 horas de trabalho, dormiram. Quatro meses depois, no entanto, os dois estavam casados e até hoje vivem juntos.

(*Superinteressante*, julho/2003, p. 93)

68. Marque as alternativas corretas, considerando o emprego da vírgula.
- (01) A vírgula destaca uma expressão adverbial de tempo em "Numa noite de dezembro de 1986, Lisa Belkin tentava curar um resfriado".
- (02) Em "Lisa Belkin, repórter do jornal *The New York Times*, tentava curar um resfriado", as vírgulas separam o aposto intercalado.
- (04) O adjunto adverbial de lugar está separado por vírgula do restante da frase em "Do outro lado da linha, uma amiga a convidou para irem ao cinema".
- (08) Em "Durante a sessão, a jornalista e o médico dormiram", a vírgula separa duas orações, tendo a primeira valor temporal.
- (16) A vírgula separa orações coordenadas em "Lisa hesitou, mas a amiga insistiu".
- (32) Na última frase do texto, poderia ter sido usada uma única vírgula, resultando a estrutura "Quatro meses depois, no entanto os dois estavam casados e até hoje vivem juntos".

Gramática

Resposta 23

A alternativa 01 está correta porque a expressão adverbial de tempo "Numa noite de dezembro" está deslocada no período, daí o uso de vírgula; em 02, a expressão "repórter do jornal *New York Times*" é, realmente, um aposto explicativo intercalado entre o sujeito e o verbo, por isso o uso da vírgula; em 04, a expressão adverbial de lugar "Do outro lado da linha" está deslocada no período, por isso deve estar separada com vírgula. A alternativa 08 está incorreta porque a expressão adverbial de tempo "Durante a sessão" não constitui oração. A alternativa 16 está correta porque separa orações coordenadas em que o uso de vírgula se faz obrigatório devido à conjunção "mas" assim o exigir. Finalmente, a alternativa 32 está incorreta devido à obrigatoriedade das vírgulas para isolar a expressão "no entanto".

69. Escolha as alternativas corretas, quanto à significação e à acentuação gráfica das palavras.
   (01) As palavras "sessão" e "seção" têm diferentes significações, por isso "sessão" não poderia substituir o termo sublinhado em "Ele continua na seção de calçados".
   (02) As palavras "sessão" e "cessão", fonicamente idênticas, embora diferentes na grafia, não são sinônimas, "cessão" é o ato de ceder e se contextualiza com a significação que se observa na frase "O governo certamente se mostrará favorável à cessão das terras".
   (04) A palavra "médico" faz parte de um conjunto de palavras proparoxítonas que, por essa razão, devem sempre receber acento gráfico. Outros exemplos seriam "bússola", "cápsula", "cólica", "dívida".
   (08) O verbo "hesitar", empregado na frase "Lisa hesitou, mas a amiga insistiu", significa "recusar".
   (16) O verbo "hesitar" e o substantivo "êxito" pertencem à mesma família vocabular, daí a existência de uma significação comum entre eles.
   (32) O vocábulo "substituído" leva acento gráfico por ser um paroxítono terminado em "o".

Resposta 7

Em 01, está correta a afirmação referente às palavras "sessão" e "seção", pois "sessão" significa reunião, tempo de determinado evento cultural (cinema, teatro, etc.). A alternativa 02 está correta porque "sessão" e "cessão" têm diferentes significados, já que a segunda, diferentemente da primeira, significa ato de ceder e, portanto, se contextualiza com a significação da frase mencionada. Em 04, realmente a palavra "médico" pertence ao grupo das proparoxítonas, as quais, sem exceção, devem receber acento gráfico; portanto está correta a afirmação contida na referida alternativa. A alternativa 08 está incorreta porque "hesitar" significa "titubear", "vacilar". A alternativa 16 está incorreta visto que "hesitar" e "êxito" não apresentam o mesmo radical, por isso não possuem o mesmo significado. A alternativa 32 está incorreta: o vocábulo "substituído" leva acento gráfico porque o **i** tônico forma hiato com a vogal anterior (u) e está sozinho na sílaba (subs-ti-tu-í-do).

70. Escolha as alternativas cujas frases não apresentem nenhum erro quanto à concordância e quanto ao emprego dos pronomes.
 (01) Um amigo estaria lá, a Lisa caberia a tarefa de distraí-lo.
 (02) Tocou os dois telefones ao mesmo tempo; foi difícil decidir sobre qual atender antes.
 (04) A amiga de Lisa telefonou ao rapazes e convidou-lhes para irem ao cinema.
 (08) Haviam duas pessoas dormindo no cinema.
 (16) Foram ao cinema Lisa, a amiga e o médico.
 (32) Lisa ligou para a amiga e contou-lhe que estava resfriada.

Resposta 48

A frase 01 está correta quanto à concordância, pois a forma verbal "estaria" (1ª frase) concorda em pessoa e número com o sujeito "um amigo"; "caberia" concorda também com o sujeito "a tarefa de distraí-lo"; e, quanto ao emprego do pronome, a alternativa está correta, porque o verbo "distrair", como transitivo direto, está

Gramática

sendo complementado com o pronome oblíquo átono o, no caso -lo, já que a forma verbal termina em -r. Em 02, há erro quanto à concordância: o verbo "tocar" não está concordando com o sujeito (plural) "os dois telefones"; há, também, erro em "decidir sobre qual atender antes", pois o verbo "decidir" é VTD e não rege a preposição "sobre". Em 04, há erro de concordância nominal em "ao rapazes", já que o artigo não concorda em número com o substantivo; também ocorre erro quanto ao emprego do pronome "lhe", pois o verbo "convidar" está empregado como VTDI, e tem como objeto indireto "para irem ao cinema", portanto o objeto direto deveria ser o pronome "os" (convidou-os – convidou os rapazes). A frase 08 está incorreta porque o verbo "haver" está empregado como impessoal e, por esse motivo, não admite flexão no plural. A oração de número 16 está correta quanto à concordância, já que o verbo "ir", anteposto ao sujeito composto, pode ser flexionado no plural. Em 32, não há erro quanto à concordância e emprego do pronome, pois ambos os verbos concordam em pessoa e número com os respectivos sujeitos, e o pronome oblíquo átono "lhe" está corretamente empregado como objeto indireto da forma verbal "contou", verbo VTDI.

71. (UNICAMP) Em matéria recentemente publicada no Caderno Sinapse da *Folha de S. Paulo*, é apresentada uma definição de *media training*: ensinar profissionais a lidarem com a imprensa e se saírem bem nas entrevistas. Na parte final da reportagem, o jornalista faz a seguinte ressalva:

O "media training" não se restringe a corporações. A Universidade X distribui para seus profissionais uma cartilha com dicas para que professores e médicos possam ter um bom relacionamento com a imprensa. Ironicamente intitulado de "Corra que a imprensa vem aí", o manual aponta gafes cometidas e dá dicas sobre a melhor forma de atender um repórter.

(Adaptado de Vinícius Queiroz Galvão, *Treinamento antigafe*, Caderno Sinapse, 30/09/2003, p. 32.)

a) No trecho apresentado, as aspas são utilizadas em dois momentos diferentes. Transcreva as passagens entre aspas e explique seu uso em cada uma delas.
b) Podemos relacionar o título da cartilha com o título em português da conhecida comédia norte-americana "Corra que a polícia vem aí", que trata de um inspetor de polícia atrapalhado. Explicite os sentidos da palavra "correr" nos títulos do filme e do manual.

Respostas

a) As aspas foram usadas em "media training" para indicar que o termo é estrangeiro, reproduzido segundo a grafia utilizada na língua de origem; e em "Corra que a imprensa vem aí", para delimitar citação literal do título de uma obra, no caso, de um manual.
b) No título do filme, "corra" pode ser traduzido como fuja, suma daqui, vá embora, caia fora; no da cartilha, como apresse-se, apronte-se, prepare-se com rapidez.

72. (UNICAMP) Em sua coluna na Folha Ilustrada, Mônica Bergamo comenta sobre o curta-metragem previsto para ser lançado em novembro de 2003 – "Um Caffé com o Miécio". Transcrevemos parte da coluna a seguir:

(...) Quando ouvia a trilha sonora do curta "Um Caffé com o Miécio", que Carlos Adriano finaliza sobre o caricaturista, colecionador de discos e estudioso Miécio Caffé (1920-2003), Caetano Veloso se encantou por uma música específica. Era a desconhecida marchinha "A Voz do Povo", de Malfitano e Frazão, que Orlando Silva gravou em 1940, cuja letra diz "**que** raiva danada **que** eu tenho do povo, **que** não me deixa ser original". "É um manifesto, como sua obra", disse o <u>músico baiano</u> ao <u>cineasta paulistano</u>.

(Adaptado de Mônica Bergamo, *Folha de S. Paulo*, 11/10/2003, p. E2.)

Gramática

a) Explique o título do curta-metragem.
b) Identifique pelo menos duas possibilidades de leitura de "sua obra" e justifique cada uma delas.
c) As três ocorrências da partícula "que" destacadas em negrito estabelecem relações de natureza linguística diversa. Explicite-as.
d) Os dois trechos sublinhados retomam elementos anteriormente apresentados no texto de maneira diferente dos recursos analisados nos itens "b" e "c". Como funciona esse processo de retomada?

Resposta

a) O título do curta-metragem vale-se de um jogo de palavras entre o sobrenome de Miécio – Caffé, um substantivo próprio – e o substantivo comum café. Esse recurso sugere a informalidade, a intimidade da abordagem pretendida no filme.
b) O pronome possessivo "sua", na expressão "sua obra", pode ter como referência a obra de Miécio Caffé, a marchinha de Malfitano e Frazão, a obra de Carlos Adriano e até mesmo a do cantor Orlando Silva.
c) As partículas "que" ocorrem no texto da seguinte forma:
 - em "que raiva danada" – o que é um pronome indefinido que funciona como um intensificador do substantivo raiva, exercendo função sintática de adjunto adnominal;
 - em "que eu tenho" – é um pronome relativo cujo antecedente é raiva danada e, portanto, um anafórico, introduzindo oração subordinada adjetiva (restritiva);
 - em "que não me deixa ser original" – é pronome relativo cujo antecedente é povo e, portanto, um anafórico, introduzindo oração subordinada adjetiva (explicativa).
d) Tanto a expressão 'músico baiano' como 'cineasta paulistano' são elementos de coesão referencial por expansão lexical, retomando respectivamente os termos "Caetano Veloso" e "Carlos Adriano".

Manual da Nova ORTOGRAFIA

Confira o que mudou

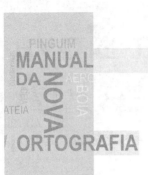

MANUAL DA NOVA ORTOGRAFIA

- Novo Acordo Ortográfico — 387
- Alterações do Novo Acordo Ortográfico — 388
- Alfabeto — 388
- Trema — 389
- Acentuação — 390
- Hífen — 394

NOVO ACORDO ORTOGRÁFICO

A Comunidade dos Países de Língua Portuguesa (CPLP) reuniu-se em Lisboa, em 16 de dezembro de 1990, para estabelecer um novo *Acordo Ortográfico da Língua Portuguesa* que foi assinado por Portugal, Brasil, Angola, São Tomé e Príncipe, Cabo Verde, Guiné--Bissau, Moçambique e, posteriormente, por Timor Leste. Esse acordo tem como intuito unificar a ortografia da língua portuguesa nesses países, portanto, restringe-se à língua escrita e não afeta nenhum aspecto da língua falada.

Sentiu-se a necessidade de alterarem-se algumas regras ortográficas, pois a língua portuguesa é a única que apresenta duas ortografias oficiais: a de Portugal e a do Brasil. Pensou--se em seguir o exemplo da língua espanhola, que possui as cores locais da fala e a padronização da escrita. Portanto, a unificação ortográfica da língua portuguesa tem como objetivo simplificar a comunicação escrita entre os povos lusófonos (países em que esse idioma é falado e escrito).

Gramática

ALTERAÇÕES DO NOVO ACORDO ORTOGRÁFICO

O alfabeto passa a ter 26 letras. As letras **k**, **w** e **y** fazem agora parte do sistema ortográfico da língua portuguesa. Observe como fica o alfabeto:

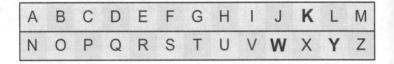

As letras **k**, **w** e **y** são usadas nos seguintes casos:

a) Na escrita de símbolos de unidades de medida: W (watt), km (quilômetro).

b) Na escrita de nomes próprios e palavras estrangeiras, bem como de seus derivados: Darwin, darwinismo, Wagner, *software*, *check-up*, *playboy*.

TREMA

Desaparece o trema (¨), sinal que indicava a sonorização do "u" após a letra "q" ou "g":

ANTES	AGORA
agüentar	aguentar
argüir	arguir
bilíngüe	bilíngue
Birigüi	Birigui
cinqüenta	cinquenta
conseqüência	consequência
delinqüente	delinquente
eloqüente	eloquente
ensangüentado	ensanguentado
eqüestre	equestre
freqüente	frequente
lingüiça	linguiça
pingüim	pinguim
qüinqüênio	quinquênio
seqüência	sequência
seqüestro	sequestro
tranqüilo	tranquilo

FIQUE ATENTO

A pronúncia permanece a mesma, bem como a escrita de termos estrangeiros e nomes próprios, em que o sinal é usado na língua de origem. Exemplos: Müller, mülleriano, Bündchen, etc.

Gramática

ACENTUAÇÃO

a) O acento gráfico dos ditongos abertos **éi** e **ói** das palavras paroxítonas (palavras que têm acento tônico na penúltima sílaba) deixa de existir. Observe a sequência de palavras a seguir e as suas alterações:

ANTES	AGORA
alcalóide	alcaloide
assembléia	assembleia
apóio (verbo apoiar)	apoio
asteróide	asteroide
bóia	boia
colméia	colmeia
Coréia	Coreia
hebréia	hebreia
epopéia	epopeia
estóico	estoico
jibóia	jiboia
geléia	geleia
idéia	ideia
paranóico	paranoico
platéia	plateia
tramóia	tramoia

FIQUE ATENTO

Essa regra é válida somente para as palavras paroxítonas (desde que não terminadas em **i**, **is**, **ã/ãs**, **ão/ãos**, **us**, **l**, **um/uns**, **n**, **ps**, **r**, **x**, como em destróier, que manterá o acento). Portanto, continuam a ser acentuadas as palavras oxítonas e os monossílabos tônicos terminados em **éis**, **éu**, **éus**, **ói**, **óis**. Exemplos: anéis, papéis, herói, heróis, céu, céus.

b) As letras **i** e **u** tônicas perdem o acento quando vêm depois de um ditongo (encontro entre uma vogal e uma semivogal ou uma semivogal e uma vogal). Observe algumas ocorrências nos casos que seguem:

ANTES	AGORA
feiúra	feiura
baiúca	baiuca
bocaiúva	bocaiuva
boiúna	boiuna

FIQUE ATENTO

Essa regra é válida somente para palavras paroxítonas. Se a tonicidade for na última sílaba (oxítona), a regra não se aplica. Observe os casos em que permanece o acento: Piauí, Tatuí, tuiuiú, tuiuiús, etc.

c) O acento agudo no **u** tônico das formas (tu) arguis, (ele) argui, (eles) arguem, do presente do indicativo dos verbos **arguir** e **redarguir** não será mais usado.

d) Os verbos terminados em **guar**, **quar** e **quir** admitem duas pronúncias em algumas formas do presente do indicativo, do presente do subjuntivo e também do imperativo.

• Se forem pronunciadas com **a** ou **i** tônicos, essas formas devem ser acentuadas.

Exemplos: enxaguar: enxáguo, enxáguas, enxágua, enxáguam; enxágue, enxágues, enxáguem; delinquir: delínquo, delínques, delínque, delínquem; delínqua, delínquas, delínquam.

Gramática

• Se forem pronunciadas com **u** tônico, essas formas deixam de ser acentuadas.

Exemplos: enxaguar: enxaguo, enxaguas, enxagua, enxaguam; enxague, enxagues, enxaguem; delinquir: delinquo, delinques, delinque, delinquem; delinqua, delinquas, delinquam.

FIQUE ATENTO

No Brasil, a pronúncia mais corrente é a primeira, aquela com **a** e **i** tônicos.

e) O acento circunflexo das palavras terminadas em **êem** e **ôo(s)** deixará de ser empregado:

ANTES	AGORA
abençôo	abençoo
crêem (verbo crer)	creem
enjôo	enjoo
lêem (verbo ler)	leem
povôo (verbo povoar)	povoo
vôo	voo
zôo	zoo

f) O uso do **acento que diferenciava** os pares pára/para, péla(s)/pela(s), pêlo(s)/pelo(s), pólo(s)/polo(s) e pêra/pera deixa de ser usado. A diferenciação se fará pelo contexto.

ANTES	AGORA
Ele pára o ônibus.	Ele para o ônibus.
Gosto de pêra bem madura.	Gosto de pera bem madura.
Não vá ao pólo Norte jogar pólo.	Não vá ao polo Norte jogar polo.

FIQUE ATENTO

Permanece o acento diferencial nos seguintes casos:

- nas formas do verbo **poder**, pôde (3ª pessoa do singular do pretérito perfeito do indicativo) / pode (3ª pessoa do singular do presente do indicativo).

Exemplo: Ele fez o que **pôde** para ajudá-la.
Quem **pode** ajudá-la?

- no par **pôr** (verbo) / **por** (preposição).

Exemplo: Vamos **pôr** as coisas no lugar.
Venha **por** este caminho que é melhor.

Gramática

> - para diferenciar o singular do plural dos verbos **ter** e **vir** na 3ª pessoa do indicativo, assim como de seus derivados (manter, deter, reter, conter, convir, intervir, advir, etc.).
>   Exemplos: Ele **tem** bons modos. / Eles **têm** bons modos.
>   Ela **mantém** sua palavra empenhada. / Elas **mantêm** sua palavra empenhada.
>   O herói **vem** de terras distantes. / Os heróis **vêm** de terras distantes.

FIQUE ATENTO

Tornou-se facultativo o uso do acento circunflexo para diferenciar as palavras forma/fôrma. Recomenda-se empregá-lo para deixar a frase mais clara. Exemplo: Esta é a **forma** da **fôrma** de pão.

HÍFEN

Esse ponto foi o que mais trouxe dúvidas, porém agora elas já podem ser sanadas com a edição atualizada do Vocabulário Ortográfico da Língua Portuguesa (VOLP), assim como os dicionários que já se adequaram à Nova Ortografia.

Seguem os princípios norteadores da nova regra:

1. O hífen não é mais utilizado em palavras formadas de prefixos (ou falsos prefixos) terminados em vogal quando o segundo elemento é iniciado por **r** ou **s**, sendo que essas consoantes serão dobradas.

   Exemplos: antessala, antessacristia, autorretrato, antissocial, antirrugas, arquirromântico, arquirrivalidade, autorregulamentação, contrassenha, extrarregimento, extrassístole, extrasseco, infrassom, intrarrenal, ultrarromântico, ultrassonografia, suprarrenal, suprassensível.

2. O hífen é utilizado em palavras formadas de prefixos (ou falsos prefixos) terminados por r em que o segundo elemento for iniciado pela mesma letra.

   Exemplos: hiper-realista, hiper-requintado, hiper-requisitado, inter-racial, inter-regional, inter-relação, super-racional, super-realista, super-resistente.

   - Nos demais casos não se usa o hífen. Exemplos: hipermercado, intermunicipal, superinteressante, superproteção.
   - Os prefixos -sub e -sob exigem hífen diante de palavra iniciada por **r**.
     Exemplos: sub-raça, sub-região, sub-reitor, sub-reino, sob-roda.
   - Os prefixos **-circum** e **-pan** exigem o hífen diante de palavra iniciada por **m**, **n** e **vogal**. Exemplos: circum-**m**urado, circum-**n**avegação, pan-americano.

Gramática

3. Os prefixos (ou falsos prefixos) dispensam o emprego do hífen se o segundo elemento de composição se iniciar por uma vogal.

   Exemplos: hiperativo, hiperextensão, interestudantil, interestelar, superamigo, superinteressante.

4. O hífen não é mais utilizado em palavras formadas de prefixos (ou falsos prefixos) terminados em vogal e segundo elemento iniciado por outra vogal.

   Exemplos: autoafirmação, autoajuda, autoaprendizagem, autoescola, autoestrada, autoinstrução, contraexemplo, contraindicação, contraordem, extraescolar, extraoficial, infraestrutura, intraocular, intrauterino, neoexpressionista, neoimperialista, semiaberto, semiautomático, semiárido, semiembriagado, semiobscuridade, supraocular, ultraelevado.

OBSERVAÇÕES

a) Esta nova regra vai uniformizar algumas exceções já existentes: antiaéreo, antiamericano, socioeconômico, etc.

b) Esta regra não se encaixa quando a palavra seguinte iniciar por **h**: anti-herói, anti-higiênico, extra-humano, semi--herbáceo, etc.

Manual de Estudos

5. Utiliza-se hífen quando a palavra é formada por um prefixo (ou falso prefixo) terminado em vogal, e o segundo elemento é iniciado pela mesma vogal.

   Exemplos: anti-ibérico, anti-inflamatório, anti-inflacionário, anti-imperialista, arqui-inimigo, arqui-irmandade, micro-ondas, micro-ônibus, micro-orgânico.

OBSERVAÇÕES

   a) Esta regra foi alterada por causa da regra anterior.
   b) Uma exceção é o prefixo -**co**. Mesmo se a outra palavra é iniciada com a vogal **o**, NÃO se utiliza hífen: coobrigar, coocupante, coordenar, cooperar, cooptar, etc.

6. O hífen deixa de ser usado quando o prefixo (ou falso prefixo) termina em vogal, e o segundo elemento começa por consoante diferente de **r** ou **s**.

   Exemplos: anteprojeto, autopeça, pseudoprofessor, semicírculo, ultramoderno.

OBSERVAÇÃO

O prefixo **-vice** sempre exige o hífen. Exemplos: vice-almirante, vice-presidente, vice-governador.

Gramática

7. O emprego do hífen é obrigatório com os prefixos **-ex, -sem, -aquém, -recém, -pós, -pré, -pró,** independentemente da composição que fizerem.

   Exemplos: ex-aluno, ex-mulher, sem-terra, sem-educação, além-mar, aquém-mar, recém-casado, pós-graduado, pós-moderno, pré-candidato, pré-fabricação, pró-reitor, pró-americano.

8. O emprego do hífen é obrigatório em termos de origem tupi-guarani (**açu, guaçu** e **mirim**) que representam formas adjetivas quando a pronúncia exige a distinção gráfica dos dois elementos ou quando o primeiro elemento acaba em vogal acentuada graficamente.

   Exemplos: amoré-guaçu, amajá-mirim, andá-açu, capim-açu, Ceará-mirim.

9. O emprego do hífen é obrigatório para ligar duas ou mais palavras que ocasionalmente formam encadeamentos vocabulares.
   Exemplos: ponte Rio-Niterói, eixo Rio-São Paulo.

10. Não se usa hífen nas palavras que perderam a noção de composição: girassol, madressilva, mandachuva, paraquedas, paraquedista, pontapé, etc.

11. Emprega-se o hífen nos topônimos (nomes próprios de lugares) iniciados por **Grã**, **Grão** ou por forma verbal, ou com elementos ligados por artigo.

Exemplos: Grã-Bretanha, Grão-Pará, Passa-Quatro, Baía de Todos-os-Santos, Entre-os-Rios, Trás-os-Montes.

OBSERVAÇÃO

Com exceção de Guiné-Bissau, os outros topônimos não terão hífen.

12. Emprega-se o hífen em nomes de espécies botânicas ou zoológicas, mesmo que ligados por qualquer elemento.

Exemplos: couve-flor, erva-doce, bem-me-quer, cobra-d'água, bem-te-vi.

13. NÃO se emprega o hífen nas locuções de qualquer tipo.

Exemplos: cão de guarda, fim de semana, café da manhã, sala de jantar, cor de vinho, cada um, quem quer que seja, à vontade, a fim de, acerca de, contanto que.

EXCEÇÕES

Água-de-colônia, arco-da-velha, cor-de-rosa, mais-que-perfeito, pé-de-meia, ao deus-dará, à queima-roupa.

Gramática

14. O hífen é empregado em palavras formadas de prefixos (ou falsos prefixos), quando o segundo elemento começa por **h**.

Exemplos: anti-higiênico, co-herdeiro, pré-história, pan-helenismo, semi-hospitalar, super-homem, ultra-humano.

EXCEÇÃO

Com os prefixos bi-, des-, ex-, in- e re- não haverá hífen quando o segundo elemento começar por **h**. Haverá queda do **h** e aglutinação dos elementos. Exemplos: biebdomadário, desarmonia, desumano, exaurir, inábil, reabilitar, reaver.

15. Em função da clareza gráfica, se no final da linha a divisão de uma palavra ou combinação de palavras coincidir com o hífen, ele deverá ser repetido na linha seguinte.

Exemplos:

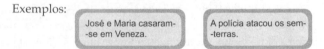

José e Maria casaram-
-se em Veneza.

A polícia atacou os sem-
-terras.